邹学熹

川派中医药名家系列丛书

刘 渊 主编

全国百佳图书出版单位

中国中医药出版社

· 北京 ·

U0101024

图书在版编目（CIP）数据

川派中医药名家系列丛书. 邹学熹 / 刘渊主编. —北京：
中国中医药出版社，2021.7
ISBN 978-7-5132-6629-1

Ⅰ.①川… Ⅱ.①刘… Ⅲ.①邹学熹—生平事迹②中
医临床—经验—中国—现代 Ⅳ.① K826.2 ② R249.7

中国版本图书馆 CIP 数据核字（2021）第 003969 号

中国中医药出版社出版

北京经济技术开发区科创十三街 31 号院二区 8 号楼
邮政编码　　100176
传真　　010-64405721
廊坊市祥丰印刷有限公司印刷
各地新华书店经销

开本 710×1000　1/16　印张 14　彩插 0.5　字数 232 千字
2021 年 7 月第 1 版　2021 年 7 月第 1 次印刷
书号　ISBN 978 - 7 - 5132 - 6629 - 1

定价　59.00 元
网址　www.cptcm.com

社 长 热 线　010-64405720
购 书 热 线　010-89535836
维 权 打 假　010-64405753

微信服务号　zgzyycbs
微商城网址　https://kdt.im/LIdUGr
官 方 微 博　http://e.weibo.com/cptcm
天猫旗舰店网址　https://zgzyycbs.tmall.com

如有印装质量问题请与本社出版部联系（010-64405510）
版权专有　侵权必究

邹学熹教授工作照

1996年赴日学术交流（左一）

1996年赴日学术交流（右一）

1996年赴日学术交流（左二）

赴马来西亚讲授易经

赴新加坡交流易经

赴新加坡交流易经（左二）

邹学熹教授在撰写书籍

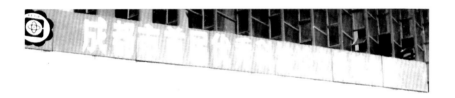

成都市首届优秀科技论文授奖大会（右三）

1991年四川省青年中医协会第二届理事会（一排左四）

中医药现代化与西部大开发学术研讨会2001年（二排左四）

临床带教

老骥伏枥志
在千里烈士
暮年壮心不
已 学素书

郭剑存

赠弟子言

《川派中医药名家系列丛书》编委会

总　主　编：田兴军　杨殿兴
副总主编：杨正春　张　毅　和中浚
编写秘书：彭　鑫　贺　莉

《邹学熹》编委会

主　　　编：刘　渊
副　主　编：周新颖　邹成永
编　　　委：殷　鸣　邹　剑　吴佩珈
绘　　　图：刘青荷
主　　　审：佘贤武

总序————————加强文化建设，唱响川派中医

四川，雄踞我国西南，古称巴蜀。成都平原自古就有天府之国的美誉，天府之土，沃野千里，物华天宝，人杰地灵。

四川号称"中医之乡""中药之库"，巴蜀自古出名医、产中药。据历史文献记载，从汉代至清代，见诸文献记载的四川医家有1000余人，川派中医药影响医坛2000多年，历久弥新；川产道地药材享誉国内外，业内素有"无川（药）不成方"的赞誉。

医派纷呈　源远流长

经过特殊的自然、社会、文化的长期浸润和积淀，四川历代名医辈出，学术繁荣，医派纷呈，源远流长。

汉代以涪翁、程高、郭玉为代表的四川医家，奠定了古蜀针灸学派。郭玉为涪翁弟子，曾任汉代太医丞。涪翁为四川绵阳人，曾撰著《针经》，开巴蜀针灸先河，影响深远。1993年，在四川绵阳双包山汉墓出土了最早的汉代针灸经脉漆人；2013年，在成都老官山汉墓再次出土了汉代针灸漆人和920支医简，带有"心""肺"等线刻小字的人体经穴髹漆人像是我国考古史上的首次发现，应是我

国迄今发现的最早、最完整的经穴人体医学模型，其精美程度令人咋舌！这又一次证明了针灸学派在巴蜀有悠久的历史，影响深远。

四川山清水秀，名山大川遍布。道教的发祥地青城山、鹤鸣山就坐落在成都市。青城山、鹤鸣山是中国的道教名山，也是中国道教的发源地之一，自东汉以来历经近2000年，不仅传授道家的思想，道医的学术思想也因此启蒙产生。道家注重炼丹和养生，历代蜀医多受影响，一些道家也兼行医术，如晋代蜀医李常在、李八百，宋代皇甫坦，以及明代著名医家韩懋（号飞霞道人）等，可见丹道医学在四川影响之深远。

川人好美食，以麻、辣、鲜、香为特色的川菜享誉国内外。川人性喜自在休闲，养生学派也因此产生。长寿之神——彭祖，号称活了800岁，相传他经历了尧、舜、夏、商诸朝，据《华阳国志》载，"彭祖本生蜀""彭祖家其彭蒙"，由此推断，彭祖不但家在彭山，而且他晚年也落叶归根于此，死后葬于彭祖山。彭祖山坐落在眉山市彭山县。彭祖的长寿经验在于注意养生锻炼，他是我国气功的创始人，其健身法被后人写成"彭祖导引法"。他善烹饪之术，创制的"雉羹之道"被誉为"天下第一羹"，屈原在《楚辞·天问》中写道："彭铿斟雉，帝何飨？受寿永多，夫何久长？"这也反映了彭祖在推动我国饮食养生方面做出了重要贡献。五代至北宋初年，四川安岳人陈希夷，为著名的道教学者，著有《指玄篇》《胎息诀》《观空篇》《阴真君还丹歌注》等，他注重养生，强调内丹修炼法，将黄老的清静无为思想、道教修炼方术和儒家修养、佛教禅观会归一流，被后世尊称为"睡仙""陈抟老祖"。现安岳县有保存完整的明代陈抟墓，以及陈抟的《自赞铭》，这是全国独有的实物。

四川医家自古就重视中医脉学，成都老官山汉墓出土的汉代医简中就有《五色脉诊》（原有书名）一书，其余几部医简经初步整理暂定名为《敝昔医论》《脉死候》《六十病方》《病源》《经脉书》《诸病症候》《脉数》等。经学者初步考证推断这极有可能为扁鹊学派已经亡佚的经典书籍。扁鹊是脉学的倡导者，而此次出土的医书中脉学内容占有重要地位，一起出土的还有用于经脉教学的人体模型。唐代杜光庭著有脉学专著《玉函经》3 卷，后世王鸿骥的《脉诀采真》、廖平的《脉学辑要评》、许宗正的《脉学启蒙》、张骥的《三世脉法》等，均为脉诊的发展做出了贡献。

昝殷，唐代四川成都人。昝氏精通医理，通晓药物学，擅长妇产科。唐大中年间，他将前人有关经、带、胎、产及产后诸症的经验效方及自己临证验方共378 首，编成《经效产宝》3 卷，是我国最早的妇产科专著。该书与北宋时期著名妇产科专家杨康侯（四川青神县人）编著的《十产论》等一批妇产科专论一起奠定了巴蜀妇产学派的基石。

宋代，以四川成都人唐慎微为代表撰著的《经史证类备急本草》，集宋代本草之大成，促进了本草学派的发展。宋代是巴蜀本草学派的繁荣发展时期，陈承的《重广补注神农本草并图经》，孟昶、韩保昇的《蜀本草》等，丰富、发展了本草学说，明代李时珍的《本草纲目》正是在此基础上产生的。

宋代也是巴蜀医家学术发展最活跃的时期。四川成都人、著名医家史崧献出了家藏的《灵枢》，校正并音释，名为《黄帝素问灵枢经》，由朝廷刊印颁行，为中医学发展做出了不可估量的贡献，可以说，没有史崧的奉献就没有完整的《黄帝内经》。虞庶撰著的《难经注》、杨康侯的《难经续演》，为医经学派的发展奠定了基础。

史堪，四川眉山人，为宋代政和年间进士，官至郡守，是宋代士人从医的代表人物之一，与当时的名医许叔微齐名，其著作《史载之方》为宋代重要的名家方书之一。同为四川眉山人的宋代大文豪苏东坡，也有《苏沈内翰良方》（又名《苏沈良方》）传世，是宋人根据苏轼所撰《苏学士方》和沈括所撰《良方》合编而成的中医方书。上述著作加之明代韩懋的《韩氏医通》等方书，一起成为巴蜀医方学派的代表。

四川盛产中药，川产道地药材久负盛名。以回阳救逆、破阴除寒的附子为代表的川产道地药材，既为中医治病提供了优良的药材，也孕育了以附子温阳为大法的扶阳学派。清末四川邛崃人郑钦安提出了中医扶阳理论，他的《医理真传》

《医法圆通》《伤寒恒论》为奠基之作，开创了以运用附、姜、桂为重点药物的温阳学派。

清代西学东进，受西学影响，中西汇通学说开始萌芽。四川成都人唐宗海以敏锐的目光捕捉西学之长，融汇中西，撰著了《血证论》《医经精义》《本草问答》《金匮要略浅注补正》《伤寒论浅注补正》，后人汇为《中西汇通医书五种》，成为"中西汇通"的第一种著作，这也是后来人们将主张中西医兼容思想的医家称为"中西医汇通派"的由来。

名医辈出 学术繁荣

中华人民共和国成立后，历经沧桑的中医药受到党和国家的高度重视，在教育、医疗、科研等方面齐头并进，一大批中医药大家焕发青春，在各自的领域里大显神通，中医药事业欣欣向荣。

四川中医教育的奠基人——李斯炽先生，在1936年创立了"中央国医馆四川分馆医学院"，简称"四川国医学院"。该院为国家批准的办学机构，虽属民办但带有官方性质。四川国医学院也是成都中医学院（现成都中医药大学）的前身，当时会集了一大批中医药的仁人志士，如内科专家李斯炽、伤寒专家邓绍先、中药专家凌一揆等，还有何伯勋、杨白鹿、易上达、王景虞、周禹锡、肖达因等一大批蜀中名医，可谓群贤毕集，盛极一时。该学院共招生13期，培养高等中医药人才1000余人，这些人后来大多数都成了中华人民共和国成立后的中医药界领军人物，成为四川中医药发展的功臣。

1955年国家在北京成立了中医研究院，1956年在全国西、北、东、南各建立了一所中医学院，即成都中医学院、北京中医学院、上海中医学院、广州中医学院。成都中医学院第一任院长由周恩来总理亲自任命。李斯炽先生继创办四川国医学院之后又成为成都中医学院的第一任院长。成都中医学院成立后，在原国医学院的基础上，又会集了一大批有造诣的专家学者，如内科专家彭履祥、冉品珍、彭宪章、傅灿冰、陆干甫；伤寒专家戴佛延；医经专家吴棹仙、李克光、郭仲夫；中药专家雷载权、徐楚江；妇科专家卓雨农、曾敬光、唐伯渊、王祚久、王渭川；温病专家宋鹭冰；外科专家文琢之；骨科、外科专家罗禹田；眼科专家陈达夫、刘松元；方剂专家陈潮祖；医古文专家郑孝昌；儿科专家胡伯安、曾应台、肖正安、吴康衡；针灸专家余仲权、薛鉴明、李仲愚、蒲湘澄、关吉多、杨介宾；医史专家孔健民、李介民；中医发展战略专家侯占元等，真可谓人才济济，群星灿烂。

北京成立中医高等院校、科研院所后，为了充实首都中医药人才的力量，四川一大批中医名家进驻北京，为国家中医药的发展做出了巨大贡献，也展现了四川中医的风采！如蒲辅周、任应秋、王文鼎、王朴城、王伯岳、冉雪峰、杜自明、李重人、叶清心、龚志贤、方药中、沈仲圭等，各有精专，影响广泛，功勋卓著。

北京四大名医之首的萧龙友先生，为四川三台人，是中医界最早的学部委员（院士，1955 年）、中央文史馆馆员（1951 年），集医道、文史、书法、收藏等于一身，是中医界难得的全才！其厚重的人文功底、精湛的医术、精美的书法、高尚的品德，可谓"厚德载物"的典范。2010 年 9 月 9 日，萧龙友先生诞辰 140 周年、逝世 50 周年，故宫博物院在北京隆重举办了"萧龙友先生捐赠文物精品展"，以缅怀先生，并表彰先生的收藏鉴赏水平和拳拳爱国情怀。萧龙友先生是一代举子、一代儒医，精通文史，书法绝伦，是中国近代史上中医界的泰斗、国学家、教育家、临床大家，是四川的骄傲，也是吾辈的楷模！

追源溯流　振兴川派

时间飞转，掐指一算，我自 1974 年赤脚医生的"红医班"始，到 1977 年大学学习、留校任教、临床实践、跟师学习、中医管理，入中医医道已 40 余年，真可谓弹指一挥间。俗曰：四十而不惑。在中医医道的学习、实践、历练、管理、推进中，我常常心怀感激，心存敬仰，常有激情和冲动，其中最想做的一件事就是将这些中医药实践的伟大先驱者，用笔记录下来，为他们树碑立传、歌功颂德！缅怀中医先辈的丰功伟绩，分享他们的学术成果，继承不泥古，发扬不离宗，认祖归宗，又学有源头，师古不泥，薪火相传，使中医药源远流长，代代相传，永续发展。

今天，时机已经成熟，四川省中医药管理局组织专家学者，编著了大型中医专著《川派中医药源流与发展》，横跨近 2000 年的历史，梳理中医药历史人物、著作，以四川籍（或主要在四川业医）有影响的历史医家和著作为线索，理清历史源流和传承脉络，突出地方中医药学术特点，认祖归宗，发扬传统，正本清源，继承创新，唱响川派中医药。其中，"医道溯源"是以清代以前的川籍或在川行医的中医药历史人物为线索，介绍医家的医学成就和学术精华，作为各学科发展的学术源头。"医派流芳"是以近现代著名医家为代表，重在学术流派的传承与发展，厘清流派源流，一脉相承，代代相传，源远流长。

我们在此基础上，还编著了"川派中医药名家系列丛书"，会集了一大批近现代四川中医药名家，遴选他们的后人、学生等整理其临床经验、学术思想，编辑成册。丛书拟选择 100 人，这是一批四川中医药的代表人物，也是难得的宝贵文化遗产。今天，经过大家的齐心努力终于得以付梓。在此，对为本系列书籍付出心血的各位作者、出版社编辑人员一并致谢！

由于历史久远，加之编撰者学识水平有限，书中罅、漏、舛、谬在所难免，敬望各位同仁、学者，提出宝贵意见，以便再版时修订提高。

中华中医药学会　副会长

四川省中医药学会　会　长

四川省中医药管理局　原局长　杨殿兴

成都中医药大学　教授、博士生导师

2015 年春于蓉城雅兴轩

自序

　　我在读本科时，已闻邹老高名，仰慕虽久，恨无交集。邹老在医易汇通方面所做出的种种成绩，在四川乃至全国影响甚大，我身边的同学谈起邹老，均以"巨擘"视之。他的《易学十讲》风靡一时，追随者众多。当时我也在这种风潮下开始涉猎《易经》，以求探其神秘。记得本科时的一个暑假，我用了很多时间抄录《易经》，如同小时候学文言文，一排原文，一排注释，但由于文字古奥，虽然手读一遍，仍然似懂非懂，不知所云。工作之后，时间都投入到临床和教学之中，对《易经》接触渐少，但随着生活阅历的增加，对《易经》的某些观点反而有豁然开朗的感觉。

　　做讲师的时候，曾在宋兴教授的带领下编写《中医经典导读丛书》，当时邹老也被邀请主编《易经》。一次宋老在谈到书稿情况时，说："邹老接受任务后，两三个月就交稿了，才思敏捷，文笔之快，世人罕比。"当时虽已有电脑，但并不是很普及，且邹老年事已高，并不会用电脑，稿件都是手写。我想到自己主编《难经》，用电脑书写，用了近一年的业余时间，听了宋老的感慨，不由对邹老肃然起敬。

　　2016 年，突然接到学校推荐编写邹老学术经验的通知，此时正是邹老去世后的第二年。我与邹老的交集由此开始，以前学习《易经》所奠定的基础，使我能迅速地进入邹老医"易"思想的精彩世界之中，我不由感叹人生的每一段经历都不是没用的，就像世人所言："无论发生什么事，那都是唯一会发生的事。"或许这就是《易经》中所阐发的冥冥中的规律在起作用，这种规律"仁者见之谓之仁，知者见之谓之知，百姓日用而不知"。遗憾的是，邹老已仙逝，无缘亲聆教诲，唯有从他留下的鸿篇中领略其卓越的思想和宝贵的经验。

"易与天地准，故能弥纶天地之道。"先贤们透过恒动变化的宇宙，总结不变的易学真理，从不因岁月的流逝而光彩暗淡，反而在岁月的磨砺中让后人惊讶它的高度。用易理来俯视医学，犹如上帝巡视人间，一切尽收眼底。然而如何将这些逼近本质的规律，巧妙地运用到具体的医学实践中，却需要智慧和探索。邹老以先行者的勇气，勤求博采，不仅考察了中医学已经运用了哪些易学规律，而且身体力行地尝试用之指导医疗实践，如他从河图中悟出中医治疗八法的不完整，通过病象与卦象的关联中探讨病机，以卦象为基础拟定方剂等。他一直努力地用宇宙的大智慧，来解决人身的"小"问题。回看历史的长河，千百年来中医学者都不曾探索出一条完整系统的医易汇通之路，可见揭开其神秘面纱的过程不是一蹴而就的，但也不是遥不可及。邹老已经从没有路的地方践踏出来一条小径，愿志同道合的读者与我们一道，举起邹老竖立的这面旗帜，继续走下去。

刘渊

2021 年于成都金沙

编写说明————————————————————

在本书编写之前，首先收集了邹老公开发表的论文、出版的著作以及他的弟子们发表的相关论文；拜访了其子邹成永先生，收集了邹老的手稿遗文。通过阅读这些论著，寻找他在学术上的闪光点，写成纲要。请教了其学术传承人佘贤武教授等，请他们或补不足，或纠有误。

我们在整理邹老的学术思想和经验时，不求全，不求多，不写公知公用的东西，不写某老"重视"什么，某老"强调"什么，但求有特色的思想，有创新的经验。努力为读者节约时间，让读者能够看到一些新的东西，于愿已足。

经过与邹老家人的沟通，发现原来公开发表的有关邹老生平中的一些细节有误，此次做了修改。其子邹成永先生（字怀真）撰写了文言传记，一并附在书后。邹老不仅在医易上卓有成绩，而且在文学上也有较高的造诣。书后选附了他写的古体诗两首，供读者雅赏。

邹老在医易汇通部分所用的图稿，大都是黑白手绘稿，不是很美观，于是请美术人员按照原样，重新绘画成彩图。

最后感谢四川省中医药管理局立题给予经费支持，感谢《川派中医药名家系列丛书》编委会给予的帮助和时间上的宽容，使编写组能够认真地打磨，从容地完成。

目　录

川派中医药名家系列丛书

生平简介

邹学熹

一、个人简历

邹学熹（1931—2015），男，汉族，四川省成都市人。

1. 幼年避乱新都时，求学名医展英姿

幼年的邹学熹正逢抗日战争时期。1941 年日机轰炸成都盐市口，年仅 10 岁的他随母避乱新都，母亲为生活计，开起了茶店，邹学熹兼做了茶童。邹母识文，为邹学熹夜读，亲自教授文化知识。

1943 年，姑母家的茶铺有一茶客，常在茶铺为邻里诊病开方，冬日严寒，却仅单衣着身，邹学熹见后，将自己的新棉衣送与此人。此人正是当地名医廖德明，他见邹学熹颇具善心，且年龄正合适习文学医，于是就收下邹学熹做弟子，邹学熹不由得喜出望外。在老师的指导下，他先后研读《御览通鉴》《四书五经》《黄帝内经》《伤寒论》《金匮要略》《温病学》，背诵《药性赋》《汤头歌诀》《濒湖脉学》，同时还阅读了大量的古诗词。有患者时邹学熹也随师门诊，学习临床技能。廖先生对《易经》研究不深，但深刻认识到要解决中医理论上的疑难问题，必须研习之，遂鼓励邹学熹日后要学习《易经》。

三易寒暑，邹学熹 15 岁开始悬壶乡里。经过几年的锻炼，逐渐掌握了常见病的诊疗。1951 年，20 岁的邹学熹参加了天回镇二台子巡回医疗，疗效甚佳，日诊患者二百有余，以致中午无暇休息。

2. 弱冠悬壶声名著，毅然高考叩新知

邹学熹年轻时行医服务热情，常常送医上门，治学既有继承，又有创新，患者渐多，常日诊百人，多有良效，名噪乡里。24 岁受聘于新都县三河乡联合诊所任所长。此时，邹学熹获悉成都中医学院（今成都中医药大学，下同）成立，高考招收 10 名青年中医的消息后，顶着家庭压力，克服经济困难，毅然报考，并践行着他的升学目的——"小而言之，个人能得到深造，可以为中医事业鞠躬尽瘁，死而后已；大而言之，是为了中医学术的发扬光大，传播于国内外，为人类保持健康做出贡献！"经过努力，于 1956 年顺利考入成都中医学院医学系。

3. 惜时如金诵经典，百花潭中又遇师

大学期间，邹学熹惜时如金，诵读经典，精研医理。因其勤奋好学，博览群书，故有"秀才"之称。常于百花潭公园中读书，闹中取静。无意之中，或为天意，一日与陈治恒到青羊正街百花潭读书喝茶，遇易学专家蔡福裔与人谈论易

学，邹学熹听得入神。后遂经常去听蔡先生讲学。熟悉后便拜蔡先生为师，研习易学。在学习易学的过程中，邹学熹参合《元宝经》绘出中天八卦图，为其后来的五脏平衡理论奠定了基础。

4. 呕心沥血罹痿证，自救著书两成之

1962 年，邹学熹毕业于成都中医学院医学系，留校任教。由于当时生活窘迫，食少事烦，终因劳累过度，1974 年在讲课时昏倒于课堂，急送医院抢救，醒后全身瘫痪，医院诊断为全身型重症肌无力，据当时医院推测仅余 3 个月寿命。于是邹学熹自行出院回新都休养，一边自拟方药治疗，一边编写医学专著，凭借"书不写成死不休"的志向与疾病抗争 8 年，终获康复，且完成《中医五脏病学》和《医易学》上百万字的著作并重返讲台。

1983 年邹学熹调入函授部任教。1986 年被评为全国教育系统劳动模范，授予人民教师奖章。1987 年被聘为教授。1989 年获成都市首届优秀科技论文奖。1991 年被国家人事部、国家中医药管理局确定为"全国名老中医药专家学术经验继承工作指导老师"，享受国务院政府特殊津贴。

5. 老骥伏枥志千里，夕阳不写黄昏诗

退休后，邹老仍继续中医临床工作，在四川省中医院门诊带教。闲暇时定期为学生、弟子传授医、易知识。

二、担任职务

1955 年任新都县三河乡联合诊所所长。1981—1983 年任《成都中医学院学报》编辑。1983 年任成都中医学院函授部教研室主任。曾当选为四川省政协委员。

三、教学科研

1962 年留校任教，先后担任过"中医喉科学""中医外科学""中医骨伤科学""黄帝内经""伤寒论""金匮要略""温病学"和"中医基础理论"等学科的教学工作。1964 年先后到广州中医学院（今广州中医药大学）进修喉科、眼科，跟师辽宁中医学院（今辽宁中医药大学）黄香九学习喉蛾烙法。1965 年到乐山红会医院进行临床带教工作，面对当地老中医已占领内、妇、儿、针各科的情况下，另辟蹊径，带领学生进驻外科、伤科、喉科、眼科、推拿科等，迅速融入医院，开展工作，并虚心学习，受到好评。带教学生遍及温江、宜宾、自贡、南充、内江、绵阳。

1981年重返学校后，任学报编辑，为提高刊物质量及发行数量，创办全国中医刊授大学，不拘一格培养人才。1984年调入学校函授部，任函授部教研室主任，成为函授教育学科带头人。在函授教育工作中，提出"一个主体，两个依靠"的方案，迅速在全省建立了130多个函授点，依靠全省各地中医人才为函授教育服务。为配合函授教育他还创办成人教育《自学辅导》，以提高教学质量和学生水平。10年间受聘教师多达500人，培养中医函授学员6000余名。

先后多次应邀到北京、南京、郑州及四川省内各地讲授医易学，在国内产生了较大影响。1990年邹学熹所撰著的《中国医易学》《中国五脏病学》分别获西南西北地区优秀科技图书一、二等奖。

邹学熹教授常将临床常用的有效方剂推荐给医药界进行研发，制成成药，造福病患，其中曾面市的有健字号乾坤补坎丹，准字号枫叶咳喘平。还进行过益肝消毒饮、益肝活血胶囊、助长聪明口服液的研发。

四、学术主张

邹学熹教授主张医易汇通。他认为，易学是古人为了生产和生活，在观测天文气象中发现的一整套认识、分析、处理事物的规律和方法，其内容包含在八卦、河洛、太极之中。八卦就是中医阴阳学说的来源，河洛是中医五行学说的来源，而太极则是阴阳五行的公式图。八卦、河洛、太极是研究中医理论的灯塔。

倡导五行系统辨证学说，强调贯通寒温治疗外感热病，提出了中医治病十法，对痰的病理学本质有独到的见解。临床擅长治疗脾胃、肝胆、皮肤系统疾病和其他疑难杂症，对肝脾肿大、类风湿关节炎、舞蹈病、鼻窦炎、百合病、积聚等有深刻的体会。

五、海外交流

邹学熹教授多次应邀到日本、新加坡、马来西亚等国讲授医易学。其著作《中医五脏病学》在美国出版时更名为《中国五脏病学》，在国内外均产生了较大影响。

临床经验

川派中医药名家系列丛书

邹学熹

一、肝脾肿大的专方与辨证

肝脾肿大是临床常见的难治性体征，多见于慢性感染性疾病、肝硬化、溶血性贫血、白血病等疾病过程中，不同原因所致的肝脾肿大表现不尽一致，有些疾病在临床上只出现单纯的肝大或脾大。由于主要表现为两胁下或一侧胁下肿块，因此属于中医的"癥瘕""肥气""息贲"等范围。邹老曾治疗肝脾肿大多例，积累了较丰富的经验，兹总结如下。

（一）逐瘀软坚为基本法，专方"张果老软肝散"

肝脾肿大表现为两胁下痞块，伴随疼痛，且部位固定，这一体征贯穿疾病始终，或见耳后及背部血丝赤缕，舌紫，脉沉涩，表现为"瘀血成积"的典型证候。因此治疗上，祛瘀软肝作为基本法也需贯穿治疗始终。

邹老曾治一李姓男子，43 岁，因肝炎肝硬化，致右胁下癥块 8 年余，久治不愈，长期卧床，了无生意。初诊之时，邹老见其可怜，欲用平生所学，挽救于万一，思忖再三，竟未得其法。遂告诉患者，待熟思后为之处方。当晚，邹老反复阅读其病历资料，结合自己临床经验，欲用常法，难救其于危重；欲用虎狼之药，而患者早已正气不支，生气萧索，经不住大刀阔斧地猛攻猛打。踌躇之间，邹老猛然想到《金匮要略》治虚劳采用"缓中补虚"之法，而先母李俊卿传下来的《栖霞子妙方》手抄本中有张果老软肝散一方，与此病甚为吻合，于是决定以峻药散服，缓攻其癥；同时根据患者的虚实错杂的情况，用汤剂扶正祛邪。如此治疗 10 个月，患者病情大为好转，信心倍增；继续治疗 3 年，已能下床；又治 2 年，经医院检查肝脏变软，肝功能完全正常。此后，邹老用张果老软肝散治疗多例肝脾肿大患者，均获得了较满意的效果。

张果老软肝散：水蛭 60g，䗪虫 20g，熟大黄 15g，三七 15g，延胡索 20g，鳖甲 30g，鸡内金 15g。上药共为细末，每服 3 ～ 5g，每日 2 ～ 3 次。

邹老指出，水蛭一物，能破血逐瘀消癥，前人过于强调伤人正气，医生因其性猛而使用时缩手缩脚，近代名医张锡纯盛赞水蛭破瘀血而不伤新血，纯系水之精华生成，于气分丝毫无损，而瘀血默消于无形。

水蛭与蟅虫皆虫类药，入血软坚，配合熟大黄、三七、延胡索破血消癥。鳖甲咸而微寒，入足厥阴肝经血分，此处取其软坚散结之功，为软肝之良药。鸡内金作为消食之品，为人所熟知，而其作为消癥积之良药，则知者少。《医学衷中参西录》指出，鸡内金不但能消脾胃之积，而且无论脏腑何处有积，皆能消之，是以男子痃癖，女子癥瘕，久久服之，皆能治愈。

诸药相伍，入络脉血分，松动癥积，开通玄府，玄府一开则气血流通，肝脾为之变软，肿大由此回缩。

服药之初，或见大便微溏，久则适应无此症状了。患者常因正气耗伤，易于感冒，或关节疼痛，或咳喘，或牙龈肿痛，或鼻衄，或齿衄，出现这种情况，可暂停张果老软肝散，另行辨治，治愈后再继续服用。

（二）辨别三脏，辅以汤方

肝脾肿大是西医病理学解剖学诊断，从中医的角度来看，早期其病位主要在"肝"，中期则波及"脾"，后期穷必及"肾"。在用张果老软肝散针对基本病机的基础上，还要根据患者的临床表现，辨别肝脾肾受损的主次，配合汤剂治疗，既重视局部的改变，又不忽略全身反应，从而提高疗效。

1. 早期病在肝，以调畅气机为先

肝脾肿大患者在病因上多与情志不遂有关，早期多表现为两胁或一侧胀痛，走窜不定，腹胀，食少厌油，或兼腹泻，诸症每随情绪波动而增减。此期以肝郁气滞为主，涉及血分少。邹老常用四逆散加青皮、合欢皮、郁金、佛手、香附、陈皮等，并适当兼顾血分，选择加入丹参、山楂、归尾、琥珀等一两味。

2. 中期病及脾，以清泄健运为要

这类患者多有肝病历史，或嗜好茶酒，体形较胖，或体检发现有脂肪肝，表现为胁胀、胸闷、乏力、口臭、舌胖、脉弦滑为主。中医常辨证为肝脾同病，痰饮停滞。邹老常用温胆汤加莱菔子、山楂，有脂肪肝者需重用山楂以消食、破气、散瘀。若肝脾湿热明显，则可用满天星、金钱草、薏苡仁、豆卷、白茅根、黄芩、栀子之类清泄湿热。

若患者兼有疲倦乏力，纳差食少，大便稀溏，此为肝脾不和，脾胃虚弱。邹老常用参苓白术散扶助正气，健运脾胃。

需要指出的是，肝脾肿大患者在整个病变过程中，除有瘀积为患外，都不同程度地存在着肝脾不和，脾胃虚弱之证。《金匮要略》说："见肝之病，知肝传脾，当先实脾。"因此在整个治疗过程中，增强脾胃功能，固护胃气是不可缺少的治疗法则。从五脏角度来分析，扶土可以抑木，邹老认为用中药扶脾，就是一种最好的"保肝疗法"。因脾土健旺，食量倍增，不仅使患者抗病的正气增加，而且也使逐瘀通络之药，更能发挥作用。至于如何"扶土保肝"，早期邪盛阶段，虽以攻邪为主，也常在逐邪方中加入砂仁、白蔻之类以保护胃气。若食欲明显减退者，再加入生谷芽、生麦芽、鸡内金、糯米根、隔山撬、鸡矢藤、茯苓、白术等健胃消食之品。正气不足者，加入太子参、北沙参、党参、黄芪之类。

［病案举例］

李某，男，42岁。1993年3月26日初诊。

病史：两胁胀痛3年。自述3年前因两胁胀满不适，在医院检查发现肝脾肿大，虽屡经治疗，未见明显缩小。1年前又发现脂肪肝。近日胀痛加重，遂求治于邹老。

现症：患者两胁胀痛，痛掣右肩。检查肝下界在右肋下2.5cm，脾下界在左胁下2cm。患者形体肥胖，倦怠乏力。苔白，脉滑。

诊断与辨证：积聚。肝脾血瘀，气机郁滞，痰湿内阻。

治法：治以疏肝理气，运脾化痰，活血消癥。

处方：

（1）法半夏12g，陈皮10g，茯苓20g，炙甘草3g，枳壳15g，竹茹6g，山楂30g，莱菔子15g，柴胡10g，青皮9g，白芍15g。10剂，水煎服。2日1剂。

（2）张果老软肝散，每次1g，1日3次。用上述药汁冲服。

4月18日复诊：诸症明显减轻，时有大便稀溏，前汤方加入白蔻、薏苡仁、糯稻根。

患者服药2个月后去医院检查，肝脾大小正常。

3. 后期病及肾，以温阳利水为重

肝脾肿大后期，肝脾日虚，穷必及肾，从而形成肝、脾、肾同病的病理状态，导致气滞、血瘀、水停。患者可出现腹部胀大如鼓，胁腹刺痛，面色黧黑，下肢水肿，四肢厥冷，怯寒，神倦，食欲较差等症状。此期以肝脾血瘀，脾肾阳虚水泛多见。邹老常用真武汤加赤小豆、猪苓、薏苡仁治疗。

［病案举例］

秦某，男，68 岁。1993 年 3 月 19 日初诊。

病史：反复胁胀痛 3 年，下肢水肿 6 个月，加重 2 个月。患者自述于 3 年前感觉胁肋胀痛，在某医院检查发现"肝脾肿大"，服药后疗效不佳。半年前下肢出现水肿，经治疗效果不佳。2 个月前病情加重，在某省级医院检查诊断为肝硬化、肝脾肿大、腹水，经治后诸症未缓解，乃求治于邹老。

现症：两胁刺痛，腹大胀满，双下肢浮肿。面色黧黑，形体消瘦，神倦畏寒，纳差，小便少，舌淡苔薄，脉沉弦。

诊断与辨证：鼓胀。肝脾血瘀，兼脾肾阳虚。

治法：温阳利水，软肝化瘀。

处方：

（1）制附片 15g（先煎 30 分钟），白芍 15g，白术 15g，茯苓 30g，生姜 10g，赤小豆 30g，猪苓 12g，薏苡仁 30g，砂仁 10g，谷芽 30g，麦芽 30g，陈皮 10g。6 剂。水煎服，1 日 1 剂。

（2）张果老软肝散，每日 2g，分 3 次服。用前面所煎药汁冲服。

3 月 26 日二诊：药后腹胀减轻。畏寒仍然明显。前汤方去猪苓，加桂枝、黄芪，继服 10 剂。

4 月 10 日三诊：畏寒缓解，胁下疼痛减轻。两胁下痞块未见缩小。处方：

（1）张果老软肝散，每次 1g，1 日 3 次。

（2）参苓白术散。每周 2 剂，补气健脾以保肝。

半年后复查，肝脾变软缩小，恢复正常。

总之，肝脾肿大之症，其基本病机是血瘀成积，早期兼有气郁，中后期波及脾肾，或兼湿热痰饮内停，或兼脾胃虚弱，或兼脾肾阳虚。在治疗上主要用活血逐瘀、软坚散结之品，以张果老软肝散为专方，并斟酌病情，辨别肝脾肾三脏的影响程度，或攻或补，或治或停，缓消渐散，以达祛邪而不伤正、扶正而不碍邪的目的。

二、从历节风论治类风湿关节炎

现代中医将以关节疼痛为主要表现的多数疾病统归为"痹证"，类风湿关节炎、风湿性关节炎、风湿寒性关节痛等都是以关节痛为主要表现的疾病，中医均从痹证论治。法虽简便，但忽视了这些疾病的个性，尤其是类风湿关节炎，被称为"不死的癌症"，表现为小关节肿痛、晨僵，后期出现畸形、强直，与一般的风湿性关节炎、风湿寒性关节痛等预后截然不同。邹老在临床上对此深有感悟，他在《中国五脏病学》中，已将类风湿关节炎对应于中医的"历节风"，并将历节风从痹证中独立出来单独探讨诊治，这无疑是高明的处理方法。以下所整理的是邹老的主要观点及常规治疗方法。

1. 历节风病名从何而来

《黄帝内经》名之为贼风，汉代张仲景在《黄帝内经》的基础上，认为本病表现独特，且与一般的痹证有区别，故在《金匮要略》中以历节命名，以示重视。《景岳全书》中说："历节风痛，以其痛无定所，即行痹之属也。《病源》云：历节风痛是气血本虚，或因饮酒腠理开，汗出当风所致；或因劳倦调护不谨，以致三气之邪偏历关节，与气血相搏而疼痛非常，或如虎之咬，故又有白虎历节之名。"

2. 历节风与痹证的鉴别

历节风的病位在筋骨与关节，以指、趾、腕、踝疼痛肿大，关节变形，难以屈伸，其则递历关节剧烈疼痛，痛处或出黄汗，但不一定左右对称为特征。历节风与痹证的鉴别如表1。

表 1　历节风与痹证鉴别

证候	历节风	痹证
起病	多缓慢，常不因外感	多急骤，常由风寒湿热
特征	从四末小关节开始，不对称，历节痛	从大关节开始，左右对称，同时疼痛
关节	日久肿大变形，肌肉瘦削	关节始终不变形，肌肉不瘦削
其他	严重者可引起瘫痪，但少内舍于脏	不引起瘫痪，常可内舍于脏

3. 历节风在病理上与痹证有何不同？

痹证初起为实证，病位在肢体、经络，可波及关节，即风寒湿热之邪侵入肢体经络，痹阻气血，导致肢体关节疼痛，痹证迁延不愈，可致气血耗伤，肝肾虚损。而历节风初起为本虚标实之病，病位在筋骨、关节，开始就有气血不足，肝肾虚损，而后风寒湿热诸邪侵入筋骨，递历关节引起疼痛。历节风迁延不愈，余邪留滞，营卫不通，水谷精微不能达于四末，导致局部痰结、血瘀，关节肿大变形，难以恢复。

4. 历节风的辨证治疗

历节风由于是因虚致邪，因此治疗上应标本兼顾，扶正祛邪。

（1）游走疼痛型：患者初起四末指、趾、腕、踝关节疼痛，发热恶寒，继则关节肿大，不能屈伸，游走疼痛而且痛后关节肿大不消，苔白滑，脉浮缓而弱。

此属血虚不能濡养筋骨，风邪乘虚而入，淫于四末，邪气滞于关节筋骨之分，导致肿痛。因风邪游走不定，故关节次递作痛。治疗上宜以养血祛风为主，用小续命汤。夜间痛剧者，因夜属阴，血分属阴，乃兼有瘀血，加入桃仁、当归、乳香、没药。

小续命汤古人用作六经中风之通剂，主要病机为阳气不足，血虚受风。其补血的力量并不强大，可酌情加入当归、熟地黄、鸡血藤、制首乌等药物。或可仿照《证治汇补》用四物汤加秦艽、桑枝、红花、桂枝等治疗。阳气不虚，有化热倾向者，可去人参、附子、麻黄、桂心，按邹老经验加入知母、地龙、生地黄等。

（2）灼热疼痛型：疼痛反复发作，延及肘、肩、髋、膝等关节灼热疼痛，手足拘挛，肌肉消瘦，小便黄，舌质红，脉细而数。

此为阴血不足，不能营养四肢，阳气相对亢盛而生内热所致。宜养阴清热，疏通经络，消除筋骨关节肿大。用四物汤加地骨皮、竹枝节、桑枝节（即竹枝、桑枝之节）。骨蒸潮热，自觉筋骨发烧者，加鳖甲、知母、牡丹皮。若皮色黧黑，关节刺痛不移者，为热郁血瘀，加赤芍、地龙、水蛭、红花。

（3）肿麻冷痛型：关节肿大变形，酸重冷痛，肌肤麻木，得热熨减轻，阴雨转甚。形体羸瘦，苔白滑。面色苍白，短气不续，脉濡缓；或黄汗自出，四肢厥逆，脉沉迟。

此为阳气不足，痰湿流滞，或寒湿痹阻关节。轻者可表现为气虚痰滞，用二陈汤合三妙丸、当归补血汤、巴戟天、防己。关节肿大麻木者，加薏苡仁、木通、松节。重者可表现为阳虚寒闭，用乌头汤。疼痛久不减，日轻夜剧，为血瘀气滞，去麻黄，加小活络丹；全身肌肉消瘦，关节强直，为血瘀络闭，加服大活络丹。

5. 创制历节风的专方——十虫散

历节风后期手足关节疼痛，肿大变形，难以屈伸，导致患者关节功能障碍，重者造成残疾。清代名医叶天士治疗积聚，"每取虫蚁迅速飞走诸灵，俾飞者升，走者降，血无凝着，气可宣通"，邹老沿用叶氏思想，广用虫药，创制历节风专方十虫散，在临床上获得了较好的疗效。

十虫散组成：全蝎、僵蚕、䗪虫、蕲蛇各 50g，水蛭 15g，甲珠 30g，蜈蚣 30 条，乌梢蛇、九香虫、蚂蚁各 100g。共为细末，每次服 2g，1 日 3 次。

黄芪 20g，当归 10g，鸡血藤 10g，煎汤送服。

方中全蝎、蜈蚣、僵蚕入络搜风，有助于消除拘挛；蕲蛇、乌梢蛇祛风除湿止痛；䗪虫、水蛭、甲珠活血化瘀，软坚散结，有助于消除关节肿大变形；九香虫、蚂蚁，入肾壮骨，补命门之火，散风寒湿邪。黄芪、当归、鸡血藤，益气补血，乃"治风先治血"之义。

［病案举例］

戴某，女，50 岁。1985 年 10 月 4 日初诊。

病史：指、腕、趾、踝关节肿痛变形多年。患者年轻时因多次做人工流产术，致使气血大伤，消瘦畏寒，手足末梢关节肿痛，经中西药治疗效果不佳，关节逐渐变形。遂求治于邹老。

现症：四肢末梢关节疼痛，肿大。面色苍白，苔白，舌边有齿痕。脉细弱。

诊断与辨证：历节风。气血两虚，寒湿瘀血留滞。

治法：治宜标本兼顾，补气血，祛寒湿，除瘀血，通经络。

处方：

（1）十虫散，每次 1g，1 日 3 次。

（2）黄芪 30g，当归、砂仁、制川乌各 15g。制川乌先煎 1 小时，然后与诸药炖肉汤送服十虫散。

服药后 3 日痛减，10 日痛止，1 个月后肿大之关节明显缩小。

6. 历节风的特殊类型——鹤膝风

膝关节患历节风日久，膝粗而上下腿细，状如鹤膝者，称为鹤膝风。此为足三阴经虚损，气血不足，上下筋脉肌肉失养而枯痿；风寒湿邪留滞于膝，壅阻气血，继生痰瘀，致膝肿胀不消。

在治疗上不可先治其膝肿，而应先养气血，使肌肉渐荣，然后再治其膝。此与治痿证相似，不可滥用麻黄、防风等散风之药，否则会加重枯痿之症。按邹老经验，可先用十全大补汤加杜仲、牛膝、松节、木瓜治疗。

妇人因郁怒致损肝脾，为风邪所乘，导致鹤膝风，常伴食少，体倦，月经不调，宜调理肝脾为主，用逍遥散加牛膝。小儿鹤膝风，多为先天不足所致，治宜补肾壮筋，用六味地黄丸加牛膝、鹿茸。鹤膝风成脓溃烂者，治宜扶正祛邪，用阳和汤加牛膝、防风。

三、围绕"脓毒"辨治慢性鼻窦炎

慢性鼻窦炎为鼻窦的慢性化脓性炎症，是耳鼻喉科的常见病、多发病，主要表现为鼻塞流脓涕或黏液脓性鼻涕，伴头痛、头晕、咳嗽、嗅觉及记忆力减退，严重影响患者的工作学习及身体健康。长期以来，西医治疗慢性鼻窦炎的效果不甚满意，尤其对儿童鼻窦炎缺乏有效的治疗方法。该病属于中医"鼻渊"范畴，其病因多由风热侵袭，或胆腑郁热、脾胃湿热循经上达鼻窦，燔灼气血，伤肌损膜，瘀阻络脉所致。邹老在治疗慢性鼻窦炎的过程中，紧紧围绕"脓毒"这一关键病理展开治疗，对于慢性鼻窦炎实证型有较好的效果。

1."脓毒"是慢性鼻窦炎实证型的关键病理

现代中医一般将慢性鼻窦炎与中医的"鼻渊"相对应，临床上起到了一定的指导作用。但慢性鼻窦炎核心病理是鼻窦黏膜化脓，脓液外排，"鼻渊"虽然观察到了鼻涕如泉下渗，量多不止的特征，从历代文献上看并没有准确地认识到此"鼻涕"为"脓液"，因此从"鼻渊"论治慢性鼻窦炎总有些隔靴搔痒的感觉。已有学者注意到了这个问题，提出慢性鼻窦炎应从中医"内痈"治疗，早期应该解毒排脓，后期应该托里透脓。这种观点，可谓一针见血，可惜不为更多的人关注。邹老在临床上也注意到了慢性鼻窦炎的这一特点，把"脓毒"作为治疗的重心。

2. 鼻塞、脓涕、头痛是慢性鼻窦炎的三大主症

中医强调辨证论治，对症状的关注远过于西医。对于慢性鼻窦炎的诸多症状而言，最能代表该病的应该是鼻塞、脓涕、头痛三大症。鼻窦炎多继发于感冒或鼻炎之后，初起时多无特殊体征，且部位深不能直接观察，专科检查也无明显异常，故初期往往难以明确诊断。但有一点可提示，就是鼻窦开口因炎症肿胀堵塞，鼻窦腔内呈负压状态，形成真空性头痛。一般来说，前组鼻窦炎多为前额部疼痛；后组鼻窦炎多为枕部疼痛。这种头痛常表现胀闷疼痛，昼重夜轻，多为一侧或一侧较重。因此当患者疑似感冒或鼻炎，而出现头痛时，则要想到鼻窦炎的可能，以避免误诊。而鼻窦炎中后期，鼻塞、脓性鼻涕比较明显，再结合可能出现的窦性头痛，则易于明确。

3. 创邹氏鼻渊汤为治疗慢性鼻窦炎实证型专方

慢性鼻窦炎实证型在治疗上要针对"脓毒"这个核心，围绕三大主症，采用清热解毒，通窍排脓，止痛的治疗方法。邹老在临床上以苍耳子散加蝉蜕、金银花、野菊花、紫花地丁、蚤休、蔓荆子、全蝎、天麻组成"鼻渊汤"，取得了满意的效果。

方中以苍耳子散加蝉蜕，祛风通窍，为脓液顺畅排出创造良好条件；同时诸风药擅长开通鼻窦玄府，以维护气血津液的流畅，为防止出现嗅觉减退起到一定的作用。其中蝉蜕一药，今人多以之发散风热、透疹、止痉、退翳，以之治疗痈肿甚为少见，但古人也用之治疗疮肿，如《圣惠方》用蝉蜕散（蝉蜕、僵蚕）治疗疮，《世医得效方》用蝉蜕煎水外浴治小儿阴肿，《伤寒温疫条辨》治疗头咽肿痛的名方升降散（蝉蜕、僵蚕、姜黄、大黄）中就有蝉蜕。

金银花、野菊花、紫花地丁、蚤休四味药擅长清热解毒，是治疗疮肿的良药。前三味也是名方"五味消毒饮"的成分，蚤休又名七叶一枝花，味苦气寒，为解痈毒之良药。《本草纲目》引俗谚云："七叶一枝花，深山是我家，痈疽如遇者，一似手拈拿。"

蔓荆子、全蝎、天麻三味为治头痛头晕的对症之药。蔓荆子味苦，微寒，为治风热头痛之要药，《千金方》以一味蔓荆子为末，浸酒服，治头痛久不愈者。

全蝎咸、辛，性平，擅长通络止痛，对偏正头痛有良效，借其散结走窜之性，又可通鼻窦之玄府。天麻甘平，平肝息风，是治疗头晕头痛的要药。三味合用，对于慢性鼻窦炎所致头痛，可谓手到擒来。

[病案举例]

李某，男，43岁。2012年5月22日初诊。

病史：患者前额闷痛10余日，在当地西医院就诊，诊断为"慢性化脓性鼻窦炎"，服西药后疗效不明显。曾有慢性鼻窦炎史，做过穿刺灌洗术。患者体壮，平素好酒。

现症：前额胀闷疼痛。鼻塞，脓涕，常倒流至鼻咽部，呼气腥臭，嗅觉减退，目胀。偶有咳嗽，痰多。睡眠差。食欲无异常。小便微黄，大便干燥。苔中后黄腻，舌尖红；脉弦数。

诊断与辨证：鼻渊。风热熏灼鼻窦，毒热蕴结，肉腐为脓，窍道不通，闭郁额痛。

治法：治以疏风清热，解毒排脓，通窍止痛。

处方：辛夷10g，苍耳子10g，白芷10g，薄荷10g（后下），蝉蜕12g，金银花15g，连翘15g，菊花10g，紫花地丁30g，蚤休10g，生石膏30g，蔓荆子10g，全蝎3g，天麻10g，皂角刺10g。7剂，煎水服，1日3次，2天1剂。

忌酒及辛辣之品。

两周后二诊：服药后诸症好转，但痰多，且大便偏稀。热毒已轻减，原方去金银花、紫花地丁、菊花，加胆南星、桑白皮、瓜蒌皮。7剂，煎水服，1日3次，2天1剂。

两周后三诊：诸症明显减轻。再以前方加减，再服21剂后诸症消失。随访未复发。

总之，慢性鼻窦炎为常见病、多发病，目前西医治疗的疗效尚不十分满意，时有反复。此正是中医发挥长处的领域，亟待筛选出临床应用确实有效的药物和治疗方案，以补充完善治疗，提高治愈率。邹老以"脓毒"为中心的方案可供大家参考。

四、从"痉证"论治"舞蹈症"

舞蹈症，常发生于链球菌感染后，为急性风湿热中的神经系统症状。病变主要影响大脑皮层、基底节及小脑，由锥体外系功能失调所致。临床特征主要为不自主的舞蹈样动作。多见于 5～12 岁儿童和青少年。中医在治疗舞蹈症方面积累的经验比较少，邹老因临床机缘遇到了一些舞蹈症患者，对此做了初步的总结。

1. 舞蹈症的主要表现

舞蹈症在早期症状常不明显，表现为患者比平时不安宁，注意力不集中，学业退步，肢体动作笨拙，字迹歪斜和手中持物经常失落等，继而出现舞蹈样动作。这是一种极快的、不规则的、无目的和不自主的运动，起于一侧面部或一肢，逐渐扩大到一侧，再蔓延至对侧。此时行走、坐立、穿衣、握笔等动作发生障碍，面部有皱额、弄眉、眨眼、伸舌等奇异表情，严重者可有语言、咀嚼及吞咽困难。舞蹈样动作，在注意力集中或情绪激动时加重，入睡后消失。

2. 舞蹈症应从中医的痉证论治

邹老认为舞蹈症从临床表现类似中医痉证。可从痉证论治舞蹈症。根据"诸风掉眩，皆属于肝"，认为病在筋脉，属肝所主，与心、胃、脾、肾等脏腑关系密切。病理性质有虚实两面，主要在于阴虚血少，筋脉失养，临床又以阴虚肝旺，兼夹痰涎瘀血多见。

邹老从阴虚肝旺，虚风内动角度临床治疗不少小儿舞蹈症。他认为肝藏血、体阴而用阳，小儿稚阴稚阳之体，易虚易实。若肝血不足，血虚生风而致虚风内动，或血不养筋，筋脉拘急，常常引起抽搐发作。肝开窍于目，血不养目，则常见瞬目、弄眉。血虚生风，风性善行而数变，所以抽搐部位多不固定，或发于面部而现挤眉、眨眼、皱鼻、张口、噘嘴，或发于上而现摇头、伸颈、耸肩、甩手；或发于中下而成鼓腹、踢腿、跺脚。且反复发作，交替呈现。

3. 创制舞蹈症治疗专方"止痉丸"

邹老依据"治风先治血，血行风自灭"的原则，在治疗上主张养血安神，滋阴柔肝治其本，息风豁痰化瘀治其标，创制验方"止痉丸"。

止痉丸处方组成：全蝎、水蛭、生地黄、广三七各 30g，蝉蜕、生龙骨、生牡蛎、制首乌各 50g，酸枣仁、茯苓各 60g。共为末，做蜜丸。每服 3g，1 日 3 次。用竹茹、夜交藤各 30g 煎水送服。

生地黄、首乌养血，龙骨、牡蛎、酸枣仁、夜交藤镇静安神；全蝎性走窜而通行内外，息风解痉；蝉蜕疏风清热，祛风止痉；茯苓、竹茹健脾豁痰；水蛭、三七活血化瘀。

服用时以竹茹、夜交藤煎水送服，可以安神先行，使患儿镇定，进而丸药起效，药有次第，标本兼治。

4. 典型案例

李某，男，10 岁。1992 年 10 月 6 日初诊。

病史：手舞足蹈，眨眼歪嘴 6 月余。6 个月前患者因与同学打架，右侧头部外伤，其后渐渐出现不自主的舞蹈样动作，在课堂上也不能克制，被老师视为扰乱课堂秩序，最近明显加重。到某西医院检查，被诊断为"舞蹈症"。服用多种镇静药疗效不佳，遂来邹老处诊治。

现症：烦躁不安，失眠难寐，易于激怒，头部时痛。右侧头部因打架外伤有一处疼痛，但位置固定。舌苔薄白，脉细涩。

邹老用"止痉丸"专方，做成蜜丸，嘱患者服 3 个月。

1993 年 1 月 10 日复诊，诸症减轻。效不更方，考虑到外伤病史，增强化瘀力度，倍水蛭、广三七各 30g，续服 3 个月，诸症皆除。

五、条述百合病诊治规律

百合病首载于汉代张仲景《金匮要略》一书，此后历代医家对此病皆有阐述和补充，但近世中医内科著作，多未收录。据邹老观察，百合病是临床上的常见病，正如清代名医陈修园所说："此病最多而人多不识耳。"患者常苦于病久不愈，而医者则苦于症状捉摸不定，难于着手，邹老有感于此，对百合病进行了系统地整理，兹将其要点概述于下。

1. 百合病的诊断

百合病以自觉全身是病，苦恼万状，心神涣散，诸药不效，口苦，小便赤，舌质红，脉微数为特征。邹老认为，临床上只要具备以下三点，即可诊断为百

合病:

（1）有心神涣散的症状（不定证）：如默默不欲言，欲卧不能卧，欲行不能行，欲食不能食，如寒无寒，如热无热，诸药不效，变幻无常。

（2）有极多的自觉症状（自觉证）：自觉全身是病，苦恼万状，实际身形如和，无显著病变。

（3）有较确定的可凭特征（定证）：头眩、口苦、小便黄、舌红、脉数等。

百合病常出现不寐症，应与其他病证出现的不寐鉴别，列表如表2。

表2　百合病不寐与其他不寐的鉴别

不寐病证	临床症状鉴别
百合病不寐	欲卧不得卧，欲行不能行，欲食又恶食，如寒无寒，如热无热，全身是病，苦恼万状，心神涣散，诸药不效
心火内炽不寐	不易入睡，卧则更烦，身热尿赤，舌赤干绛，脉数
胆经热扰不寐	心烦喜呕，偏头痛，不欲食。舌尖红，苔黄腻，脉弦数
心胆虚怯不寐	不敢独卧，惊则心悸不已，小便清长，脉弦细而不数
肺痨不寐	午后潮热骨蒸，两颧发赤，咳嗽，盗汗，消瘦，面色㿠白，舌赤少津，脉细数
脏躁不寐	悲伤欲哭，如有神灵，数欠伸，脉微数

2. 百合病的病因病机

百合病的病因主要有以下几个方面：

（1）热病后期，余热未净，心肺阴伤所致。

（2）思虑无穷，所愿不遂，气郁化火，阴液灼伤引起。

（3）因汗、吐、下误治后，造成津伤里虚。

（4）猝遇惊险，以致精神涣散。

（5）伏藏之火，郁而不伸，损伤阴液。

百合病的病机主要为邪热留滞，心肺阴伤，导致神明受扰所致。心主血，肺主气，心肺功能正常，则气血调和，百脉充盈，体骸皆得其养；若因邪热留滞，心肺阴液耗伤，气血不足温煦灌养百脉，则百脉不充，全身俱病。百脉之主在神明，故阴血不足，首先影响神明之府而发病，心藏神，故出现各种心神涣散的病变。

3. 百合病的证候分析

《金匮要略》对百合病的症状有详细的描述："百合病者，百脉一宗，悉致其病也。意欲食复不能食，常默默，欲卧不能卧，欲行不能行，饮食或有美时，或有不用闻食臭时，如寒无寒，如热无热，口苦，小便赤，诸药不能治，得药则剧吐利，如有神灵者，身形如和，其脉微数。每溺时头痛者，六十日乃愈；若溺时头不痛，淅然者，四十日愈；若溺快然，但头眩者，二十日愈。其证或未病而预见，或病四五日而出，或病二十日，或一月微见者，各随证治之。"

由于心肺阴虚，热邪流窜百脉，百脉俱病，全身无一适处。因气血衰而心神涣散，患者易出现感觉异常，故身如有寒而又无寒，自觉发热而又无热，默默无语。邪热灼伤阴液，阳热偏亢，因阳主动，故患者常有欲动之心，但因心神涣散，而动难成行，故出现欲卧不能卧，欲行不能行，欲食不能食。心开窍于舌，肺开窍于鼻，心肺失和导致味觉、嗅觉失常，故饮食有时或觉美味，有时又厌恶饮食。药入于胃，药气必上输心肺，因心肺病，药气难以转输，故诸药不能治，药气郁遏胃中，郁极上逆下迫，故得药则剧吐利。至于口苦、小便赤，则是阴虚内热，心火上炎，或移热于小肠所致。

肺为水之上源，能通调水道，下输膀胱，病重患者小便时因肺气夹邪热下达，而膀胱又为太阳经之腑，邪热顺太阳经上冲入脑，故头痛。轻者，太阳经上逆之邪热虽未至颠顶，但伤及卫气，故洒淅恶风。若患者感小便快然时，则清阳之气一时不能上至颠顶，因而出现头眩，此时并无邪热随太阳经上逆，病变仅在心肺，故其愈期短。

4. 百合病的治疗

（1）主方：百合病治疗应滋养心肺，兼清气血，主方用百合地黄汤。

百合地黄汤以百合养肺阴而清气热，生地黄益心营而清血热，阴足热退，百脉因之调和，故病即愈。

（2）加减法

①百合病日久不愈，出现发热者，为内热久郁，阴虚热盛，治宜滋阴润肺，清热利尿，使患者"溺快然"，则热易随小便泄。可用百合滑石散。

②若口渴不止，宜加重清热生津之品，用瓜蒌牡蛎散。外用百合洗方（百合泡水外浴）。

③若误汗伤阴，燥热尤甚，宜补虚清热，养阴润燥，用百合知母汤。

④误吐重伤肺胃之阴，宜清养肺胃，用百合鸡子黄汤。

⑤误下损伤胃气，出现气机上逆，用滑石代赭汤。

⑥若兼有腹痛者，宜去地黄，加乌药。此即清代名医陈修园《时方歌括》治疗心腹气痛之百合汤（百合30g，乌药10g），其歌云："久痛原来郁气凝，若投辛热痛频增，重需百合轻清品，乌药同煎亦准绳。"

六、增补积聚诊治内容

中医药治疗肿瘤起源于距今约3500年的殷周时代，自《黄帝内经》以后，历代文献皆有总结，水平不断提高，显示了中医在肿瘤治疗方面的科学价值。特别是近50年来，大量科学的临床观察和实验数据进一步证实，中医药在肿瘤综合治疗中的作用日益明确，并逐渐被愈来愈多的医学工作者和患者所接受，目前广泛应用于临床。但是代表中医诊治学现状的教材却没有相应地跟进，与肿瘤最相关的"积聚"篇，历来只有气滞、食滞痰阻、血瘀、正虚血瘀等基本证型，对临床众多的肿瘤辨治指导有限，可以说是最脱离临床的篇章。邹老对此也深有感触，他在撰写《中国五脏病学》时，便整理了有关积聚的历史文献，结合自己治疗肿瘤的体会，增补了"积聚"现有的内容，为我们提供了一套对临床有指导价值的诊疗方案。

（一）常见积聚类病名辨析

凡腹中出现积块，或胀或痛者，称为积聚。积指结块逐渐增大，由积累而成，属于血分，病在五脏，如肺积息贲、肝积肥气、心积伏梁、脾积痞气等。至于肾积奔豚，应属于聚证范围。聚指结块或聚或散，留止不定，属于气分，病在六腑。如奔豚、六聚皆为六腑之气聚为患。

积聚还有几个主要的类型，即癥瘕、痞块、疝癖、癌瘤，前人各有所指，分辨如表3。

表 3　不同类型积聚的主要特征

病名	特征
癥瘕	癥指有形可征，坚硬不移之痞块，如血癥、食癥之类； 瘕指假物成形，推之可移的积块，如石瘕、肠覃之类
痞块	凡发生于两胁或心下浅表部分，在肌肉之间即可触及者
疝癖	疝指脐旁各有一条筋脉扛起，如弓弦之状，或大如臂，或小如指，伴有急痛； 癖是指结块隐僻难寻，潜于两胁，有时疼痛，痛时自觉患处有物，如饮癖、酒癖、血癖之类
癌瘤	癌指结块坚硬有棱角，溃后翻花凹凸不平，如岩石之状，如乳癌、舌癌、肾癌、失荣等； 瘤指气血痰瘀等留于局部，形成结块不散，如气瘤、血瘤、肉瘤、筋瘤、骨瘤、脂瘤等； 古代所指的癌瘤主要限于人体浅表部位，为有形可见的结块，一般归在外科范围

（二）三大病因可导致积聚

导致普通病症的三大病因，也常常是积聚形成的主要原因，但病因往往不是单纯的，总是内外合邪，最终都通过影响气血津液的流通，导致气滞、血瘀、痰凝、食积、饮停、异物留阻等而形成。

1. 外感邪气

如寒温不调，起居失宜，血为寒凝，或为热瘀，因而造成血行不畅，瘀阻于五脏及经络之间，由小渐大，由软而坚，日以增进，形成血积。外邪也可致六腑之气聚而不散，形成气聚。

肠覃、石瘕为女子疾病，皆由寒邪引起。肠覃形成于胞宫之外，由寒邪与卫气相搏而成，属于气聚。石瘕形成胞宫之内，由寒邪与营血相搏，导致瘀血留止，属积证范围。

2. 情志抑郁

初期常导致气聚，如忧郁恚怒，久不得解，以致肝气不舒，气留为聚。日久气滞血瘀，有所留止，则可成积。

3. 饮食失节

如伤酒、伤食、伤茶水，以致脾失健运，水谷精微失于正常输布，停蓄凝聚而为痰饮。或留于心下，或流于两胁，日与气血搏结，久而形成酒积、食积、茶癖、饮癖、痰积等。饮食不调，食气交阻，气机不畅，郁滞日久则成聚证。

（三）聚证的分类与治疗

表 4　气聚与奔豚的主症与治疗

分类	主症	治疗	兼证及加减
气聚证	腹中积块，时聚时散，随情绪变化而增减，攻冲疼痛，苔白，脉弦	木香流气饮	（1）夹食者，见嗳腐吞酸，腹满厌食，胃中嘈杂，肠鸣腹泻等，加枳实、鸡内金； （2）夹痰者，见时吐痰涎清水，眼胞暗黑，苔腻脉滑等，加半夏、莱菔子； （3）脾胃虚者，见食少体倦，便溏，舌淡脉虚等，并服香砂六君子丸
奔豚证	自觉有气从少腹上冲咽喉，发作欲死，气还则如平人	奔豚丸	（1）寒水上逆者，先见脐下悸动，旋即逆气上冲，形体恶寒，苔白腻，脉弦紧，用桂枝加桂汤； （2）肝气横逆上冲者，见气从少腹上冲胸，悸动不宁，反复发作，兼见眩晕，烦躁口渴，喘逆呕吐，乍寒乍热，苔薄黄，脉弦数，用奔豚汤（《金匮要略》）

【附方】

木香流气饮：木香、白芷、香附、紫苏叶、青皮、厚朴、槟榔、丁香、生姜、大枣、大腹皮、草果、石菖蒲、藿香、木瓜、木通、人参、赤茯苓、白术、甘草、半夏、陈皮、肉桂、麦冬、莪术。（《太平惠民和剂局方》）

奔豚丸：肉桂、炮附片、吴茱萸、橘核、川楝子、荔枝核、小茴香、木香、茯苓。（《医学心悟》）

桂枝加桂汤：即桂枝汤加桂枝二两（6g）。（《伤寒论》）

奔豚汤：黄芩、葛根、甘李根白皮、生姜、半夏、当归、川芎、芍药、甘草。
（《金匮要略》）

（四）积证的分类与治疗

表 5　积证诸类型的主证与治疗

分类	主证	治疗	兼证及加减
血积证	结块刺痛，坚着不移，夜间更甚，皮肤出现红痣蟹纹，甚则潮热骨蒸，肌肤甲错，舌有瘀点，脉沉而涩	化积丸	（1）心积伏梁，在胃脘部，加丹参、肉桂、琥珀； （2）肺积息贲，在右胁下，加紫苏、郁金； （3）肝积肥气，在左胁下，加䗪虫、三七、牡蛎
痰结证	结块多在腹中，痰多，时吐涎沫清水，眼睑出现烟灰黑色，心下如停冰雪，甚则结块腹痛，痞闷嘈杂、苔滑腻、脉沉弦	导痰汤加阿魏（与红糖为丸，冲服）	痰结伤阴者，伴潮热盗汗，舌红少津，脉细数，用脏疬丸
食癥证	结块在胃脘部分，大如覆盘，为胀为痛，饥则病减，饱则病增，伴倦怠、消瘦、腹满、肠满、肠鸣、飧泄，脉沉滞有力	轻证用红丸子；重证用消痞阿魏丸	（1）因酒成癥者，加葛花、枳椇子、砂仁、牵牛子； （2）因茶成癖者，加干姜、吴茱萸； （3）因米面成癥者，加神曲、麦芽、谷芽； （4）因肉食成癥者，加山楂、鸡内金； （5）因果菜生冷成癥者，加白蔻、砂仁、肉桂、干姜； （6）因鱼虾成癥者，加紫苏、陈皮、生姜； （7）因毛发成癥者，加山楂、鸡内金

续表

分类	主证	治疗	兼证及加减
石瘕与肠覃	妇女少腹之病，日渐增大，如怀孕状，结块坚硬。石瘕生胞中，推之不移，月事不以时下。肠覃生胞外，推之可移，月事以时下	桂枝茯苓丸	（1）石瘕，桂枝茯苓丸加三棱、莪术、木香、血竭、牛膝； （2）肠覃，桂枝茯苓丸加阿魏、麝香
横痃	腹内脐旁各有一条筋脉突起，如弦急痛，其形大如臂，小如指	麝香丸	（1）兼见结块痛甚，少腹冷痛者，多寒凝气滞，加肉桂、小茴香、吴茱萸； （2）兼见结块坚硬，烦躁易怒者，多气滞血瘀，加乳香、没药、川楝子
癖证	结块隐匿于胸腹两胁之间，平时寻觅不见，痛时摸之才觉有物，疼痛不移，脉多沉弦	五饮汤	（1）饮癖证，多由嗜酒、饮茶而成，见于两胁，结块时而疼痛胀满，常吐清水涎沫。用控涎丹； （2）血癖证，胸部自觉有物重压之感，刺痛不移，呼吸不利，舌紫而有瘀点，脉沉而涩。用血府逐瘀汤
癌	结块坚硬如石，状如岩棱，皮肉相连，固定不移，溃后亦不作脓，表面凹凸不平，难于收敛，每多危及生命	消瘰丸或小金丹	（1）乳癌、失荣（结块生于颈部或耳前后）加味四逆散（早期）、香贝养荣汤（中期）、逍遥散（后期）； （2）舌癌，用黄连导赤散； （3）茧唇，唇部如茧而坚，溃后翻花如杨梅，坚硬作痛，常有出血之虑。用凉膈散； （4）肾癌，生于阴茎。用知柏地黄丸

续表

分类	主证	治疗	兼证及加减
瘤	生于肌表，或长或圆，大小不等	消瘰丸与当归补血汤交替使用	（1）气瘤，喜消怒长，软而不坚，外无寒热，皮色如常。加枳壳、桔梗； （2）肉瘤，软如绵，硬如馒，形如覆碗。加陈皮、半夏； （3）血瘤，皮色紫红，外见血丝赤缕，软硬夹杂，压之缩小，偶有牵动擦破，则血流不止。合抵当汤； （4）筋瘤，青筋暴露，盘曲如蚯蚓。合四逆散； （5）骨瘤，多见于青年，好发于肩膝，形色紫黑，坚硬如石，紧贴于骨，推之不移。合知柏地黄丸； （6）脂瘤，大如柑橘，小如豆粒，形圆质软，患者中央有一毛孔，微黑，挤之有白色粉质自孔中出，有臭味，化脓时可转红，切开内有包囊，必切尽包囊始不复发。宜配合刀针挤出粉质

【附方】

化积丸：苏木、三棱、海浮石、香附、雄黄、瓦楞子、五灵脂、莪术、阿魏、槟榔。（《杂病源流犀烛》）

脏疬丸：昆布、海藻、牡蛎、夏枯草、赤芍、归尾、红花、地龙、益母草、全皮（即荃皮）、金银花、玄参、紫花地丁、黄芪、白术。

红丸子：阿魏、三棱、莪术、青皮、胡椒、莱菔子。（《三因极一病证方论》有同名方，无莱菔子）

消痞阿魏丸：阿魏、石碱、芒硝、山楂、神曲、麦芽、莱菔子、半夏、南星、贝母、黄连、连翘、胡黄连、瓜蒌仁。

麝香丸：麝香、全蝎、地龙、川乌、黑豆。（按：此方出《普济本事方》，原治历节风痛。另《太平圣惠方》"卷七"有同名方，治肾积冷气，攻心腹疼痛，频发不止，似更适合本病，其组成为：麝香、阿魏、全蝎、桃仁。）

五饮汤：六君子汤合五苓散，加旋覆花、前胡、枳实、厚朴、白芍。（《医垒元戎》）

消瘰丸：玄参、贝母、牡蛎。（《医学心悟》）

小金丹：白胶香、草乌、五灵脂、地龙、木鳖子、制乳香、制没药、当归、麝香、香墨炭。（《外科全生集》）

加味四逆散：四逆散加浙贝母、甲珠、山慈菇、白花蛇舌草。

香贝养荣汤：八珍汤加陈皮、桔梗、香附、贝母、生姜、大枣。（《医宗金鉴》）

抵当汤：虻虫、水蛭、酒大黄、桃仁。（《金匮要略》）

七、系统归纳中风证治

中风是指突发口眼㖞斜，半身不遂，甚则昏仆不省人事的一类疾病，相当于现代医学中的急性脑卒中，因其起病急暴，变化多端，与自然界风之善行数变的特性相似，故而得名。中风素为难治之证，其源流复杂，病机多样，邹老有鉴于此，对中风的诊断、治疗做出了系统、完整地整理发挥。

（一）从外风到内风的历史嬗变

早期医家认为中风是外界的风邪伤人所致，金元医家观察到当时中风多无外感因素，因而责之于内因。刘河间从心火暴亢立论，李东垣从正气内虚立论，朱丹溪从湿热生痰立论，此类由内因所致的中风被称为"类中风"，与外风所致的"真中风"相对。中风非风的理论一直延续到明代，清代医家综合前人之说，提出本病为内风所致，病机在于肝阳化风，气血逆乱。

邹老从火、痰、虚三个方面揭示了内风的由来：

（1）火：因五志过极，劳欲过度，水不制火，热极生风，风助火势，肝阳暴亢，心火炽盛所致。

（2）痰：或为脾胃虚弱，水湿不化，聚湿生痰，或嗜食辛辣、油腻、酒肉，以致痰热蕴结，或为肝火炽盛，煎熬津液，炼津成痰，风痰相引而动。

（3）虚：一者气虚，正气亏虚，卫外不固，虚邪乃入，风邪引动在内之痰湿等邪，流窜经络，以致㖞僻不遂；二者阴虚，劳欲、久病、年老、体质等因素，以致肾阴亏虚，阴不潜阳，水不涵木，肝阳偏亢，易引动气血上逆。

火、痰、虚等病理因素是肝阳化风的原因，对于内风导致瘫痪的原因，邹老指出，其直接病机在于血瘀髓海。《素问·生气通天论》云："大怒则形气绝而血菀于上，使人薄厥。"菀与郁通，即郁滞义。脑为髓海，为元神之腑，地位最高，容腔狭小，藏而不泻，一旦受邪则邪气不得出路，闭阻于内。肝阳化风，煽动气血上逆，血瘀于髓海，闭阻清窍，形成中风之疾。由于血瘀髓海，头部一侧的经筋失养，《黄帝内经太素》曰："筋既交于左右，故伤左额角，右足不用，伤右额角，左足不用，此维筋相交故也。"因头部一侧的经筋与对侧肢体经筋有维筋相交的关系，所以会引起对侧肢体的瘫痪，这在现代医学中也得到验证。《黄帝内经》中维筋急属于足少阳胆筋之病，可见中风的病位与肝胆关系密切，内风的病理因素与痰、火、虚有关，病机在于肝阳化风，气血上逆，血瘀髓海。

（二）明晰中风四层次病位说

内风学说在中风理论中已占据主导地位，但外感因素对中风的发病亦有影响，内风会招感外风，外风会引动内风，内风、外风并非截然对立，金元医家提出内风学说，但并未忽视外风，故邹老融合内外风之说，并将其运用在不同深浅层次的中风辨治上，综合历代医家的论述，分为中络、中经、中腑、中脏四个层次。经络在表，脏腑在里，络为经之浅表者，脏为腑之里。外风得之于表，故中经络者以外风为主，内风发之于里，故中脏腑者以内风为主。

络脉最为浅表，风邪入络不易引动深层的内风，故仅见浅表皮肤麻木、不仁，或口眼㖞斜；经脉为表中之里，居于表里之半，外风与内风相互引动，或以外风为主而表现为肌肉重滞、半身不遂、口眼㖞斜，或以内风为主而表现为头晕耳鸣，或有神昏；腑在里，中腑证可由外风引发，但邪在深层，主要病机在于内风，因中焦腑实不通，痰、火、风邪炽盛，表现为神昏，躁扰不宁，肢体痿废，二便不通；脏为里中之里，中脏证为脏风内动，病位最深，病情最险，与外风关系已不密切，因五脏藏神，故表现为神昏、偏瘫、舌难言、口吐涎等机窍不灵症状。《金匮要略·中风历节病脉证并治》曰："邪在于络，肌肤不仁；邪在于经，即重不胜；邪入于腑，即不识人；邪入于脏，舌即难言，口吐涎。"中经络者，病位较浅，病情较轻，仅见㖞僻不遂，言语謇涩等肢体症状；中脏腑者，病位较深，病情较重，除有㖞僻不遂等证外，更见神志不清，并常有先兆或后遗症状出现。五脏藏神，故有无神志异常是中经络与中脏腑的鉴别点。

表 6　中风四证对比

病位	病情	症状	病因
中络		肌肤不仁，手足麻木，口眼㖞斜，语言不利	外风
中经	轻浅	半身不遂，左瘫右痪，肌肉重滞，肢体拘	外风
中腑	↓ 深重	肢体痿废，神昏，便秘溺涩	↕ 内风
中脏		突然昏仆，不省人事，舌难言，口吐涎，鼻塞、耳聋、目瞀、唇缓	内风

表 6 是中风四证的对比，中络证由外风引起，中经证、中腑证是外风、内风相引而动，中脏证则是内风引起。从中络至中脏，病位渐深，病情渐重，病发于深处者可兼浅层之证，故中脏证、中腑证可兼有中络证、中经证的表现；病发于浅处者则未达深层病证，故中络证、中经证症状不似中腑证、中脏证危重。

从邪正关系的角度说，从中络至中脏，邪气渐盛，正气渐虚，中经络者仅为在表之气虚，中脏腑者为气血阴液亏虚。中脏证邪盛正虚，或以邪盛为主而表现为闭证，或以正虚为主而表现为脱证，因此中风入脏尚有闭证、脱证需鉴别，闭证以牙关紧闭，两手握固，肢体僵直，大小便闭为特点，脱证以鼻鼾舌痿，口开眼合，手撒肢厥，汗多不止，二便自遗为特点。此外，闭证尚须辨别邪气的性质，热邪盛者为阳闭，症见身热面赤、心烦躁扰、气粗、口臭；痰湿盛者为阴闭，症见四肢厥冷、静卧不烦、痰涎壅盛。

（三）中风类证鉴别

口僻又称吊线风，是指以口眼㖞斜，言语不清为主要症状的一类疾病，相当于西医学中的面瘫。因内风学说的盛行，一些现代医家忽视外风，将中风完全等同于西医学中的急性脑卒中，因此强调中风与口僻的鉴别。但口僻自古归属于中风，《诸病源候论》中记载："风邪入于足阳明、手太阳之经，遇寒则筋急引颊，故使口㖞僻。"若能重新审视外风入络这一病机，口僻自然将重归于中风病的范畴。现代医家所谓的"中风与口僻鉴别"，其实质是鉴别口眼㖞斜这一症状是由中络引起还是由中脏腑引起。二者虽同见口眼㖞斜，但一是风痰阻络，一是内风入脑、神机不用，病位深浅不同。中络证症状单纯，中脏腑者病情复杂危重，从症状上不难鉴别。口僻不被认为是中风，这是中风病被割裂的结果。

邹老在著作中认为口僻属风痰中络，由外风引动，其症状、病机与中风中络证相符，仍将之归之于中风范围，这种处理方法继承了传统中医的认识。

中风之中脏腑与厥证、痫证、痉病等都有昏仆的临床表现，根据兼症可以鉴别。中风与痹证都有肢体不遂的症状，但中风是因神机不运而半身不遂，痹证仅是某一肢节因疼痛或关节僵硬、变形而不遂，《金匮要略·中风历节病脉证并治》曰："夫风之为病，当半身不遂，或但臂不遂者，此为痹。"现将其列表鉴别如表7。

表 7　中脏腑与厥证、痫证、痉病鉴别

病名	中风	痉病	厥证	痫证	痹证
昏仆时症状	突然昏仆，不省人事	发痉，抽搐	面色苍白，四肢厥冷	口中作声，吐涎沫，抽搐	不昏仆
苏醒后症状	口眼㖞斜，半身不遂	仍发痉，抽搐	出现与病因相应症状	一如平人	骨节疼痛，臂不遂
备考	多有先兆、后遗症			有既往病史	

（四）中风的辨证论治

中风的核心病机为风，外风病机为风邪闭阻经络，故基本治法为祛风通络，内风病机为肝阳化风，气血上逆，血瘀髓海，故基本治法为镇肝息风。外风当祛，内风当息，内外之间尚有痰、热、瘀、虚等病理因素引动，因此需根据先兆证、中络、中经、中腑、中脏闭证、中脏脱证、后遗症的轻重层次不同，施以祛风通络、清火化痰、平肝息风、涌吐攻下、养血润燥、补气回阳等法。

1. 中经络

（1）中络证：肌肤不仁，手足麻木，口眼㖞僻，语言不利，苔白腻，脉浮滑。

此为风邪中络，气血痹阻，故肌肤不仁，手足麻木。络脉痹阻，营气运行不畅，故不用而弛缓，无邪的一侧气血尚能运行，相对的一侧反见拘急，缓者为急者牵引，遂见口眼㖞僻。《金匮要略·中风历节病脉证并治》曰："寸口脉浮而紧，紧则为寒，浮则为虚，寒虚相搏，邪在皮肤。浮者血虚，络脉空虚，贼邪不泻，或左或右；邪气反缓，正气即急，正气引邪，㖞僻不遂。"治以大秦艽汤祛风通络、养血和营。风邪闭表，肺不布津，聚湿生痰，故风易引痰，风痰盛者主以乌药顺气散去干姜，加天麻、竹沥等。若仅见口眼㖞斜而无其他杂证者，用牵正散。

［大秦艽汤］秦艽、羌活、独活、细辛、防风、白芷、石膏、黄芩、生地黄、熟地黄、当归、川芎、白芍、白术、茯苓、甘草。（《素问病机气宜保命集》）

［乌药顺气散］乌药、陈皮、枳壳、川芎、麻黄、白芷、甘草、桔梗、僵蚕、干姜、生姜、大枣。（《和剂局方》）

［牵正散］白附子、全蝎、僵蚕。（《杨氏家藏方》）

（2）中经证：半身不遂，左瘫右痪，肌肉重滞，胶体拘急。素体气虚者兼见舌软无力，语言謇涩，不耐寒热，舌淡苔白，脉大无力。风阳上扰者，平素即见头晕耳鸣、腰膝酸软，在各种诱因下突发瘫痪，口眼㖞斜，神志欠清，舌红苔黄，脉弦细数。

此为风邪中经，受邪层次较中络者为深，这与患者自身气血亏虚、卫外不固有关。气血痹阻较重，筋脉肌肉不得濡养，故见瘫痪、半身不遂。治以小续命汤祛风豁痰，补气行血。表气亏虚，虚风乃入，故小续命汤中兼有祛风与补益气血的药物，以防发散重虚其表。中经体实者以逐风通络为主，用逐风汤加威灵仙、制首乌。中经气虚者宜扶正祛邪，用黄芪桂枝五物汤加白术、秦艽、陈皮。病在下肢者加牛膝，在上肢者加姜黄，在筋者加木瓜，在骨者加虎骨。平素肝阳上亢者，外风引动内风，内风入脑，宜育阴潜阳，平肝息风，治以镇肝息风汤。

［小续命汤］芍药、黄芩、人参、附子、生姜、川芎、防风、防己、麻黄、桂枝、杏仁、甘草、大枣。（《千金要方》）

［逐风汤］黄芪、当归、羌活、独活、全蝎、蜈蚣。（《医学衷中参西录》）

［黄芪桂枝五物汤］黄芪、桂枝、芍药、生姜、大枣。（《金匮要略》）

［镇肝息风汤］怀牛膝、生赭石、生龙骨、生牡蛎、玄参、天冬、生杭芍、生龟板、茵陈、川楝子、生麦芽、甘草。（《医学衷中参西录》）

2. 中脏腑

（1）先兆证：发病多在40岁以上，出现头痛眩晕，手指麻木，筋惕肉𥆧，言语不利，耳热面赤，脉象弦大。

此为年老气血亏虚，筋脉失养，水不涵木，肝阳上亢，高血压病患者多见，若再加之以情志刺激、饮食不当等诱因，易出现阳亢极而化风，当先为之预防。《证治汇补》曰："平人手指麻木，不时眩晕，乃中风先兆，须预防之。宜慎起居，节饮食，远房帏，调情志。"可用首乌藤、玉米须煎汤代茶饮，以首乌藤安神清热养阴，玉米须清热利尿降压，或用天麻钩藤饮平肝潜阳，以防阳亢太过，气血上逆，此外当慎起居、畅情志、禁烟酒。

［天麻钩藤饮］天麻、钩藤、生石决明、山栀、朱茯神、首乌藤、黄芩、杜仲、益母草、川牛膝、桑寄生。（《中医内科杂病证治新义》）

（2）中腑证：肢体痿废，神昏不能识人，便秘溺涩，脉象浮大而数。实证兼见腹中满胀，虚证虽腹中不满不胀，但下之不通。

胃为中土，外邪入此则不复传，化热生痰，痰热生风，上蒙心窍，故见神昏；脾胃主四肢，故四肢痿废。治法以搜风、清热、通腑为主，用防风通圣散去麻黄、白术、川芎，加全蝎、黄连。实者邪气与胃腑糟粕相合，阳明腑实证显著，用三化汤；虚者治宜搜风顺气，扶正祛邪，用八味顺气散加全蝎、槟榔。

［防风通圣散］川芎、当归、酒白芍、白术、荆芥、防风、薄荷、麻黄、桔梗、甘草、石膏、栀子、连翘、黄芩、滑石粉、大黄、芒硝。（《黄帝素问宣明论方》）

〔三化汤〕大黄、枳实、厚朴、羌活。(《素问病机气宜保命集》)

〔八味顺气散〕人参、茯苓、白术、炙甘草、乌药、青皮、陈皮、白芷。(《重订严氏济生方》)

（3）中脏证

①闭证：突然昏仆，不省人事，舌难言，口吐涎，并见鼻塞、耳聋、目瞀、唇缓诸症。发病前多有恍惚，言语失常，头眩足软等先兆。阳闭者牙关紧闭，两手握固，身体僵硬，大小便闭，苔黄腻，脉弦滑；阴闭者四肢厥逆，痰涎壅盛，静而不烦，苔白腻，六脉沉伏。

阳闭者为肝火风痰上扰，气血逆乱，髓海瘀阻，神机不用，阴闭者为风痰上壅，蒙蔽清窍，故突然昏仆，不省人事。上部清窍不利，故见舌难言、口吐涎、鼻塞、耳聋、目瞀、唇缓。救急之法当先通关开窍，用通关散取嚏回苏，开关散擦牙开噤，阳闭者宜灌服至宝丹，继以羚羊角汤加牛膝、益母草清肝息风；阴闭者首用苏合香丸，继以导痰汤加天麻、僵蚕、郁金、石菖蒲化痰息风。痰涎壅盛者加竹沥、姜汁、胆南星等，腹胀便秘者加大黄、芒硝。

经上述处理后，患者神昏症状若得到改善，则改用扶正祛邪，开窍豁痰之法，用涤痰汤加附子、竹沥。偏于热痰中脏者，治宜清心涤痰，用牛黄清心丸冲服。偏于寒痰中脏者，治宜温化涤痰，用三生饮。

〔通关散〕南星、半夏、皂角、细辛、薄荷。(《外治寿世方》)

〔开关散〕乌梅肉、冰片、南星。(《外治寿世方》)

〔至宝丹〕水牛角、玳瑁、琥珀、朱砂粉、雄黄粉、牛黄、冰片、麝香、安息香、金箔。(《苏沈内翰良方》引《灵苑》方)

〔羚羊角汤〕羚羊角片、醋龟甲、地黄、牡丹皮、白芍、柴胡、蝉蜕、菊花、夏枯草、煅石决明、薄荷、大枣。(《医醇賸义》)

〔苏合香丸〕白术、朱砂粉、麝香、煨诃子肉、香附、沉香、木香、丁香、安息香、檀香、荜茇、水牛角、醋乳香、苏合香、冰片。(《苏沈内翰良方》)

〔导痰汤〕姜半夏、橘红、茯苓、炙甘草、枳实、制天南星、生姜。(《校注妇人良方》)

〔涤痰汤〕姜半夏、橘红、茯苓、甘草、枳实、制天南星、人参、生姜、石菖蒲、姜竹茹。(《奇效良方》)

［牛黄清心丸］牛黄、朱砂粉、黄连、黄芩、栀子、郁金。（《痘疹世医心法》）

［三生丸］生南星、生半夏、生白附子。（《普济本事方》）

②脱证：昏仆不省，鼻鼾舌痿，口开眼合，手撒肢厥，汗多不止，二便自遗，左瘫右痪，脉微欲绝。虚阳浮越者，面赤如妆，虚烦不安，下肢冰冷，脉来浮大无根。

此为元气将脱，肺之元气将脱则鼻鼾，心之元气将脱则手撒，脾之元气将脱则口开，肝之元气将脱则眼合，肾之元气将脱则遗泄，肾阳绝则肢厥，心阳衰则多汗，舌痿，脉微。治以大剂参附汤回阳固脱，虚阳浮越者治以地黄饮子摄纳下元。汗多者加龙骨、牡蛎、山茱萸，遗溺者加五味子、益智仁。

［参附汤］人参、制附子。（《重订严氏济生方》）

［地黄饮子］熟干地黄、巴戟天、麦冬、五味子、山茱萸、石斛、肉苁蓉、附子、官桂、白茯苓、菖蒲、远志、薄荷。（《圣济总录》）

（五）中风后遗症的治疗

中风中脏腑证经过抢救，神志渐清，渐入恢复期，一般以发病半年后为后遗症期。或中经络者失治误治，亦会留下后遗症。此时机体气血渐渐不足，正虚邪恋，风、火、痰、瘀等邪气久踞，宜扶正祛邪兼施，邹老根据中风后遗的症状不同，制订了详细的治疗方案。

1. 半身不遂

若见面色萎黄，肢软麻木，舌淡或紫，脉细涩或沉弱，是气血亏虚，脉络瘀阻，治以补阳还五汤、黄芪桂枝五物汤补气通络和营；若兼见头晕耳鸣，舌红苔黄，脉弦有力，是肝阳仍亢，治以天麻钩藤饮或镇肝息风汤。

［补阳还五汤］黄芪、当归、赤芍、地龙、川芎、红花、桃仁。（《医林改错》）

2. 语言不利

若痰涎多、肢体麻木、脉弦滑，是风痰阻络，治以解语丹；若兼见头晕、面赤、易怒、脉弦大，是肝阳上亢，治以天麻钩藤饮或镇肝息风汤；若兼见腰膝酸软、心悸气短、脉细弱，是肾精亏虚，治以地黄饮子加桔梗、木蝴蝶。

［解语丹］制白附子、石菖蒲、制远志、天麻、全蝎、羌活、胆南星、木香、甘草。(《妇人大全良方》)

3.口眼㖞斜

本症主要由风痰阻络引起，治宜牵正散、正容汤祛风痰通络；若口眼瞤动，是肝经风动，加天麻、钩藤、石决明等。

4.肢体颤抖

本症主要为气血亏虚，风邪久踞引起，治宜薯蓣丸祛风扶正。

［薯蓣丸］生山药、人参、白术、茯苓、炙甘草、当归、川芎、白芍、生地黄、阿胶、麦冬、桔梗、杏仁、白蔹、柴胡、桂枝、防风、干姜、大豆黄卷、大枣、神曲。(《金匮要略》)

（六）中风专方的应用

邹老家传《栖霞子妙方》中有治疗中风的专方缚龙汤、乾天父母七精散，邹老将其运用于临床，疗效显著。缚龙汤（参见后面"八卦方"）由防风、白芷、葛根、全蝎、僵蚕、蜈蚣、钩藤、桃仁、红花、川芎、竹沥组成，适用于中风中络证。乾天父母七精散（参见后面"八卦方"）由生大黄、芒硝、赤芍、全蝎、地龙、僵蚕、鲜竹沥组成，适用于中风中腑证。此二方兼顾中风的风、痰、瘀、燥结等多层病机，善用虫类药祛风化痰、活血剔络，配伍精当。邹老又根据当下人们痰湿较重的特点，在缚龙汤的基础上加入天麻、法半夏，改良出正容汤，与古人的正容汤不同。

正容汤组成：全蝎、僵蚕各15g，防风、天麻、法半夏各10g，川芎、红花各5g。水煎服，日服3次，服时兑入鲜竹沥水10mL。

方中以防风、天麻祛内外之风，法半夏、竹沥祛络中之痰，全蝎、僵蚕息风通络，川芎、红花活血化瘀。药虽不多，但切中面瘫病机。面瘫治疗及时者，多能3～5剂治愈。

［病案举例］

朱某，男，23岁，工人。1976年3月8日初诊。

患者外出乘坐火车，路上受冷风侵袭后出现口眼㖞斜，曾到某医院治疗无效，遂来邹老处求治。

现症：口眼歪向左侧，语言不清，舌下青筋暴露。苔薄白，脉浮大有力。

诊断与辨证：中风－中络证。风痰上攻，闭阻络脉。

治法：祛风痰，通络脉。

处方：全蝎、僵蚕各 15g，防风、天麻、法半夏、麻黄各 10g，川芎、红花各 5g，竹沥水 30mL 兑服。

患者服用 1 剂后口眼㖞斜明显好转，共服 5 剂痊愈。

八、厥证辨治以寒热虚实为纲

厥证是由于阴阳之气不相顺接。以突然昏倒，不省人事，状如昏死，脉多沉伏不见为特征。重者即死，轻者渐苏，苏醒后无偏瘫失语、口眼㖞斜等后遗症者，称为厥证。《素问·厥论》说："厥，或令人腹满，或令人暴不知人，或至半日远至一日乃知人者。"

（一）厥证的发病机制

厥证常因寒、因热、因气、因血、因痰、因食、因酒、因虫，因色欲、因气血虚损等导致阴阳之气不相顺接所致。但无非引起寒、热、虚、实的病机变化，临床上抓住这个要点，则全局在握。《证治汇补》说："厥有多端，须分阴阳虚实。"邹老所见，与此略同。

1. 寒厥

寒厥乃由阴寒大盛，卒然深入脏腑，造成气机逆乱，一时不能顺接所致。《三因极一病证方论》说："寒厥则因多欲而夺其精，故致阳衰阴盛……如肾移寒于脾，则水乘于土，水既不行，乃成寒厥。"

2. 热厥

热厥乃由里热亢极，阳气反郁而不伸，以致造成气机不相顺接，形成热深厥深之候。《三因极一病证方论》说："热厥则因醉饱入房，精虚则热入，故致阴虚阳盛……如心移热于肾，则火乘于水，火既不行，乃成热厥。"暑厥亦属热厥范围。凡夏令炎暑，久曝于烈日之下，久劳于高温之室，感受暑邪，热郁气逆，闭塞清窍，则致引起昏厥。

3. 实厥

气厥、血厥、痰厥、食厥、尸厥诸厥，皆属实证。气厥乃由气实而厥，因恼怒惊骇，情志过极，以致气机逆乱，上壅心胸，窍隧闭塞而致昏仆。《证治百问》说："致厥之因，因于气闭，而一时诸经之脉，内外陡闭不通……营者营于中，卫者卫于外，今营气反拒绝于外，卫气反格闭于中，所以内格外拒，上下不通，故肢体僵卧，手足厥逆，六脉沉伏。"血厥乃由暴怒气逆，血随气升，郁闭清窍，发为昏仆。《素问·生气通天论》说："大怒则形气绝，而血菀于上，使人薄厥。"痰厥乃因形盛气弱之人，嗜食酒酪肥甘，脾胃受伤，运化失常，痰浊内生，随气上逆，蒙闭清窍，造成气机不相顺接而发厥眩仆。《证治汇补》说："不因恚怒，忽然气闷痰升，肢冰吐涎，喉中有声，谓之痰厥。"食厥乃由饮食过饱，中脘痞塞，上下气机不通，窒闷壅塞而致昏厥。《证治准绳》说："中食之证，忽然厥逆昏迷，口不能言，肢不能举，状似中风，皆因饮食过伤，醉饱之后，或感风寒，或着气恼，以致填塞胸中，胃气有所不行，阴阳痞隔，升降不通，此内伤之至重者。"尸厥乃由卒感疫疠之气，秽浊之毒，气机突然壅阻不通，故形静若死，但真气未绝，气复返则生，不复返则死。《景岳全书·杂证谟·厥逆》说："详此尸厥一证，乃外邪卒中之恶候。凡四时不正之气……犯之者，忽然手足厥冷，肌肤寒栗，面目青黑，精神不守，或口噤妄言，痰涎壅塞，或头旋运倒，不省人事，即名飞尸卒厥。"此外，蛔厥可参阅虫证。

4. 虚厥

因气虚、血虚或色欲过度，亦可致厥。气虚致厥，乃由元气素虚，于劳倦惊恐之后，中气虚乏下陷，清阳不能上升，从而导致昏厥。《景岳全书》说："气虚卒倒者，必其形气索然，色清白，身微冷，脉微弱。"血虚致厥，乃因失血或产后，血液大虚，在内伤外感的影响下，导致阴血一时不能上承，则可引起突然昏厥。《本事方》说："人平居无疾苦，忽如死人……移时方寤。此由已汗过多，血少气并于血，阳独上而不下，气壅塞而不行，故身如死。气过血还，阴阳复通，移时方寤。名曰郁冒，亦名血厥，妇人多有之。"色欲致厥，多因肾虚纵欲，精液暗伤，积劳既久，突发昏厥。色厥与脱精不同，色厥发病其积也渐，脱精多在男女交接之际。《景岳全书》说："精去于频而气脱于渐，故每于房欲二三日之后，方见此证……中年之后，多有因此而病者，是皆所谓色厥也。"《医方考》说："凡男妇交感而死，在男子名曰脱阳，在女子名曰脱阴。"

（二）厥逆的本质是"尽"与"乱"

厥者尽也，逆者乱也，厥证的病机全在尽与乱。尽言气之偏盛偏衰达于极点，乱言血之偏盛偏衰达于极点，必然造成一时逆乱，升降乘戾，气血运行失常，因而引起昏厥。寒厥乃阳衰阴盛，气机逆乱，造成一时不相顺接。热厥乃里热亢极，阳郁不伸以致气机不相顺接，而成热深厥深之候。实证气盛有余，气逆血随，或挟痰挟食，或因疫疠秽浊，壅滞于上，清窍闭阻，突然昏厥。虚证或因气陷不升，或因血不上达，或因肾精亏耗，皆可造成昏厥。综上所述，厥证的病机可一言以蔽之，皆由阴阳之气不相顺接所致。

（三）厥证辨证要注重"审因"

在厥证发病时，应着重了解它的病因。如气厥多有情志拂郁；血厥多因血随气逆；痰厥其人体丰湿盛，平素恣食肥甘；食厥多发于饮食失节之后；暑厥多在夏日久曝烈日或高温之下出现。察明病因，有助于辨证。在厥证过程中，凡见面青，环口皆青，鼻青孔黑，唇白身冷，人中下吊，脉沉伏或细促者，皆危重之象。

（四）厥证辨治

"晕倒"是厥证的主要症状，在辨治上首先应该急救昏厥。急救在仓促之间，时间不允许过于细辨，邹老认为只要分清"虚"与"实"即可。实证通关开窍为主，先用通关散取嚏；继服玉枢丹或苏合香丸。虚证宜回阳固脱，阳气虚者用参附汤；阴液耗者用生脉散。有条件者，应用参附汤或生脉散注射液，或人参注射液。复苏后，则应细辨寒热虚实以论治。

1. 寒厥

辨证要点：突然昏倒，四肢厥逆，冷汗自出，脉象沉微。偏脾阳虚者，昏厥而吐泻腹痛，或完谷不化，小便自利。偏肾虚者，则见身冷面青，两足犹冷，脉微细，但欲寐。

证候分析：寒邪深入脏腑，阴盛阳衰，阴阳之气不相顺接，心者思维之官，脑者元神之府，气不顺接，一时发生逆乱，故而引起昏厥；阴寒内盛，阳气外脱，故冷汗自出，脉象沉微。

偏脾阳虚者，因中焦寒盛，脾胃阳气受伤，故吐泻腹痛；阳衰不能腐熟运化，故完谷不化；寒盛膀胱气不行，故小便不利，偏肾阳虚者，因寒邪极盛，故身冷面青；阳衰于下，故两足犹冷；脉微细，但欲寐乃肾阳衰微之征。

治法：温里回阳，主方用附子理中汤。偏脾阳虚者，治宜温补中阳，用理中汤加丁香、白豆蔻。偏肾阳虚者，治宜温补肾阳，用独附汤加肉桂。

随症加减：呕逆者，加砂仁、半夏；下利清谷者，加补骨脂、肉豆蔻；腹痛者，去白术，加广香、藿梗；两足冷者，重用肉桂、附子。

方药分析：附子理中汤，方中以附子温肾阳；理中汤扶脾阳，故用为寒厥之主剂。理中汤加味，方中以理中汤理中阳，加丁香、白豆蔻助其温运脾阳，并止呕泻腹痛等症。独附汤加味，用肉桂、附子以大温肾中元阳，复肾阳之衰而逐寒，故寒盛所致之昏厥可治。

砂仁、半夏温胃，降逆，止呕，故呕逆者加之；补骨脂、肉豆蔻温运脾肾之阳，补火生土，故治完谷不化之下利；广藿香、藿梗入肠胃，以行气止痛，故腹痛者用之；肉桂、附子大剂用之，可峻补肾中元阳，故肾中元阳不足而两足冰冷者宜加之。

2. 热厥

热厥可因里热炽盛或外邪入里化热，或暑邪入心，导致心窍闭塞，而出现厥证。临床可分为两个类型。

（1）里热炽盛

辨证要点：忽然昏仆，手足冰冷，但胸腹按之灼热，并见口臭气粗，唇焦舌黑，脉象沉而滑数有力。里热亢极，阳气郁而不伸，热深厥深，故亦引起昏厥。但有胸腹灼热，口臭气粗，唇焦舌黑，脉象沉而滑数有力，以表明为里热之征。

治法：清心开窍，用安宫牛黄丸。

随症加减：复苏后有腹满便秘者，用大承气汤；出现恶寒战栗者，用四逆散；心烦躁扰者，用栀豉汤。

方药分析：安宫牛黄丸为清心开窍之专剂，热厥用之，可通达内郁之阳气，凉开心窍之闭阻。大承气汤急下里实热邪，故因邪热与糟粕相结而见腹满便秘者用之；四逆散，方中以柴胡透达郁热而疏表气；与枳实同用以升降气机；芍药、甘草调理肝脾，故因阳郁而恶寒战栗者用之。栀豉汤清热除烦，故因热而心烦躁扰者用之。

（2）暑热入心

辨证要点：先有头晕头痛，胸闷身热，面色潮红，继而卒仆，不省人事，或有谵妄，舌红而干，脉象洪数。

证候分析：暑邪郁蒸，上犯头目，故眩晕头痛，面色潮红；邪热内闭，故胸闷身热；蒙蔽心窍，故昏仆谵妄；舌红而干，脉象洪数，乃暑热伤阴之象。

治法：昏厥时，宜辛凉开窍，用牛黄清心丸或紫雪丹。复苏后，宜清热保津，用白虎加人参汤。

随症加减：若津液外泄，气随汗脱，证见头晕心悸，四肢无力，面色苍白，汗出肢冷，卒然昏仆，脉象濡数者，用参附汤加龙骨、牡蛎，益气固脱。暑邪伤阴，肝风内动，证见四肢抽搐，眩晕恶心，多汗口渴，小便短赤，脉象弦数者，用羚羊钩藤汤合清络饮平肝息风，清暑益阴。

方药分析：牛黄清心丸或紫雪丹，重在清心开窍，救治昏厥。白虎加人参汤，方中以白虎汤清暑热；加人参益气液以保津。参附汤加龙骨、牡蛎，方中以人参补气，附子回阳；龙骨、牡蛎敛汗摄阴，以达益气固脱之目的。羚羊钩藤汤合清络饮，方中以羚羊角、钩藤、桑叶、菊花清热平肝，息风解痉；生地黄、白芍、甘草凉肝缓急，茯神治安神，川贝清化热痰；鲜品之西瓜皮、荷叶、金银花、竹叶心、扁豆花、丝瓜皮清解络中之暑邪。

3. 实厥

（1）气厥

辨证要点：多因恼怒急迫，突然昏倒，不省人事，四肢厥冷，口噤拳握，气粗如喘，脉象沉弦。

证候分析：由于恼怒急迫，肝气上逆，上扰心胸，蒙闭神明，故突然昏倒，不省人事；肝主筋，肝气逆筋脉不利，故口噤握拳；肺主气，气逆上迫，故气粗如喘；气郁阳气不能外达，故四肢厥冷；气郁肝气不得舒展，故脉象沉弦。

治法：行气开郁，用五磨饮子加减。

随症加减：苏醒后，哭笑无常，睡卧不安者，加茯神、远志、枣仁；头晕目眩，面赤头痛者，加钩藤、石决明、刺蒺藜；腹胀呕逆不思饮食者，加白豆蔻、藿香；痰声辘辘者，加胆南星、橘红、竹沥。

方药分析：五磨饮子，方中以沉香、乌药降气调肝；槟榔、枳壳、木香行气通滞，气实之证，宜于攻利以复其昏厥。

茯神、远志、枣仁安神定志，故哭笑无常，睡卧不安者加之；钩藤、石决明、刺蒺藜平肝疏风，故风阳上扰者用之；胆南星、橘红、竹沥清心涤痰，故痰涎壅盛者加之。

（2）血厥

辨证要点：多因暴怒伤肝，血随气逆，突然昏倒，不省人事，口噤唇紫，面赤舌红，脉多沉弦。或产妇胎衣不下，忽默默无知，目赤口噤，恶闻人声，移时方寤，舌有瘀点，脉沉而涩。

证候分析：由于暴怒气逆，血随气升，上闭清窍，故昏仆不省；肝血郁滞，筋脉不利，故口噤；血郁而运行不畅，故面赤、唇紫、舌红；脉沉而弦，为里之气机不舒之象。产妇胎衣不下，瘀血冲心，蒙闭神明，故忽然默默无语；血郁于上，故目赤；筋脉瘀滞不利，故口噤；神欲乱而心烦故恶闻人声；舌有瘀点，脉沉而涩，为内有瘀血之象。

治法：血郁而厥，治宜活血顺气，用通瘀煎。产妇胎衣不下而厥，用通瘀煎加牛膝；并用干漆烧烟熏鼻，可迅速复苏。

随症加减：肝旺血逆，少寐多梦者，加石决明、琥珀末（冲）；阴虚阳亢，眩晕头痛，咽干口苦者，加制首乌、川楝子、生牡蛎。

方药分析：通瘀煎，方中以归尾、红花、山楂活血散瘀；乌药、青皮、木香、香附行气开郁，气行血散，则血郁之厥自复。胎衣不下，更加牛膝引血下行，以治瘀血冲心；并用干漆烧烟熏鼻，活血开窍之功甚著，常收迅速回苏之功。石决明平肝潜阳，琥珀安神定魄，故肝旺血逆，少寐多梦者用之；制首乌补肝血，川楝子疏肝气，牡蛎潜阳，故阴虚阳亢，眩晕头痛，咽干口苦者加之。

（3）痰厥

辨证要点：突然昏倒，四肢逆冷，喉中痰鸣，呕吐涎沫，呼吸气粗，苔腻脉滑。

证候分析：患者平素有痰，病即痰随气升，上壅闭阻心窍，蒙蔽神明，故突然昏倒；痰滞经络，气机不相顺接，故四肢逆冷；痰涎上壅，阻塞气道，故喉中痰鸣，呕吐涎沫，呼吸气粗。苔腻脉滑，为内有痰湿之象。

治法：行气豁痰，用导痰汤。

随症加减：痰气壅盛，呼吸迫促，喉中痰鸣者，加沉香、苏子、莱菔子；痰湿化热，口干痰稠，咳吐不利，舌苔黄腻，脉象滑数者，加黄芩、竹茹、瓜蒌仁；痰黄稠粘而便秘脉实者，用滚痰丸。

方药分析：导痰汤，方中以二陈汤加南星、枳实化痰降逆，其力甚强。沉香降气，苏子、莱菔子降痰，故痰气壅盛者用之；黄芩、竹茹、瓜蒌仁清化热痰，故痰浊化热者加之；滚痰丸有礞石之重镇降逆化痰；大黄荡涤下行；黄芩清上焦火；沉香调达逆气。本方故用于痰黄稠粘，便秘脉实之证。

（4）食厥

辨证要点：暴饮暴食，复因恼怒，突然昏倒，手足逆冷；脘腹胀满，胸中窒塞，舌苔厚腻，脉滑有力。

证候分析：暴饮暴食，中脘痞塞，胃气失于通降，复因恼怒气逆，浊邪上干，清窍闭塞，故突然昏倒，手足逆冷；中焦痞塞，气机不通，故脘腹胀满；浊邪上壅胸中，肺气不利，故胸中窒塞；舌苔厚腻，脉滑有力，为饮食不消，浊气不降之候。

治法：先宜探吐，用盐汤探吐之。后宜行气导滞，消食和中，用开胸顺气丸加山楂、神曲、莱菔子。

随症加减：脘腹作痛时，加藿香、薤白；胸中窒闷者，加郁金、瓜蒌；腹胀便秘者，用小承汤下之。

方药分析：淡盐汤，可探吐脘中饮食停积，去邪而不伤胃气。开胸顺气丸加味，方中以三棱、莪术、丑牛、牙皂合山楂、神曲消导食滞中脘不化，力峻而强；陈皮、木香、枳壳、槟榔、厚朴合莱菔子行气降逆，使浊邪下行，故本方为临床治食厥的有效方剂，切勿畏其力峻而因循不用，病至危急，利在背水一战。

藿香、薤白行气和中，故脘腹作痛者加之；郁金、瓜蒌开郁宽胸，故胸中窒闷者用之；小承气汤导滞下行，故腹胀便秘者加之。

（5）尸厥

辨证要点：远入异域，感受山岚瘴气，吊死问丧，猝中恶气，忽然昏仆，目瞑口噤，身冷体僵，呼吸如无，形静若死，但心下微温，胸中仍有跳动，脉来沉伏不见。

证候分析：猝中各种浊邪恶气，上蒙清窍，神明闭阻，故昏仆如尸，而见目瞑口噤，身冷气微之证；但真气未绝，故心下微温胸中仍有跳动，脉伏不见，乃厥证常见之征。

治法：治宜开窍辟秽，用苏合香丸姜汁调灌；外用醋炭熏鼻，昏迷则醒。

方药分析：苏合香丸合姜汁，以辛香开窍，和中化浊。醋炭熏鼻，可开窍回苏，故用之则醒。

4. 虚厥

（1）气虚致厥

辨证要点：多因惊恐劳累，突然眩晕昏仆，面色苍白，汗出肢冷，气息微弱，脉沉无力。

证候分析：惊则气乱，恐则气下，劳累则气衰，由于气虚失调，一时不相顺接，故突然发生眩晕昏仆；气虚下陷，不能上升故面色苍白，气息微弱；阳气不能通达外卫，故汗出肢冷；脉沉无力，乃阳气内虚之象。

治法：益气回厥，用参附汤。

随症加减：表虚自汗者，加黄芪、白术；汗出不止者，加龙骨、牡蛎；食少痰多者，加陈皮、白术；气陷不升，神倦懒言，自觉坠胀者，加升麻、白术、黄芪。

方药分析：参附汤，方中以人参益气；附子回厥。黄芪、白术益气固表而止气虚自汗，故表气虚而自汗者加之；龙骨、牡蛎收涩止汗，故汗出不止者用之；陈皮、白术健脾化痰，故食少痰多者加之；升麻升举下陷之阳气，白术、黄芪补中益气，故气不升者用之。

（2）血虚致厥

辨证要点：多在失血、产后，阴血大亏，发生突然昏厥，面色白，口唇无华，四肢震颤，目陷口张，舌淡，脉细数而无力。

证候分析：由于血伤过多，血虚不能上承，故突然昏厥，面色白，口唇无华；血虚不能达于四末，筋失养，故四肢震颤；营阴内损，故目陷口张；舌淡，脉细数无力，乃血耗阴伤之象。

治法：急宜益气摄血，用独参汤。继宜养营益血，用人参养营汤。

随症加减：血出不止者，加三七、仙鹤草；心悸少寐者，加枣仁、柏子仁；津伤口干者，加麦冬、玉竹、北沙参。

方药分析：独参汤，单用人参益气摄血以固脱。人参养营汤，方中以人参、黄芪、当归、地黄益气养血；白芍、五味子敛阴和营；茯苓、白术、陈皮、甘草、远志补益心脾，理血液生化之源；干姜、大枣调和营卫。三七、仙鹤草止各部出血，故出血不止用之；枣仁、柏子仁宁心安神，故心悸少寐者加之；麦冬、玉竹、北沙参滋养气液，故津伤口干者用之。

（3）色欲致厥

辨证要点：男女交接过频，不即发病，每于房欲二三日，突然昏厥，多于小便时出现，汗出喘咳，或见吐衄，两足犹冷，尺脉沉而无力。

证候分析：交接过频，不即发病，乃肾精渐消暗耗，故每于房欲二三日后始发昏厥；由于肾虚于下，故多于小便时发病，两足犹冷，尺脉无力；阴火上冲，气逆于上，故汗出、喘咳、吐衄。

治法：补益肾命，用右归丸。阴竭阳浮而动血者，必先抑其火势，用大补阴丸加生龙骨、生牡蛎。

方药分析：右归丸，温补肾命，故色厥用之。大补阴丸加味，方中以知母、黄柏抑其火势；龟板、地黄、龙骨、牡蛎益阴潜阳。

九、脚气病证治

脚气病是指以腿脚软弱，行动不便，或肿满、疼痛、强直为临床表现的一类疾病。自隋唐以来，脚气病就作为一个特殊、难治的疾病单独列出，但近代以来，古"脚气"之名被民间用之指代"脚癣"，以致今时之医多不识此病，而将古之脚气病混入痹证、痿证，一概施治。脚气病有其特殊的病机、转归，故邹老正"脚气"之名，并系统总结了脚气病的治法方药，供大家参考，避免临床上误作痿痹论治。

（一）脚气病正名

"脚气"病首见于《诸病源候论》，有专章论述，对脚气病疼痛、痹弱、痹挛、肿满、上气、心腹胀结、惊悸等候记载详细，与西医学"脚气病"的内容，大致相同。西医认为该病主要是因为维生素 B_1（硫胺素）缺乏，热能代谢不完全而产生丙酮酸等酸性物质，进而损伤大脑、神经、心脏等器官，由此出现的一系列症状，总称为"脚气病"。本病可导致上升性对称性周围神经炎，表现为感觉和运动障碍，肌力下降，部分病例发生足垂症及趾垂症，行走时呈跨阈步态等；导致心力衰竭，表现为软弱、疲劳、心悸、气急、水肿等。

"脚气"因病从脚而发，多见肿满，故称"脚气"，又因两脚缓纵不随而称缓风，两脚软弱无力而称脚弱、软脚病。脚气病初起表现为两脚酸软麻木，脚筋弛缓或挛急，行动不便，脚胫或肿或不肿。初起病情较轻，病势发展则身冷，乏力，头项臂膊不适，或头痛壮热，皮下红斑，食则呕吐，少腹不仁，乃至出现心中筑筑悸动，气促胸闷，神志模糊等危重症。脚气病有干湿之分，两胫肿大重着，软弱麻木而无力者为湿脚气，两胫反见枯瘦，挛急灼热，麻木酸痛者为干脚气。

历史上，脚气病的流行与人口变迁有关，在西晋永嘉南渡后开始盛行，此前脚气病极少见，以致当时医生不识此病，混作痹证、痿证治疗，《千金要方》记载："诸小庸医，皆不识此疾，漫作余病治之，莫不尽毙，故此病多不令人识也。"可见脚气病的发病与地方气候环境、饮食习俗有密切关系。脚气病的症状复杂，但有较为明确的病因，多集中在某一时间段、某一特定区域流行，与现代医学维生素 B_1 缺乏症相通，古医家有用豆类或猪肝治疗本病的记载，正因豆类、猪肝中富含维生素 B_1。脚气病因其症状多样，在今天仍易误诊，或见其腿脚软弱而以为痿证，或见其足部疼痛而以为痹证，或见其足肿而以为肾病，或见其腹痛而以为脾病，或见其心悸而以为心病，或见其神昏而以为脑病，因此邹老在《中国五脏病学》中特单列脚气病为一节，正为警示时医不可忽略此病。

（二）脚气病的病因病机

脚气病的核心病机在湿毒，病因可从外受，可从饮食而来；或得之于久居湿地，阴湿雨雾瘴气侵袭；或得之于过食肥甘、酒肉、乳酪、精米。此病多发生在南方，正因南方多湿，又有山岭阻隔，湿气不散，古人称之为"瘴气"，此湿致病力强，且具流行性，故称"湿毒"，且嗜酒之人易患此病，因酒助湿热。《灵枢·百病始生》曰："清湿袭虚，则病起于下。"水有趋下之势，内外所感之湿邪下注于脚胫，壅遏经络，阻滞气血运行，发为本病。脚气病的病机为湿，但湿化气为燥，湿性壅遏，津液不得布散，湿郁化热，热邪煎熬阴津，因此脚气病可由湿发展到燥，以致两胫不肿，反见枯瘦，灼热疼痛，形成干脚气。

本病的发生与机体正气亏虚有密切关系。不当的饮食习惯，如过食精米、白面，少食果蔬，会损伤脾胃。此病多在一定区域范围内流行，正因同处某一环境下有相同的饮食习惯。脾肾居中下二焦，与水湿运化输布关系密切，《外台秘要》曰："有肾气先虚，暑月承热，以冷水洗脚，湿气不散，亦成脚气。亦有肾气既虚，诸事不节，因居卑湿，湿气上冲，亦成脚气。"二脏正气亏虚是脚气病发病的基础，湿邪可乘脾气之虚而上入腹中，出现少腹不仁、呕吐、泄泻或便秘等症状，若心气亦虚，湿毒冲心，可出现心悸动、喘满气急等重症。

（三）脚气病、痹证、痿证辨析

脚气病的足软、疼痛等症状与痿证、痹证相似，因此时医常忽略本病，将其误诊为痹证、痿证，故邹老尤其强调这三者的鉴别。痹证以关节疼痛，屈伸不利为主，痛势较剧烈，或见疼痛游走，或重着麻木，或局部灼热，痿证以肌肉痿软，运动不便为主，二者症状单纯，仅表现为关节、筋肉局部症状，且病程较长，病势缓。脚气病表现为腿脚软弱，不能任地，两胫或肿或不肿，或有局部灼热疼痛，除腿脚局部症状外，尚有少腹不仁、呕吐、泄泻、头痛、发热、乏力、心悸动、胸闷气急、神志模糊等全身症状。脚气病的病情进展迅速，常出现心悸、气紧、神昏等危证，三者预后、转归不同，若将脚气病混作痹证、痿证治疗则易延误病情。

病机上，痹证以风寒湿邪为主，痿证以阳明气阴亏虚为主，多无邪气，而脚气病的邪气为致病力强的湿毒，同时兼有脾肾亏损。痹证的病位仅在经络关节，日久方累及脏腑，痿证病位在阳明肺胃，累及四肢肌肉，脚气病邪盛正虚，邪在腿脚，虚在脾、肾、心，湿毒上攻心腹，邪正相搏，故症状严重。病情较轻的湿脚气作湿痹治疗尚无不可，但干脚气如此治疗则益助热伤阴，病情较重之脚气病可危及生命，当先预防，早顾正气，不可混作痹证论治。

表 8　脚气病与痹证、痿证鉴别

	脚气病	痹证	痿证
病机	湿毒	风寒湿热	阳明气阴亏虚
主症	腿脚软弱麻木为主，疼痛较轻	疼痛为主，活动受限	肌肉萎缩为主，无力运动
外观	足胫肿满或枯瘦	关节或见肿大变形	患肢肌肉瘦薄

（四）脚气病的辨证论治

脚气病为壅疾，病机为湿毒，故邹老强调治法以宣通为主。若湿毒上攻心腹，则应以降逆为主，多用半夏、沉香、吴茱萸等。脚气病性可寒可热，湿脚气多从寒化，干脚气多从燥化，但亦不可一概而论。脚气病初起症状轻微，但病情发展迅速，若遇此病，便不可忽视，应急治之。

1. 湿脚气

脚胫肿大重者，麻木软弱，行动不便，或酸痛，舌苔白腻，脉濡缓，属寒湿下注。因湿热者，两胫红肿灼热疼痛，苔黄。此为寒湿或湿热阻滞下肢经络，故见胫肿，正气不伸，故局部麻木软弱。治法为除湿行气，通络舒筋。

寒湿者主以鸡鸣散；湿热者主以加味二妙丸。

［鸡鸣散］生姜、苏叶、吴茱萸、陈皮、木瓜、桔梗、槟榔。（《类编朱氏集验方》）

［加味二妙丸］黄柏、苍术、川牛膝、萆薢、当归、防己、龟板。（《金

匮翼》)

2. 干脚气

两胫不肿，反见枯瘦，皮肤枯燥，灼热疼痛，舌红，脉弦数，属燥热伤阴。此为患者素体内热较盛，湿邪随体质化燥，耗伤津液，筋脉失养，故皮肤枯瘦，灼热疼痛。因寒湿者，两胫不肿不热，麻木冷痛，食少乏力，舌淡苔白，脉细。此为素体阳虚寒盛，寒凝气滞，故两胫不肿而冷痛。

治法为养血润燥，疏经通络。湿热者主以当归拈痛汤去羌活、防风、人参，加白芍、牛膝、火麻仁；寒湿者主以《三因》茱萸丸加槟榔。

［当归拈痛汤］黄芩、苍术、苦参、茵陈、泽泻、猪苓、羌活、防风、升麻、葛根、当归、人参、甘草、知母、白术。(《医学启源》)

［《三因》茱萸丸］吴茱萸、木瓜。(《三因极一病证方论》)

3. 脚气冲心

脚气病中，忽见气急，心悸，呕恶，神志恍惚，此为正气内虚，湿毒上攻。湿浊重者兼见面色晦暗，倦怠，厥逆，舌胖嫩，脉沉微；热毒重者兼见烦躁，口唇绛紫，二便不通，舌绛而干，脉细数。

神志昏厥者当先救急，因湿浊者灌以苏合香丸，因热毒者灌以紫雪丹。

随之，湿浊偏盛者，治宜通阳降逆，散寒除湿，用《三因》茱萸丸加槟榔、桂枝、附子、半夏、沉香；热毒太重者，治宜清心解毒，用犀角地黄汤加牛膝、黄连。

十、血证诊治特色

凡血液妄行或者瘀滞者皆为血证，或上溢于口鼻诸窍，或下泄于前后二阴，或渗出于肌肤。《灵枢·百病始生》说："阳络伤则血外溢，血外溢则衄血；阴络伤则血内溢，血内溢则后血。"临床上血证范围相当广泛，凡以出血为主要表现的病证，均属于本证范围。但现代中医提到血证，往往只讨论内科常见的鼻衄、齿衄、咳血、吐血、尿血、便血、紫斑等，对于少见者则忽略之，后学者常难窥全貌。邹老有感于此，对血证进行了系统整理，兹将其要点概述于下。

（一）"火动"与"气逆"是血证的基本病机

邹老认为出血有因外邪不解热郁于经而动火的，有因郁久而伤阴的。有因七情过极而动火的，过极而伤气。有因劳倦房事而动火的，也有戕削而伤阴的。有因火盛动其阴精而迫血妄行的。有因营气伤损血无以存。有因恣情饮酒火动于胃的。有因中气虚陷不能收摄的。虚寒出血，或阴盛格阳，火不归元所致出血，临床虽有，但较少见。

病因千变万化，病机或实或虚，但总不逆火盛、气逆。如因火动，当辨其虚火、实火；如因气逆，当辨其气虚、气实。倡《易简方论》中"治上溢无如降气，若瘀则破之，寒则温之，而阻遏之方则兼用之。治下渗无如升阳，若虚则补之，热则清之，而阻遏之方则多用之。总以甘温收补，调理脾胃，以建末功"之法。

（二）根据部位分为三大类——血上溢、血下泄、血外渗

根据出血部位，血证可以分成三大类。

血上溢证：包括吐血、咳血、衄血（鼻衄、齿衄、大衄、舌衄、目衄、耳衄）。

血下泄证：包括便血、尿血（妇女月经过多和崩漏见《妇科学》）。

血外渗证：包括汗血、血箭、血痣、心漏、斑疹。

如此分类将诸多血证由博返约，结合病机，便于理解与运用。

（三）注重鉴别，详析异同

血证范围广泛，许多病证相似，临床需细心鉴别。邹老在撰写《中国五脏病学》时对咳血、吐血从病因、先兆、病变特点与兼夹证方面进行了鉴别；便血的病位可以在胃、肠和肛门，从血的颜色，出血在大便前或后做出了详细的区分判断；对于齿衄和牙宣也做了分析。此外，对咳血中的嗽血、痰涎血、咯血、零腥血和衄血中的鼻衄、脑衄、齿衄、耳衄、大衄进行了阐释。

1. 咳嗽与吐血的鉴别

咳血与吐血都是经口而出，但咳血病位在肺，吐血病位在胃，临床上应加以

鉴别。现将其列表鉴别如表9。

表9 咳血、吐血鉴别

病名	咳血	吐血
病因	常见于咳嗽、哮喘或痨瘵等病中	常见于胃痛、胁痛、黄疸、积聚等病中
先兆	咳血前口中有血腥味或喉痒、胸闷	吐血前常见恶心、嘈杂或头晕
特点	血由肺、气道而来，血色鲜红常混有泡沫、痰涎	血由胃、食道而来，血色暗红，常混有食物残渣
兼夹症状	数天后痰中仍可带血，但大便颜色正常，无隐血	无痰中带血证，但大便呈黑色，有隐血

2. 便血出血部位的判断

表10 便血表现与出血部位的关系

病名	便血情况	出血部位
远血	先便后血	多在胃与小肠
近血	先血后便	多在广肠
肠风	血色清鲜	多在肠
脏毒	血色暗浊	多在胃
痔疮	出血鲜红射如血线	多在肛门

3. 齿衄与牙宣的区别

前人多以齿衄即牙宣，实则为两病，因二者都有齿缝出血的共通症状，胃肾二经的病理改变，多混为一病。二者的区别点：齿衄无牙龈萎缩；牙宣则齿根宣露，牙龈萎缩。齿衄多胃火证，牙宣多肾虚证。齿衄病来多急，牙宣病来多缓。

4. 咳血的细类

凡血因咳嗽从气道中咯出者，都称为咳血。若咳出之血多夹杂痰沫多者，为嗽血；有血丝夹痰涎中而出者为痰涎血；血丝、血点、血块从喉中一咯即出者为咯血；有黄白腥点，细如米粟，大如豆粒，气极腥臭，随痰咯出，为零腥血。

5. 衄血的细类

凡血从孔窍中溢出者，称为衄血。衄血根据所出的窍道不同而有不同名称。血从鼻窍中来者，称为鼻衄；鼻中衄血甚涌，并从口中溢出者，称为脑衄；从齿龈间溢出者，称为齿衄；从耳窍中来者，称为耳衄；多个孔窍同时出血者，称为大衄。

（四）临床诊治血证经验

血证诊治上，邹老对于紫斑、尿血、咳血有其独特的体会。比如临床上关注湿热伤络型紫癜，从病因病机角度切入尿血临床分型及治疗原则，创制地精丸调治阴虚火炎型咳血。

临证诊治紫斑，除了常见的血热妄行、阴虚火旺、气不摄血三种证型外，邹老还特别关注湿热伤络。对于皮肤出现瘀斑，下肢明显，青紫成块，齿龈或见衄血腐烂，伴关节肿痛，肌肉麻痹，舌苔黄腻，脉象濡数的情况，从湿热入络，血为热瘀，溢于皮下，循经上熏于口，下注关节，加之舌脉特征，断为湿热，方用《温病条辨》中的宣痹汤加减（宣痹汤去杏仁、半夏，加秦艽、木瓜、赤芍、姜黄、牡丹皮）去瘀滞，除湿热，消紫斑。

临证诊治尿血，邹老将其病因病机与证型紧密联系在一起。他认为尿血之因，多由热扰血分所致，虽然热蓄肾与膀胱是主要病机，但热从何来，是实是虚要辨明。故在临证分析时，注重分析热从何来，是心移热、肾移热，还是饮食不节、房劳过度导致的脾肾不足之虚热。所以临床证型主要有心火亢盛证、肾虚火旺证、脾不统血证、肾气不固证为主，法随证立，方从法出，因证法方一脉相承。

对于咳血的诊治，除了关注脾肺虚寒型咳血外，邹老常用地精丸治疗阴虚火炎型咳血，该方配伍精炼，兼能抗痨，适用于反复咳血不止，兼有干咳少痰，颧红，潮热盗汗，阴虚火炎的肺痨咳血。其方以地黄、白芍、百合滋阴润肺；黄精、茯苓、甘草培土生金；杏仁降气，瓜蒌仁化痰，藕节止血；獭肝扶正抗痨。若非肺痨，邹老常去獭肝，加白及、黄芩降火止血。

［宣痹汤］半夏、山栀、赤小豆皮、杏仁、连翘、薏苡仁、防己、蚕沙、滑

石。痛甚加姜黄、海桐皮。(《温病条辨》)

［地精丸］地黄、黄精、白芍、百合、茯苓、甘草、杏仁、瓜蒌仁、藕节、獭肝。(《弄丸心法》)

(五) 特殊血证的治疗

临床上有些少见的血证,如汗血、心漏、脐血等,邹老在《中国五脏病学》中也做了介绍,现整理如下:

1. 汗血

血从汗孔中渗出者,称为汗血,又名肌衄。实证多由心火灼肺,治宜泻火凉血,用当归六黄汤。虚证乃是肺卫不固,治宜当归补血汤加白芍。

［当归六黄汤］当归、黄芪、生地黄、熟地黄、黄芩、黄连、黄柏。(《兰室秘藏》)

［当归补血汤］黄芪、当归。(《内外伤辨惑论》)

2. 血箭

血从皮肤毛窍内如箭一般射出,称为血箭。《外科正宗》说:"血箭,出于心经,火盛逼血从毛窍出也。"本证乃心经火盛,逼血从毛窍中而出,治宜清心降火,凉血止血,用犀角地黄汤合黄连解毒汤,外用桃花散调凉水调敷。

［犀角地黄汤］犀角(水牛角代替)、生地黄、芍药、牡丹皮。(《备急千金要方》)

［黄连解毒汤］黄芩、黄连、黄柏、山栀。(《外台秘要》)

［桃花散］用石灰半升,同大黄一两五钱切片同炒,石灰变红色为度,去大黄,取细粉外掺。(现代用法:先将大黄煎汁,泼入白石灰内,为末,再炒,以石灰变成红色为度,将石灰过筛备用。用时撒患处,纱布紧扎。)(《外科正宗》)

3. 血痣

皮肤有红色小点,初起如粟,渐大如豆,揩之出血者,称为血痣。多由肝经怒火郁结所致,治宜清营凉血,用凉血地黄汤。

［凉血地黄汤］生地黄、当归、玄参、黄芩、黄连、炒栀子、甘草。(《血证论》)

4. 心漏

胸前一孔出血水者，称为心漏。多由心肾阳衰所致，治宜补益心肾阳气，用鹿茸、附子为末，枣肉为丸，淡盐汤下。

5. 脐血

血由脐中而出，多由胃肠之火逼迫所致，治宜凉血止血，用芍药甘草汤加牡丹皮、侧柏叶、茅根、生地黄。

［芍药甘草汤］芍药、甘草。（《伤寒论》）

6. 大衄

凡血从多个孔窍同时溢出者，称为大衄。多由瘟毒、阴虚劳损、身中大毒或跌仆所伤，导致气血一时逆乱，以眼、耳、口、鼻七窍及二阴多处出血为特征。当辨证求因，审因论治，应即时抢救为务。邹老常分为以下三个证型治疗。

患者先有憎寒壮热，烦渴引饮，甚则高热不退，神昏谵语，在此病程中，突然发生九窍衄血，舌红绛，脉细数或促急。其病危急，为瘟疫热毒，气血两燔所致。治宜清心凉血，解毒止血，用清瘟败毒饮去桔梗，加大青叶，冲服紫雪丹。

患者经常鼻、舌、齿同时衄血，点滴不止，或伴有尿血、便血，时愈时发，并见潮热盗汗，头晕耳鸣，口干咽燥，两颧发赤，舌质红，脉细数无力。属阴虚火炎，血分热甚。治宜养阴清火，凉血止血，用知柏地黄丸合二至丸、芍药甘草汤。

患者有服毒病因，继则出现腹中大痛，九窍衄血。此为身中大毒，人身气血，一时逆乱。治宜解毒和止血双管齐下，急用大剂鸡蛋清及绿豆汁频饮，冲服三七末。同时察看中毒原因，审因论治。

［清瘟败毒饮］生石膏、知母、连翘、竹叶、桔梗、甘草、黄芩、黄连、山栀、犀角（水牛角代）、生地黄、玄参、赤芍、牡丹皮。（《疫疹一得》）

［知柏地黄丸］知母、黄柏、熟地黄、山药、山茱萸、牡丹皮、茯苓、泽泻。（《景岳全书》）

［二至丸］女贞子、旱莲草。（《普济方》）

7. 舌衄

舌部出血，称为舌衄。有因心脾积热，迫于血分，而出于舌中脉络，内服犀角地黄汤，外用蒲黄末掺之。热甚者出血如泉，用文蛤粉掺之。有因气阴两虚，舌衄而兼脉细微，内服黄芪六一汤合生脉散，外用蒲黄、干姜末混匀掺之。

［黄芪六一汤］蜜炙黄芪、炙甘草。(《太平惠民和剂局方》)

［生脉散］人参、麦冬、五味子。(《医学启源》)

8. 目衄

目中衄血，称为目衄。内伤多由风火上攻，肝胆气逆，目中脉络破损，而血液妄行，治宜泻肝止衄，用龙胆泻肝汤去柴胡、当归，加牡丹皮、白芍。暴感温热疾病，或见目衄，治宜透热清心，凉血止血，用栀子豉汤加犀角、秦皮、牡丹皮、白芍。

［龙胆泻肝汤］龙胆草、黄芩、栀子、木通、车前子、泽泻、当归、生地黄、柴胡、甘草。(《医宗金鉴》)

9. 耳衄

血中耳窍中出者，称为耳衄。邹老常分为两型：一是肾阴不足，虚火上炎，迫血出于耳窍之脉络，常见脉两尺细数，治宜滋阴降火，凉血止血，用知柏地黄丸加旱莲草、五味子。一是肝火上炎，多见于饮酒多怒之人，脉两关弦数，治宜清肝泻火，用柴胡清肝饮。

二者皆可用五倍子煎水滴入耳中，以收敛止血。

［柴胡清肝散（饮）］柴胡、黄芩、黄连、山栀、当归、川芎、生地黄、牡丹皮、升麻、甘草。若脾胃弱，去黄芩、黄连，加茯苓。(《明医杂著》)

十一、外科疑难病诊治经验

邹老对外科疑难病的治疗也积累了非常丰富的经验，条述如下。

1. 治疗神经性皮炎的经验

神经性皮炎又名慢性单纯性苔藓，是以阵发性剧痒和皮肤苔藓样变为特征的慢性炎症性皮肤病，属于中医的"牛皮癣"范围。本病初起多为风湿热邪阻滞肌肤或外来的机械刺激所引起；病久则耗伤阴血，血虚生风生燥，皮肤失去濡养。该病病情随情志因素而增减，且多复发。好发于颈部、肘窝、腘窝、上眼睑、会阴、大腿内侧等处。

"四弯风"，即长在手足弯处皮肤的神经性皮炎，局部常表现为皮肤增厚，干燥脱屑，奇痒难忍。邹老认为多属风湿热邪、虫毒滞留肌肤所致。以祛风除湿，解毒杀虫之法治之，常用苦参、地肤子、全蝎、僵蚕、黄柏、桔梗、甘草，水煎内服。外用核桃枫子药膏（核桃青皮、大风子、水银）涂擦局部。一般可于两周左右缓解。

2. 治疗湿疹的经验

湿疹由多种内在和外界因素单独或共同作用导致的急性、亚急性或慢性瘙痒性炎症性皮肤病。急性阶段以瘙痒性红色丘疹、丘疱疹为特点，慢性阶段则常以浸润肥厚和苔藓样变为突出表现。属于中医"湿疮"范围，急性期以湿热为主；亚急性多与脾虚不运，湿邪留恋有关；慢性者因病久伤血，血虚生风生燥，肌肤失于濡养而成。

邹老治疗亚急性、慢性期瘙痒明显的湿疹患者，常用全蝎、地龙、僵蚕、蝉蜕、地肤子，组方名为"地龙全蝎汤"，煎水内服。同时用芒硝60g（化入）、黄柏30g、苦参30g、雄黄10g、花椒10g、千里光24g、蛇床子15g，名"芒硝浴疹汤"，煎水熏洗患处，每日2～3次，有清热消疹，解毒止痒的效果。一般可于1周左右缓解。

3. 善用汞剂治梅毒

在青霉素广泛应用于梅毒治疗之前（1943年以前），汞剂一直是欧亚各国医生治疗梅毒的有效药物，明代医家陈司成所撰《霉疮秘录》（1632年）中就详细地记载了运用汞剂、砷剂治疗梅毒的方法。从15世纪到20世纪初的400余年中，明代中国对梅毒的认识和治疗水平都是最高的，连日本人当时都在借鉴陈司成的治疗经验。邹老在这方面也积累了较独特的经验，虽然现在已经不用汞剂治疗梅毒了，但随着对抗生素耐药性增加的担忧，加上现在没有任何医生有此体会了，故弥显珍贵，仍然将其核心内容作一简单地介绍，以供研究之用。

［外用方］

银粉散：纹银9g，水银7.5g，将纹银在高温下熔化，加入水银，熄火冷后杵为细末，加入朱砂末4.5g、铅粉21g、轻粉7.5g、冰片6g、麝香1g，混匀后杵细。外撒局部。

［内服方］

三仙丹：水银30g、火硝30g、白矾30g，研末，加入容器中密闭加热升华成红色丹剂。每周内服 1 次，1 次服 0.01g。一般梅毒轻症 1 次即愈，重证 2 ～ 3 次也可缓解。

服用丹药后若出现口腔溃烂之副作用，可用土茯苓 30g、金银花 30g、生甘草 30g、青黛 15g、儿茶 15g、马勃 15g、柿饼 60g。煎汤，轻者漱口即可，重者内服。

汞剂对梅毒螺旋体具有良好的杀灭作用，是中医"以毒攻毒"法则的具体应用，邹老曾用此法解除了不少梅毒患者之疾苦。临床上只要严格控制剂量，正确掌握使用方法，虽为有毒之品，然"有病则病受之"，邹老在所用病例中尚未观察到发生中毒反应者。

4. 玄门丹方治疮疡

临床有些外科顽疾久治不愈，如果只用平和之药，如同儿戏，又岂能奏效？此时可采用"宽猛相济"之道，倚重峻猛之药，斩关夺将，松动沉疴，衰其大半，而后用和药以扶助正气，然后顽疾可愈。正所谓非常之疾，必用非常之药，才能获非常之功。古代道教为追求长生成仙而喜炼制丹药，由此积累了较丰富的丹药知识和技术，道家玄门丹药中又常常运用有毒药品，如道教外丹派流传的四大名丹，即乾坤一气丹、毒龙丹、金龟下海丹、混元丹，其中就用到水银、雄黄、火硝、马钱子等。邹老对玄门丹药研究颇深，他体会到这类丹药用于治疗许多疑难杂证疗效很好。

邹老最常用四大丹中的毒龙丹，此丹用于治疗遗尿、遗精、低位截瘫、腰脊疼痛、跌打损伤等证，疗效卓著。下面根据《中国炼丹术与丹药》一书，将毒龙丹的制法转引于下：

处方：马钱子，不拘多少。

制法：先将马钱子用童便、五石、五豆浸泡之，春秋二十日，夏十四日，冬四十九日。五石即丹砂、雄黄、曾青、白矾、磁石等，称五石散；五豆即扁豆、赤豆、绿豆、黄豆、黑豆等。豆须发芽，但不可发得太长，以约三分许即行，扁豆的体积较大，发芽较迟，故必须早二三日入浸，才能及时。五石则打如米粒大小。马钱子泡浸时，有几个阶段的变化，初时黄色，次呈落霞色，到落霞色时，即取出一粒视之，如中心变白色者，即为合度之证。此时即全部取出，逐粒刮去皮毛后，再入甘草水中，煮三小时，取出晒干，干后全部都呈黑色，碾成细末。

制为莱菔子大丸子备用，也可直用散剂服用，但不及丸为便利，最好是用胶囊吞服。

此外，邹老在运用升降丹治疗外科疮疡方面经验尤为丰富。如他曾治疗一曾姓男子，因腹部脓肿形成瘘管，经医院多次扩创清理，半年余仍未收口，瘘管周围坚硬，疮孔细小，时有脓水流出。患者整体状况尚好。邹老用了很长的药捻裹着专治瘘管、脓道的牵痒丹（水银、白矾、硼砂、青矾、朱砂、辰砂）药粉，还加入了鳖甲、穿山甲、麝香等药粉，慢慢插入瘘道，填充其空隙，每天换药一次，并内服换骨丹（硫黄、硼砂、朱砂、白矾、火硝、青盐、麝香粉）。经内外合治计 39 天后瘘管完全愈合。

又如邹老曾治疗一李姓女孩，腰部命门穴处结节如核桃大，坚硬如石，已半年余，无明显痛感，不化脓，腰部活动受限。伴有咳嗽，骨蒸潮热，盗汗等症。诊断为流痰（类似于骨结核），治以滋阴降火消痰，用黄柏、知母各6g，生地黄、白芍、山药、牡丹皮、浙贝母各10g，煎汤，送服换骨丹，每次1g，1日3次。连续服用3个月后，腰部的结节消失，潮热、盗汗、咳嗽也随之缓解。

十二、常用验方选

诊断是认识疾病的途径，方药是与疾病斗争的武器。未知的疾病固然存在，但已有认识，而治疗效果欠佳，或没有找到治疗方法的疾病在临床上还不少。所有的诊断与辨证，都是为了有效的治疗，不断寻找和积累比现有方案更为有效的方药，是每一个医生的迫切愿望。此处整理的经验方药，是邹老数十年临床经验的结晶，每个验方都是经过无数病例验证增损凝聚而成，每个药物的应用都是对古代本草的巧妙发挥，这些方药至今仍"活"在邹老弟子的临床处方中。

1. 定痫丸

组成及用法：全蝎、僵蚕 150g，蜈蚣 50 条，水蛭、石菖蒲、胆南星各 30g，白矾、郁金各 50g，天竺黄 100g，生牡蛎 150g。研末，混匀，炼蜜为丸。每次 2～5g，每日服 2～3 次，竹沥水送服。

主治：癫痫。

按语：癫痫，即中医所称"痫病"，病位在脑，病变在肝，可由风火痰瘀及惊恐引起，主要病机为肝风挟痰瘀上逆而发病。邹老认为痫病难治，多未重用虫类药之故。《医学心悟》有同名方，但以植物药为主，虽有一定疗效，但难收满意之功。此方重用全蝎、僵蚕、蜈蚣、生牡蛎以平肝息风；用水蛭入脑络化瘀滞；又配合白矾、郁金、天竺黄、胆南星、石菖蒲、竹沥豁痰开窍，故能收奇特之疗效。

2. 化石散

组成及用法： 芒硝 60g，明矾 30g。研末，每次服 1～3g，1 日 2 次，3 个月一个疗程。

主治： 胆结石。

按语： 此方本《金匮要略》硝石矾石散之意，《神农本草经》说："芒硝能化七十二种石。"明矾，现代研究发现其有利胆的作用。邹老曾治一 42 岁男子，右胁下反复绞痛 2 年，西医院诊断为慢性胆囊炎伴结石，用金钱草 50g 煎水送服化石散，1 次 3g，1 日 2 次，连续服用半年后胆结石消失。

3. 正容汤

组成及用法： 全蝎、僵蚕各 15g，防风、天麻、法半夏各 10g，川芎、红花 5g。1 日 1 剂，水煎，分 3 次服。服时兑入鲜竹沥水 10mL。

主治： 面瘫。

按语： 面瘫多见于面神经炎，主要表现为口眼㖞斜，此为脉络空虚，风痰乘虚入中，导致气血闭阻所致。方中以防风、天麻祛内外之风，法半夏、竹沥祛络中之痰，全蝎、僵蚕息风通络，川芎、红花活血化瘀。药虽不多，但切中面瘫病机。面瘫治疗及时者，多能 3～5 剂治愈。

4. 化瘀通窍汤

组成及用法： 水蛭 60g，三七 30g，麝香 1g。研末，1 次 2g，1 日 2 次。

主治： 健忘。

按语： 健忘是指记忆力减退，特别是对日期、年代、专有名词、术语概念等的回忆发生困难，以后表现为近期和远期记忆均减退。临床上常见于神经衰弱、神经官能症、脑动脉硬化、阿尔茨海默病、血管性痴呆、代谢性脑病等。健忘虽以虚证居多，但也有部分实证，因为痰浊、瘀血内停，导致微小心窍（即玄府）闭塞，影响气血运行，造成心神失养而出现健忘。邹老此方适用于因瘀血所致之健忘，方中水蛭、三七活血化瘀，而最妙是配合麝香开心窍。该方既针对病因（瘀血），又针对继发病机（瘀阻心窍），双管齐下，故其效速。

5. 水晶丹

组成及用法： 芒硝，配制成 20%～40% 的溶液。此为外用方，可用注射器从肛门灌入直肠。

主治： 内痔。

按语： 芒硝溶液，因其透明无色，故名水晶丹。既有泄热之功，又有软坚敛疮之效。药液直接灌入直肠之中，作用于内痔表面，消肿、软坚之功更易发挥。

6. 蜈蚣消瘰丸

组成及用法： 蜈蚣 50 条，全蝎、僵蚕、甲珠、牡蛎、浙贝母、当归、伸筋草各 30g。研末，炼蜜为丸。1 次 3g，1 日 3 次。

主治： 淋巴结核。

按语： 淋巴结核属中医的瘰疬范围，多见于儿童及青年，好发于颈部及耳后，起病缓慢，初起时结核如豆，皮色不变，不觉疼痛，以后逐渐增大窜生，成脓时皮色转为暗红，溃后脓水清稀，夹有败絮状物质，往往此愈彼溃，形成窦道。根据临床过程，可以归纳为硬结期、脓肿期、破溃期。邹老此方适合于瘰疬硬结期，其中蜈蚣、全蝎、僵蚕、伸筋草入络搜痰，甲珠、当归活血溃坚，浙贝母、牡蛎化痰软坚，诸药各行其力，可使瘰疬恢复。

7. 通天愈痛汤

组成及用法： 川芎 10g，当归 10g，赤芍 10g，红花 6g，泽泻 10g，全蝎 3g，僵蚕 10g，制川乌 15g（先煎 60 分钟），明天麻 15g，白蒺藜 15g。

主治： 头痛。

按语： 瘀血留经，久风入络，脑络不通，每致顽固性头痛。《证治准绳·头痛》说："浅而近者名头痛，其痛卒然而至，易于解散速安也；深而远者为头风，其痛作止不常，愈后遇触复发也。" 此方所治，当为 "深而远者" 之 "头风"，即反复发作之慢性头痛。方中以川芎、当归、赤芍、红花活血通络，全蝎、僵蚕、川乌、天麻、刺蒺藜祛风通络，泽泻利水通络，脑络通而气血行，则头痛自止。

8. 胃饥痛方

组成及用法： 北沙参 15g，麦冬 10g，玉竹 10g，厚朴花 6g，砂仁 10g，陈皮

6g，母丁香 10g，川贝 3g（为末吞服），生麦芽 30g。水煎服。

主治：胃痛食少，饥食则痛（如慢性胃炎等）。

按语：纳食主胃，运化主脾，脾宜升则健，胃宜降则和。患者食少，胃失受纳，饥食则痛，则胃体失于滑润，乃胃阴不足，胃气不降。故用沙参、麦冬、玉竹，以柔养胃阴；用厚朴花、陈皮、砂仁、丁香以温降胃气。胃气不降，则易生痰，易停食，故佐之以川贝，辅之以生麦芽。此方最宜胃阴不足，胃寒气滞，表现为胃胀隐痛，微灼嘈杂，食少，饥食而痛之人。

9. 胃酸痛方

组成及用法：黄连 15g，吴茱萸 15g，乌贼骨 10g，川贝 10g，鸡内金 15g，白及 10g，荜澄茄 10g，砂仁 15g。水煎服。

主治：胃痛（包括胃及十二指肠溃疡之类，可选用，或作对证用）。

按语：胃及十二指肠溃疡，每见患者吐酸、嘈杂、胃脘灼热，乃肝郁化火，横逆犯胃所致。故此方以黄连清肝胃，吴茱萸、荜澄茄、砂仁疏理肝胃之气，肝气郁则生酸，以乌贼骨、川贝制酸。脾胃之病，每兼积滞，故佐之以鸡内金。白及乃消肿生肌之药，为溃疡而设。故本方适用于肝胃郁热，吐酸较重之溃疡病胃痛患者。

10. 羌活鱼散

组成及用法：羌活鱼 1 条为末，醪糟水冲服 3～5g。

主治：脘腹气痛。

按语：羌活鱼为小鲵科动物山溪鲵 *Batrachuperus pinchonii*（David）的全体，具有行气止痛的功效，常用于治疗肝胃气痛，跌打损伤。邹老用之治疗脘腹气痛，与《中华本草》所载无二，然而用醪糟水冲服之法，去腥改味，值得借鉴。

11. 法罗荜澄酒

组成及用法：法罗海 30g、荜澄茄 30g 泡酒，每服 3～10mL。

主治：胃寒疼痛。

按语：法罗海味辛、苦，性温，此处取其理气止痛的功效。配合有相似功效的荜澄茄，则如虎添翼。胃痛酒剂甚少，邹老此验方用酒泡，甚为方便，可资参考。

12. 痛经失笑汤

组成及用法：当归15g，川芎10g，白芍10g，延胡索10g，益母草30g，蒲黄6g，五灵脂10g，制香附10g，广台乌10g，小茴香10g。水煎煮，痛经发作时服1～2剂。

主治：妇女痛经。

按语：方中以当归、川芎、玄胡索、益母草、失笑散活血化瘀，香附、乌药、小茴香温理气机，白芍柔肝缓急，共奏行气活血，温经止痛的作用。适合治疗寒气凝滞，血瘀不通之妇科痛经。

此外，十虫散（治类风湿关节炎）、止痉丸（治舞蹈症）、地龙全蝎汤（治湿疹）等已在相关章节中出现，此处就不再赘述。

13. 换骨丹

组成及用法：硼砂60g，硫黄30g，朱砂30g，白矾30g，火硝8g，青盐8g，鹿茸粉30g，广三七粉15g。将前6味药研末加入铁锅内，碗盖密闭，盐泥封闭，用河沙保护碗，文火烧半小时，打开碗，用锅底融合之物为末，再加入后两味混匀，玻璃瓶或瓷瓶密闭贮存。每服0.5～1g，1日2～3次，开水或黄酒冲服。

主治：骨质增生、骨结核、骨髓炎，凡属中医骨节之病均有疗效。

按语：方中硼砂、硫黄、朱砂、白矾、火硝、青盐六味经过煅烧融合，有温补命门、解毒消疮的作用。再加入鹿茸温补肾阳，三七粉活血化瘀。诸药合用有温阳散寒、托里解毒的作用，适合于阴证疮疡及结节。

14. 清咽润肺汤

组成及用法：玄参10g，麦冬15g，生地黄15g，石斛10g，白芍15g，赤芍15g，枯芩10g，藏青果6g，胖大海6g，矮地茶15g，炙枇杷叶15g，炙甘草6g。水煎服，2日1剂，慢性者可加大10倍剂量，并将炙甘草改成生甘草，打粉，炼蜜为丸，如板栗大。每服3～6g，1日3次，吞服或嚼化。

主治：阴虚喉痹（慢性咽喉炎之类），经常喉痛咽肿，声音嘶哑，咽痒咳嗽，或职业性咽喉疾患等。

按语：方中玄参、麦冬、生地黄为增液汤，配伍石斛、白芍、赤芍能养阴清热，凉血化瘀。枯黄芩、青果、胖大海，能清热利咽。矮地茶、炙枇杷叶降气止咳。适用于阴虚火旺之咽部不适之症。

十三、医案选读

邹老在 50 多年的临床生涯中，不仅在理论上援易入医，以求解决重大临床问题，在临床处方上也是经方时方不拘，总以疗效为重。同时他还是一个有心人，常向民间学习行之有效的方法，如他用铁拐李顽癣膏治疗牛皮癣、阴癣等顽固性皮肤病，一擦即效；用夏姬美肤露治疗面游风、酒渣鼻疗效显著等。在各地带教学生的过程中，常谦虚地向各地老中医请教，学到了不少临床经验。"满招损，谦受益"，邹老以谦虚的态度，古今并蓄，集众所长，临床治病疗效卓著，深受患者爱戴。在前面的篇章中已经选载了一部分医案，本篇再遴选一些，以飨读者。

1. 难治性子嗽案

陈某，女，23 岁，1974 年 12 月 1 日初诊。

自述怀孕 5 个月，因动气及过食辛辣之物，发生阵阵干咳，夜间尤甚，情绪波动时则痉咳不止，喉中干燥，舌红少苔，脉象弦数。曾服中药，咳反增剧，查前医处方多为养阴润肺、清金化痰、止嗽安胎之剂。

诊断：咳嗽。

辨证：肝火犯肺，伤耗肝肺之阴。

治法：清肝润肺，降气止咳。

方剂：黛蛤散加味。

药物：青黛 10g（包煎），海蛤粉 15g，浙贝母 15g，白芍 15g，麦冬 15g，炙枇杷叶 30g，矮茶风 30g。

服用本方 1 剂奏效，3 剂病愈。

按语： 邹老认为，本证属"肝火犯肺"之证，为五脏相克关系失调之"木火刑金"证。本证与《串雅内外编·自序》所说"李防御治嗽得官"的病情相似。传说宋徽宗有宠妃患咳嗽病，召李防御（御医首领）进内官诊治，不仅无效，而且日益加重，咳嗽不止，痰气上涌，终夜不能入睡，面目浮肿如盘。徽宗震怒，口诏李防御必须在三日内治好妃子的咳嗽病，否则斩首。李防御回府中惶恐万状，无计可施，忽听府门外有老头叫卖止咳嗽药，一文钱一个，吃了就能入睡。

李防御灵机一动，心里想："不如买几块试一试，如能使皇妃暂安卧，病情必然减轻。"遂令家丁叫住卖止咳药的人到府中来见，家丁将买药人引入，李防御见老头年过花甲，其止咳药饼呈太极图像，色带浅碧色，服法是用淡腌咸菜汤加上几滴麻油调服。李防御遂买了十个，叮嘱两天后再送十个咳药来。老头走后，李防御恐药刚猛，自取一块药饼为末服下，觉得毫无异味，遂将九块药饼上进皇妃服用，每晚睡前服用三块。皇妃服后，咳嗽顿时减轻，当晚即能入睡了。三服之后，咳嗽全止，面肿亦消。但李防御恐徽宗追问止咳药方，等卖药的老头来后，李防御设筵款待，愿以一百两银买此药方，老头欣然同意，还介绍了处方来源。老头说："咱山东人，少年从军，侍奉主帅，主帅每次盛怒后，便咳嗽不止，彻夜不眠，面目浮肿，便叫老头拿他的处方配药，主帅服用一剂而效。我便记下这个处方，利用它度此余生，今天果然实现了。"宋徽宗见皇妃玉貌复原，龙颜大悦，立令与李防御加官一级，赐金帛万缗，并召李上殿问话。李至，徽宗向李防御问话说："皇妃咳嗽，李卿所用何方？竟有如此奇妙？"李俯伏金殿回奏说："皇妃之疾，臣已技穷，忽忆祖上有治嗽效方，遂制而先服，并无毒性，乃献皇妃服用，果然效如桴鼓。"后乃知皇妃因争宠动怒所致。陈女之病与之相类似，邹老遂与清肝滋肺，疏理气机之方。方中以青黛咸寒专泻肝经郁火为君药；蛤粉、浙贝母清热化痰、止咳为臣药；佐以白芍、麦冬润肝肺；矮地茶、炙枇杷叶降气止咳。

2. 肺痈误诊案

邹某，男，41 岁，1982 年 7 月初诊。

发热、咳嗽、痰血、胸痛 2 周。自述两周前感冒咳嗽，痰带血丝，服中药一剂，胸痛加剧，痰血更多，痰黄而稠，有异味。经某医院 CT 检查，查见肺有大包块，诊断为"肺癌"，立即手术。患者问："手术后能活多久？"医生答："可活两年。"患者因而不愿做手术，遂来求治。

患者详述发病及治疗经过，出示中药处方，言因感冒咳痰带血，服此处方而加剧。邹老见方中之药很平淡，并有茅根 30g，推论有可能误将茅根抓成茅术，不然服后怎么会咳血加剧，胸痛更甚。素知这位患者乃火体人，平素则不敢沾尝燥热药，问做过肺的活检否，答未做过。又见其痰白而浓稠，有腥臭，口中干燥，胸中烦闷隐痛，时而恶寒发热而汗出，咽痛音哑，苔黄腻，脉滑数。加上患者情绪紧张，不思饮食，遂消瘦脱形，众皆疑为恶病质，邹老力主可能因服热药而导致肺痈，乃处方令服。

诊断：肺痈。

辨证：痰热壅肺，肺叶生疮，血败肉腐。

治法：疏风清热，解毒消痈，化痰泻肺。

方剂：苇茎汤加味。

药物：苇茎 30g，桃仁 15g，薏苡仁 30g，冬瓜仁 30g，金银花 30g，黄芩 15g，鱼腥草 30g，蒲公英 10g，重楼 30g，生石膏 30g，薄荷 10g，矮茶风 30g，葶苈子 15g，浙贝 15g，竹茹 10g。

煎服两剂，一剂则寒热退，痰减少，胸烦闷之证亦减轻，服完两剂后在四川省人民医院复查胸部 X 线，确诊为球形肺炎（可能为肺痈结块未化脓），否定了肺癌之诊断。又服中药六剂而愈。

按：邹老认为本证有同人卦之象，上乾为肺金，下离为心火，因肺燥而兼以心火亢盛上炎，遂致肺中热盛而成痈。但初期尚未化脓故而有块状，因误诊为肺癌。因素知其体质，宜凉不宜热，遂重剂疏表泻肺，清热解毒，化痰消结而愈。若杯水车薪，反增疑虑，此亦"置之死地而后生"之策。方中以薄荷、金银花、矮茶风疏表；葶苈子、黄芩、薏苡仁泻肺；苇茎、生石膏、鱼腥草、蒲公英、重楼清热解毒；冬瓜仁、瓜蒌仁、桃仁、浙贝、竹茹化痰散结。诸药力大而强，达到了消除肺痈之目的，若只限于千金苇茎汤的力量就太弱了。

3. 肺胀、哮喘案

魏某，女，65 岁，1990 年 10 月 4 日初诊。

喘促、痰鸣数日。病者患哮喘多年，反复不愈，每因感冒引发，数日前感冒再次引发。气紧，痰鸣有声，喘急时引颈抬肩，以呼出一息为快，伴心悸。患者体胖多痰，四肢厥冷，苔白而滑，脉大无力，缓时一止。既往有"肺心病"史。

诊断：哮喘、肺胀。

辨证：心肾阳气不足，痰饮阻于气道，为外邪引动。

治法：温化痰饮，补益肺肾，降气平喘，外祛邪气。

方剂：华盖散加味。

药物：麻黄 10g，杏仁 10g，炙甘草 10g，苏子 15g，橘红 10g，远志 10g，

葶苈子 15g，红参 15g，白术 10g，大枣 15g，制附片 15g（先煎 30 分钟），麦冬 10g，北五味子 6g。

上药水煎服。

另以冰糖 500g，浸入醋 1kg 中，溶化后，心悸时每服 1～2 匙。

患者服药 2 剂后，痰喘证缓解，心悸减轻，再诊时于前方中加当归 15g 以生心血，又服 6 剂而平复。

此后，患者每因哮喘心悸发作即以此方缓和症状。

按语： 邹老认为，此证是由于心阳不振、肾水上泛，水乘火位，故心悸脉结，四肢厥冷，且体胖多痰，并有水气凌心之候，由感冒引发，以致喘急不能平卧。邹老认为，此乃火虚水盛，正虚邪实，按易理分析，有革卦"䷰"之象，上兑为泽（湖泊），乃水之象，下离为火，有上水乘下火之象。因水火互不相容，即将发生变革。哮喘多年，以致肺胀。中西医治疗，均感棘手。虽为慢性病急性发作，邹老认为，对本证应标本兼治，当振奋心阳，温化痰饮，降气平喘，扶正祛邪。本方以附片、红参、麦冬、五味子、远志、炙甘草、大枣扶助心肾之阳，此有"益火之源，以消阴翳"之意；麻黄、葶苈子、苏子、杏仁、茯苓、白术、橘红化痰利水，平喘降气。此壮火制水，攻邪不伤正，扶正不碍邪。并于扶正药中，加入大量养心之品，扶阳气而不忘护心液，炙甘草和大枣还可心脾两调。醋味大酸，"心苦缓，急食酸以收之"，合冰糖又能酸甘化阴以助心液，用于缓解患者心悸症状。

4. 哮喘案

陈某，男，38 岁，1990 年 4 月 10 日初诊。

喘促发作，痰鸣气急，以呼出一息为快，胸闷脘痞，不能平卧。病员身体壮实，自幼被诊断为"哮喘"。此次因外感而发作。舌苔垢腻，六脉皆大而实。

诊断：哮喘。

辨证：痰气壅阻，搏于气道。

治法：泻肺胃之痰，降气平喘。

方剂：开胸顺气丸方合三子养亲汤加减。

药物：三棱 15g，莪术 15g，黑丑 15g，苏子 15g，莱菔子 15g，槟榔 10g，厚朴 10g，广木香 10g，枳壳 10g，白芥子 10g，牙皂 3g。

1剂而证缓，2剂而气渐平复，痰涎明显减少，3剂气降痰消而病除。遂将原方加大剂量作散剂常服，至冬天也未发作，近年以他病治，言难治之痼疾竟愈。

按语：邹老认为，此乃金病及土，痰滞中焦，此当攻其胃中之痰为主，不能囿于治哮喘证之常法。开胸顺气丸主要治疗饮食停滞，气郁不舒，胸痞腹胀，胃脘疼痛，由木香、槟榔、厚朴、陈皮、三棱、莪术、牵牛子、猪牙皂组成。邹老在此案去掉了陈皮，加入三子养亲汤、枳壳，以泻肺胃之痰，降气平喘。

邹老认为，本证按易理分析，具有腿卦之象，腿卦"䷖"上乾为天属肺，下艮为山属脾，在人事上，有在外因逼迫下自我闭塞退隐；在病变上，有受外感引动，脾胃痰动而壅阻之象，故宜消除其艮阻之痰涎，病乃得愈，服用上方后果如预期，达到了这个目的。

5. 痨瘵食少案

黄某，男，40岁，1978年3月初诊。

干咳、潮热、盗汗5年余，饮食无味，倦怠神疲，消瘦。舌淡白，脉细数。在某医院确诊为"浸润型肺结核"。

诊断：肺痨。

辨证：肺燥脾虚，土不生金。

治法：健脾润肺，补土生金。

方剂：健脾保肺丸加减。

药物：北沙参15g，山药15g，百合15g，白术10g，茯苓10g，玉竹10g，麦冬10g，生谷芽30g，川贝3g，糯米草根30g，炙甘草3g。

上药水煎服，3剂而饮食增进，精神大振。

后加重剂量为末作蜜丸，每次服3g，1日服3次。患者坚持服药2年后经检查肺结核已钙化，饮食正常，痨瘵症状全部消失。

按语：邹老按易理分析认为，本证有否卦"䷋"之象，乾在上属肺金，坤在下，属脾土，天气失降，则脾胃不能降浊升清，故食欲减退；地气不升，则肺失濡养而枯燥，故干咳无痰。本方补土生金，则天地交泰，脾肺得调而告愈。

6. 惊吓后失眠案

周某，女，41岁，1990年4月6日初诊。

患者系中学教师，数年前被惊吓后，则善惊易恐，不敢独卧，随时都在发生恐怖的联想，悲伤欲哭，有事则烦，颠顶疼痛，小便黄浊，失眠口干，梦中惊恐抽动，舌暗红，两尺脉沉。

诊断：不寐。

辨证：心胆气虚，火病及木，子盗母气。

治法：壮胆气，安心神。

方剂：酸枣仁汤合甘麦大枣汤加味

药物：酸枣仁15g，茯苓15g，白芍15g，大枣15g，知母10g，小麦50g，合欢花30g，生龙骨30g，生牡蛎30g，炙甘草6g。

患者连续服用10剂而恐畏减，心烦仍存、睡眠尚差。二诊时前方加黄连10g、夜交藤30g，再服10剂而愈。

按语：方中以酸枣仁、白芍、小麦壮胆气，知母、黄连清火除烦；大枣、茯苓、炙甘草、合欢花养心安神；生龙骨、生牡蛎重镇潜阳。邹老按易理分析，本病证有丰卦"䷶"之象，上震主胆气，下离主心火，胆虚而心神不宁，故有上述证候。

7. 顽固性漏汗症

李某，女，60岁，藏族，攀枝花市退休干部，1993年5月21日初诊。

反复出汗不止3年，加重1月余。3年前因经常感冒，自购成品药服用，效果不佳。自汗加重，并比一般人怕冷。近月来，又因感冒治疗不当，以致冷汗不止，畏寒恶风，冷汗愈多，怯冷愈甚。曾于州院治疗无效，始来省医院住院治疗，殊知病情更加严重。抽血检查一次，则冷汗愈多，发冷愈甚。伴精神倦怠，四肢无力，食少眠差。汗出过多后，随即出现大便干燥，心烦口渴，手足心热，恶风，厥冷。舌苔薄黄少津，脉弱。

诊断：汗症-漏汗症。

辨证：卫阳大虚，阴液受损。

治法：扶阳固表，养阴敛汗。

方剂：桂枝加附子汤、玉屏风散、四君子汤等加减。

药物：桂枝10g，大枣10g，白芍30g，北沙参30g，生麦芽30g，炒白术30g，生黄芪120g，山萸肉120g，炙甘草3g，防风1g，制附片30g（先煎30分钟）。

二诊：6月4日复诊，服一诊方药14剂后，汗已止，不畏风，棉衣已脱去，睡眠、饮食均好转，改用善后调理方。

北沙参15g，茯苓10g，白术10g，炙甘草3g，白芍10g，山茱萸30g，制首乌15g，合欢花15g，夜交藤30g，生谷芽30g，生麦芽30g。

三诊：7月2日来诊，诸症减退，唯饮食欠佳，脉已平缓，准备回转攀枝花市。邹老叮嘱患者慎风寒，防感冒，书一方做食疗，炖鸡或肉类服食均可。

北沙参30g，百合30g，莲米30g，芡实30g，大枣30g，山茱萸10g。

按语：邹老见其大热天仍穿着厚厚的棉衣棉裤，断定此乃《伤寒论》之"漏汗症"，太阳篇云："太阳病，发汗，遂漏不止，汗出恶风，小便难，四肢微急者，桂枝加附子汤主之。"该患者已反复自汗3年，从五脏病考虑，属肺卫不固之证。肺合皮毛而统卫气，肺气损伤，卫外之阳气大虚，则虚生外寒，卫气不固故自汗不止。长期自汗不止，汗为心之液，阴液受损，不仅更加恶冷风，也可形成阴损及阳之证，故出现汗出后便干，心烦口渴，手足心热，舌苔薄黄少津之证。脉象沉弱无力，亦属阳气衰微之象，因阳虚而生外寒，故出现恶风厥逆之候。本证乃属功能减退，无器质性病变，故西医检查无异常。

邹老将病员"肺卫不固"之证结合卦象，则为天泽履"☱"之象。本卦上乾下兑，肺有乾天之象，乾天阳气不足，不能卫外而为固，故见汗出厥冷。乾为阳金，兑为阴金，上卦代表乾天之阳气不足，下卦代表兑泽之阴津受伤。阳气不足，气不化津，故见大便干燥、心烦口渴、手足心热、舌苔干黄少津诸症，此有乾天久旱不雨而兑泽（泽即湖泊之类）干枯之象。邹老用扶阳固表，养阴敛汗法，不能单用《伤寒论》之方扶助阳气，宜双管齐下，以调节"阳损及阴"的病变。

本证肺卫不固虽有类似《伤寒论》漏汗证条之处，但有久暂、纯杂之不同，本证为时3年，肺气大伤，肺阴亦损，整个病变已形成阴损及阳的局面，但病变中心仍在肺。故总的治则为扶阳固表，养阴敛汗。初诊时以桂枝加附子汤扶阳固表，更合玉屏风散益气固表。方中北沙参、生麦芽、山茱萸、生白芍养阴敛汗、兼益肺气，大剂量使用黄芪、山茱萸气阴两补，敛汗固表。诸药合用具有良好的止汗复阳之功，但饮食、睡眠尚未完全恢复。故复诊时重在调理，重点从睡眠、饮食方面着手，运用了四君子汤之意，加入生谷芽、生麦芽补土生金；夜交藤、合欢花、制首乌、山茱萸、白芍养阴敛汗，服后诸证减退。第三诊，以食疗为主，北沙参、百合、山茱萸益气养阴、敛肺固表；莲米、芡实、大枣补土生金。

8. 外伤后心痛案

刘某，男，23 岁，四川大学学生，1990 年 6 月 5 日初诊。

阵发心痛 1 年。因爱好球类运动，1 年前在一次足球运动中，被飞来的球直撞心脏部位，当场昏倒，经抢救恢复后，遂时有发生心痛之症。西医检查有心律不齐，经治疗 1 年，无效，遂前来求邹老治疗。详细询问病情，发病时心痛如刺，胸中满闷，唇爪青紫，舌边尖有瘀点，脉沉微涩。患者体形高大壮实。

诊断：胸痹心痛。

辨证：外伤导致瘀血痹阻心络。

治法：化瘀通络，开窍定痛。

方剂：汉钟离活心丸。

药物：炒蒲黄 30g，五灵脂 30g，当归 30g，丹参 30g，广三七 30g，红参 30g，冰片 10g。

上药共为细末，每服 1～3g，开水冲服，1 日 2 次。心痛时加服 1 次。

二诊：9 月 10 日来诊，心痛之证已很少发生，效不更方，仍以前方为末，用量如前，服药改为每日 1 次，心痛发作时加服 1 次。本方可常服，至心痛之证完全消失为止。

1 年后前来告诉邹老，心痛之证已半年未发，医院检查心律不齐之症已消失，一切正常。

按语： 初诊时以红参救心扶正，冰片开窍止痛，余药均有活血化瘀，通络止痛之功效，但在活血化瘀之中又有养心益血之效，如当归、丹参均有此功能。

邹老结合易理分析认为，本证有小过卦之象，本卦上震下艮"䷽"，两阳爻在中为内有瘀血阻滞。上下众阴爻不能胜，小有过度，故阴阳失去平衡，不通则痛，瘀在心络之中，故发为心痛。活血化瘀之法，主要在于化心中之瘀滞，瘀滞去则病自除。瘀血阻滞所造成的病证很多，如疼痛、发烧、健忘、癥块等，其病机皆同小过卦。

邹老治疗瘀血之证曾受到成都中医学院（今成都中医药大学）已故老中医刘安衢治"瘀血发烧"的启发，他曾整理此案，并发表在《成都中医学院老中医医案选第一集》中。该案为资中李氏女，年28岁，未婚，患久热不退，来四川省人民医院住院治疗，诊断为"盆腔脓肿"，手术取恶血浊液3000余毫升，退热药已遍用矣，热不退。西医主任吴某，延刘安衢会诊，刘氏见患者足晾出被外，抚其皮糙甚，脉之不甚流利，乃断为"肌肤甲错，瘀血使然"。处以大黄䗪虫丸6枚，1日1枚，蜜水吞，甫食3丸，热减半，又服青蒿鳖甲散2剂，热退尽。邹老认为刘老此案，乃瘀血滞络难除之证，其辨证的要点有三：晾足，皮糙，脉涩。虽然手术已去其蓄聚之恶血浊液，但经络中之干血仍未消除，因而不仅久烧不退，且手术后也不退。大黄䗪虫丸用药阴阳相济，祛邪而不伤正，扶正而不留邪，为"久病瘀血"之良方。并用青蒿鳖甲散入络以达邪热，标本兼治，故而瘀血所致之潮热，一举而除。

9. 高血压眩晕案

赵世华，男，60岁，1993年1月10日初诊。

患眩晕之病已10余年，发则头面烘热，心烦易怒，口干口苦，小便短赤，舌红少津，潮热盗汗，腰膝酸软，脉象弦大有力。医院检查血压为160/130mmHg。

诊断：眩晕。

辨证：肝阳上亢。

治法：平肝潜阳，滋水涵木。

方剂：骡翁清震汤。

药物：生地黄30g，白芍30g，菊花15g，夏枯草30g，黄芩15g，钩藤15g，生牡蛎30g，草决明30g，泽泻15g，车前子30g。

水煎，服用3剂，眩晕减轻，血压明显降低。

二诊时守原方加青黛3g，再服3剂而眩晕止，诸证除。

按语：本方以生地黄滋水涵木，钩藤、菊花、白芍、黄芩、草决明、夏枯草平肝清火；车前子、泽泻清热利水，邹老按易理分析本证有屯卦"☲"之象，上坎属肾，下震属肝，肾水不足则肝木失养，震雷之火而上升，震卦"☳"有一阳排二阴而上之势。故当滋坎水才能平肝木之逆，眩晕方可缓解。

10. 黄疸案

李某，男，25岁，新都城关人，1984年8月5日初诊。

患者全身发黄1周，面、目、全身如橘子色，小便黄而浓稠，口苦心烦，饮食饱闷，甚则呕恶，苔黄腻，脉弦数。

诊断：黄疸。

辨证：湿热郁蒸肝胆。

治法：清利肝胆湿热。

方剂：茵陈蒿汤合龙胆泻肝汤加减。

药物：茵陈120g，栀子15g，生大黄3g，花斑竹15g，泽泻15g，车前仁15g，木通15g，黄柏15g，龙胆草15g，白芍15g。

日服1剂，昼夜服用5～6次。1周后眼目、面部开始退黄，小便黄浊减轻。

二诊时于前方加入赤小豆、薏苡仁，再服药2周后黄疸消失，饮食大增，后书调理药善后。

生谷芽30g，生麦芽30g，薏苡仁30g，赤小豆各30g，茯苓15g，大豆黄卷15g，泽泻10g。

按语：邹老认为，此乃土盛木郁，由湿热郁蒸肝胆而成，按易理分析，有颐卦"䷚"之象。上艮为阳土，乃肠胃湿热蕴结；下震为肝木，乃土盛木郁，湿热郁蒸肝胆而发黄；湿热困脾，故饱闷呕恶，舌苔黄腻。

初诊时，方中重用茵陈达120g，仲景茵陈蒿汤确为治黄之名方，但茵陈为淡而无味之品，用量小则杯水车薪，所以难以奏效，必须重用之，这是邹老在长期的临床工作中摸索出来的宝贵经验。方中龙胆草、栀子、黄芩、黄柏、大黄、花斑竹均有除湿退黄之功，大黄、花斑竹还有良好的通便泻黄作用。方中车前子、木通、泽泻清利湿热；白芍既能柔肝，又能防止阴伤，白芍、大黄又可入肝经血分活血祛瘀。邹老认为，善后调理因湿邪黏腻，恐未尽除，故不可服温补之药，而以甘淡实脾，兼以清利之品，扶正不忘祛邪。

11. 顽固性胃痞案

张某，男，47岁，会计。

常出现饮食停滞，脘腹胀满、嗳腐吐酸，频频矢气，夜间尤甚，滞甚者上吐下泻，平素不断嗽痰，饮水则胃中水响，肠鸣有声，舌苔微腻，脉沉而涩。经多方治疗，常年服消食导滞药，反复不愈。近来胃中不适则自饮藿香正气水，可以缓和症状。曾到医院作胃镜等检查均无特殊病变。

诊断：胃痞。

辨证：食伤胃脘，痰气痞塞，清阳不升，浊阴不降。

治法：行气化痰，升清降浊。

方剂：国舅消食散加减。

药物：藿香 50g，苍术 50g，厚朴 30g，茯苓 50g，砂仁 50g，佛手 50g，枳壳 30g，广木香 10g，槟榔 10g，神曲 30g，半夏曲 60g，胆南星 10g，防风 10g，桔梗 15g，黄连 15g，酒军 10g，玉竹 30g，白芍 60g。

上药共为细末，饭后服 1g，每日 3 次，若腹中不适可加服 1～2 次。

患者于 3 个月后服完此药粉，效果甚佳，唯觉容易倦怠，乃于前粉剂中加入北沙参 100g，气阴两顾，以防消导过度，令作常服，以保中兴之体。

按语：邹老认为，本证乃反复食滞胃脘，导致中焦气机痞塞，清阳不升，浊阴不降，所以始终有食滞胃脘不能尽除，消导过度则反伤胃气，不加消导则痞塞更甚，中焦有如艮山突起，阻碍气机升降，食停则水不化，重则水响肠鸣，轻则时时嗽痰，甚则中焦气机一时痞塞，则呕泻并作，六脉不见，误为绝证。单纯的消食导滞药多伤胃气，藿香正气水可通一时之痞塞，故能暂时缓和症状，健脾补中之药反增胀满。山从地面突起，当平之去之，若再增益，则壅阻更甚，但一山之高，非一朝一夕可以挖除，当如愚公移山，挖山不止，乃可尽去。道家传有国舅消食散能治此病。

本方以苍术、砂仁、厚朴、佛手、枳壳、藿香、广木香、槟榔、茯苓行气导滞，温中除湿，消其痞塞；半夏曲、神曲、胆南星化除痰涎；桔梗、防风升清气；黄连、酒军苦寒清热，降浊邪；白芍、玉竹养胃阴，防温燥过度，有失中焦平衡。本方杂而不杂，药味虽多，但为有制之师，升降刚柔皆得其宜，符合"治中焦如衡，非平不安"之理。

方中为何要用酒洗大黄呢？邹老认为，反食滞之人，胃肠折叠中必有少量难以消除之宿食，少量大黄入粉剂之中，缓缓消除其滞，甚为有效。成方阿魏丸、烂积丸都是本此治疗原则。邹老此法乃取自《名医类案》"陈日新积热案"："小儿医陈日新，形体尪羸，常日病热，至暮尤甚，医以阴虚治，或以痨瘵治，荏苒半载，病势转危。日新谓其父曰：'欲得大黄通利大肠，为之一快，虽死无憾。'其父从之，遂以导痰汤入硝、黄煎服，自辰至申，下结粪一块如核桃许，抉开视之，乃上元看灯时所食粉饵，因痰裹在外，不能化，由是致热，日渐消烁耳！"

12. 直肠癌术后水肿案

许川，男，60 岁，1989 年于某医院高干病房会诊。

患者直肠癌术后水肿。自述因工作太忙，昼夜操劳，检查发现"直肠癌"，手术后化疗，发生严重贫血。遂出现全身浮肿，精神倦怠，饮食难进，四肢厥冷。见其面色晦暗，气短难续，舌淡而胖，脉沉无力。

诊断：水肿。

辨证：阳虚水泛，气血大亏。

治法：温阳行水，兼补气血。

方剂：真武汤加味。

药物：制附片 50g（先煎 30 分钟），白芍 15g，茯苓 30g，白术 30g，生姜 15g，黄芪 50g，红参 30g，当归 15g。

水煎服，服药 4 剂，水肿全消。

再次会诊时，患者精神大为好转，饮食增进，二便通利、脉象有力，仍守前方，再加西洋参 5g，服用 2 剂以巩固疗效，因水肿已退，患者后被转院到北京。

按语： 此案为会诊病例，会诊讨论时有医生提出用五苓散合五皮饮。邹老认为本证系阴水肿，宜用真武汤加味，一方面益火之源以消阴翳，另一方面温阳行水可助水肿消退。鉴于患者阳损及阴，气血大亏、可于方中加人参、当归、黄芪之类，当时参与讨论的中医生甚为赞同。然西医某主任表示怀疑，认为患者的根本原因系癌证所导致，服药不可能会有什么效果。但后来的事实证明，几剂中药可能未对癌症本身产生改变，但消除了患者痛苦的水肿症状，显著改善了患者的生活质量。

13. 积聚致鼓胀、水肿案

王某，男，离休干部，1993 年 3 月 19 日初诊。

腹部胀大及下肢水肿多日。患者住院后诊断为"肝腹水"，全身浮肿，腹部及下肢尤甚，两胁下有痞块，食少，消瘦，苔白，脉沉。

诊断：积聚、鼓胀、水肿。

辨证：肾阳大虚。

治法：温阳利水。

方剂：真武汤加味。

药物：制附片 15g（先煎 30 分钟），白芍 15g，白术 15g，茯苓 30g，生姜 10g，车前子 30g，生谷芽 30g，生麦芽 30g，陈皮 10g。

上药水煎，服 6 剂，全身水肿消退。

再诊时，病员要求回家调养。畏寒明显，大便带血。邹老改书一方研末常服。

鳖甲 30g，广三七 10g，枳壳 15g，隔山撬 60g，糯米根 60g，黄芪 60g，白术 30g，茯苓 60g。

上药共为细末，每次服 1～2g，1 日 2～3 次。

按语：患者久病胁下痞块，腹胀及下肢水肿，积聚当为原发病灶。初诊着眼于鼓胀、水肿，用真武汤加车前子温阳利水，生谷芽、生麦芽、陈皮和胃消食。药简力专，故能 1 周水肿消退。二诊时则着眼于积聚，以鳖甲、三七、枳壳软坚散结，行气活血；黄芪、白术、茯苓，益气利水；隔山撬、糯米根消食和胃，并制成散剂，小剂量，长疗程，以"愚公移山"之法，消磨积聚。

14. 历节风所致水肿案

王某，男，60 岁，1992 年 6 月 10 日初诊。

患历节风（类风湿关节炎）多年，手指及足趾关节变形，经常剧痛，近来下肢水肿特甚，难于站立。诊时，患者怯冷，小便不利，食少，腰痛，舌质淡胖，脉弱。

诊断：历节风、水肿。

辨证：阳虚水泛，气血两虚。

治法：温阳利水，益气养血。

方剂：真武汤加味

药物：制附片 30g（先煎 30 分钟），白芍 15g，白术 30g，茯苓 30g，生姜 15g，黄芪 30g，鸡血藤 30g。

服用 2 剂而肿消，后按历节风治疗。

按语：邹老认为，患者久病历节风，风寒湿邪杂至，留恋经络，阻滞气血，导致痰瘀阻络，手指及足趾关节变形。进而寒湿伤阳，气血两亏，阳不化水则下肢水肿、舌质淡胖；气血不荣则怯冷、脉弱。此次以水肿就诊，患者虽以历节风为本，但水肿为急，宜先治之。此肿属阴证水肿，邹老以真武汤温阳利水；加入黄芪、鸡血藤益气补血，是治标症而又兼治本症，水肿一消，则着手治疗历节风。先后有序，标本得宜。

15. 胃中停水案

张某，女，62 岁，1992 年 6 月 4 日初诊。

病员经常饮食不易消化，特别是饮水、喝茶多则停于胃中，按之有声，甚则呕吐。夜间常口渴，饮水则胃中不适，必用胡椒、生姜之类入醪糟中煮热服方可解渴，胃中痞满之证亦随之消失。大便时硬时溏，或先硬后溏，不敢食冷饮，四肢凉，腰酸软，苔薄白，脉沉缓。

诊断：痰饮。

辨证：胃阳不足，痰饮内停。

治法：温阳化饮。

方剂：实脾饮合五苓散加减。

药物：制附片 10g（先煎 30 分钟），生姜 10g，茯苓 15g，白术 15g，陈皮 10g，砂仁 15g，荜茇 10g，猪苓 10g，泽泻 10g，桂枝 10g。

水煎服，3 剂后水停痞满之证除，口渴诸证解。

复诊时为巩固疗效，将上药研末再服 2 剂，每次服 1～3g，日服 1～2 次。

按语： 邹老认为，此属水泛土崩，水寒败胃之证。按易理分析，有蹇卦"䷃"之象，上坎为肾水，下艮为脾土，有坎水上犯，脾土虚败之象。治宜崇土制水，扶阳抑阴，用实脾散治疗。因饮家思渴，宜重用辛；又口渴欲饮，水入即吐，故加用五苓散治之。

16. 泄泻案（白色念珠球菌感染）

汪某，女，42 岁。

患者近日突然水泻不止，日夜无度 4 天。一月前因车祸住院，经大量头孢等抗生素输液治疗，4 日前出现水泻无度。经医院检查为白色念珠球菌感染，因医院无专药治疗，动员患者托人在国外买药。病家担心万一国外买不到药，患者就只有坐以待毙，因此求邹老用中药一试，一切责任由自己承担。

患者腹泻稀水，腹不痛，面色淡黄，舌质胖嫩，脉来濡数，但说话尚有精神。

诊断：泄泻。

辨证：湿困脾阳。

治法：淡渗利湿，和胃止泄。

方剂：胃苓汤加减。

药物：猪苓 30g，泽泻 30g，茯苓 30g，白术 30g，苍术 10g，厚朴 5g，陈皮 5g，罂粟壳 30g，石榴皮 30g，五倍子 30g。

水煎服，日夜各 1 剂。嘱其抓紧时间服用，停用一切中西药，有事电话联系。

当天半夜来电话，水泻之势已缓，遂叮嘱"效不更方"，再服数剂，若有反复，随时告知。后告知服用 1 周即痊愈。

按语： 本例患者因大量运用抗生素致脾阳受损，脾运化水液功能失调，小肠失于分清泌浊，大肠失于固摄，故出现暴泄，来势凶猛，下如水注。邹老当时据脉证认为这就是中医普通的"水泻"，并不为"白色念珠球菌"感染所吓倒，运用中医理论"利小便以实大便"，以胃苓汤加减治本，同时加罂粟壳、五倍子、石榴皮收涩药治标，标本兼治。1 周而症状消失，解除了患者的恐惧。

川派中医药名家系列丛书

学术思想

邹学熹

一、中医要善于运用易学宇宙规律

《易经》与《黄帝内经》《山海经》并称为中国上古三大奇书，而《易经》又居三大奇书之首，被誉为"群经之首，大道之源"，历代学者皆被其灿烂的思想光华所吸引。现代一般认为《易经》是本哲学范畴的书，内容涉及社会科学领域中的哲学、历史、文学、玄学、医学等学科。中医学在起源之初，就受到了《易经》的影响，吸收消化了不少易学原理。邹老认为，通过深入学习《易经》所揭示的基本规律，不仅有助于深刻理解中医学的内容，甚至可能在推动中医学进一步发展上得到一些启示。现将其主要观点整理如下。

（一）从天文气象学解读易医学规律

《易经》之易，从日从月，日为阳，月为阴，易学是研究日月运行影响下的阴阳之气运动变化规律的一门学问。易学之道，可以用"变易""不易""简易"概括之。大千世界、宇宙万物时时刻刻都处在运动变化之中，人事也是如此，这种现象可以称之为"变易"。然而变化不息的宇宙，看似毫无头绪，纷繁复杂，但仔细考量，却具备恒常的法则，井然有序，循环不已，有一定的规律可循，作为小宇宙的人，也同样受此规律约束，这些规律，恒常不变，故称之为"不易"。研究变化的规律，得出普适的结论，运用结论指导人的生产生活，将复杂的事物变得可以理解，可以预测，可以实现，故称之为"简易"。总而言之，从"变易"的自然现象中可以寻找到"不易"的规律，以之指导人的生存，因而变得"简易"。

邹老认为，易学理论的客观依据在古天文学。而古天文学有三派：一派是人站在天内，即站在地平线上观测天象，看见天如圆穹，地如平盘，因而提出了"天圆地方"学说，天体运动不息，故曰"圆"，地平作为固定不移的对照标准，故曰"方"，此派称之为"盖天派"。《礼记·大戴礼》说："天道曰圆，地道曰方，设圆而复乎方，岂非四角之不掩也。"可见，方、圆之义并非完全指形体，古人更侧重在"道"。《黄帝内经》《易经》基本上属于盖天派。一派是人站在天外观测天象，与现代天文的观测方法基本一致，称之为"浑天派"。另一派是夜间站在地面上观测日月五星等的活动为标准，宣、盖、浑三者皆为古代测天之器，但盖、浑昼夜可用，而宣则只可用于夜间观测，故称之为"宣夜派"。

1. "运""气"是易学与中医理论的滥觞

"运"即天体的运行，"气"是气候的变化。邹学熹教授认为，上古先贤正是通过对天体的运行规律以及其运行导致气候变化的观测、记录、思考，启发了易学规律和中医理论的产生。在一定程度上，易学和中医学的共同源头是"运""气"学。

（1）"运"与易医学：古人对天体的观测可以概括为两句话"昼参日影，夜考极星"。意思是，通过在白天面向南方，用天文仪器，如土圭、标杆，去观测、记录太阳的影子在仪器上留下的痕迹，以此掌握这颗最重要的恒星的运行状况。古人认识到月光有光无热，正如阳光射在水中一般，意识到月光是月亮反射的太阳光线。在晚上没有日光的时候，便面向北方，通过应用晷表轴线、北极星、北斗七星，以及青龙、白虎、朱雀、玄武四象二十八宿，木火土金水五星的相对位置变化，确定太阳、地球、月亮与天体各星的运行周期，建立了基本的天体运行模型，并从中发现了一系列的规律。其中最重要的就是发现了记载在河图上的木、火、土、金、水五星运行轨迹与气候变化的规律，与记载在洛书上的以九宫星座为坐标，以北斗北极系统为箭头的测量体系与气候变化的规律。

在有了对天体观测的记录后，中医学上一些最根本的理论与学说便开始发端。如中医学的基本内容之一——五行学说，便是从木、火、土、金、水五星与地、月相对位置变化引起的各种现象中总结出来。在中医学中，五行本质上是对事物的属性进行分类，通过分类的事物属性之间，有相生和相克两种关系。但现代中医教材中没有介绍五种属性是从何而来。邹老认为，其实五行属性的由来是因木、火、土、金、水五星，在以一定规律出现在天空中固定方位时，地面气候相应地出现五类变化，这些变化后来经过衍生，便出现了五行学说。简单来说，五星按木－火－土－金－水的时间顺序，在一个地球年中，按季节自东向西划过地球视角北极的天空，每星出现的时间各72天，合360之数。通过观测五星在天空中的相对位置，古人可以对季节的正常或反常的迁移进行预测。如：按正常季节，每年九月秋分，有星在天空西方出没，此时万物凋零如刀兵金刃所过之象，故名为金星，其星属西，代表肃杀、收敛，这就是五行金的由来。又如每年七月夏至，有星出没于天空南方，此时地面炎热，万物蒸腾，如火所过，故名火星，五行火之属南，性炎上就是从此而来。至此可知。五行规律的发现与"运"息息相关，"运"是易学基本规律和中医学理论的源头之一。

（2）"气"与易医学："运""气""易"此三者的关系邹老是这样描述的：古人为了生产、生存必须要掌握气候的变化，他们发现气候的变化与天体的运动是密不可分的，这就是"五运六气"学说的开端，亦是易学与医学的基础。五运即按东、南、中、西、北五个方位天体的运行规律，六气则是气候因天体运动产生的风、寒、暑、湿、燥、火六种不同的变化，所以五运即古天文学，六气是古气象学，由此可以看出易学和中医学有坚实的理论基础，它们研究的范围是不以人的意志为转移的科学事实而非纯粹唯心的思辨。

在五运六气规律的研究中，古人还创造了最古老的方法论：三才论，或叫三部论。古人认为，事物变化的本质是气的变化，星体的运动可以造成地上气候的变化，其中必然有一种东西将其联系起来，不会凭空产生，这种东西就是气，这个变化的过程就是气化。那么如何来观测气这种无形无质的东西呢？古人把天 - 人 - 地三者放入这个系统中进行观察，以阐发前后因果的关系，以发现万物运行的模型和公式，从而指导社会各个方面的发展。具体说来，古人通过对天体运行周期的反复观测发现，天体的运动导致地上出现寒、湿、燥三阴之气和风、暑、火三阳之气，每气合两个月份。按五行分则是风、寒、暑、湿、燥五气。以配春、夏、长夏、秋、冬，应生、长、化、收、藏五种物象变化。人属万物之灵，处天地之间，五脏六腑皆由天地一气化生，亦当随其气应其变，若气化异常，在天地则生酷暑寒冬、暴雨久旱，在人则五脏之气随其异变而作疾病。

运气学说是易学规律的基础，也是中医学的基础。将运气学说与医学、易学三者结合的，便是整个中医学的至宝——《黄帝内经》，它不仅详尽地阐述与归纳了运气学说，如《素问·至真要大论》："厥阴司天，其化以风；少阴司天，其化以热；太阴司天，其化以湿；少阳司天，其化以火；阳明司天，其化以燥；太阳司天，其化以寒。"《素问·天元纪大论》："天有五行御五位，以生寒暑燥湿

风。""寒暑燥湿风火，天之阴阳也，三阴三阳上奉之……"亦阐发了五运六气
与人体的具体联系，如《素问·阴阳应象大论》中将五运六气与人之藏象——
对应，阐发其间联系，"东方生风，风生木，木生酸，酸生肝，肝生筋……"又
或具体讨论气在人体中如何变化，对人体有怎样的影响，如《素问·五常政大
论》："气始而生化，气散而有形，气布而蕃育，气终而象变……"《素问·五运行
大论》："从其气则和，违其气则病。"《素问·六微旨大论》："清气在下，则生飧
泄……"又或者探讨气的阴阳、五行性质和其相互之间规律的，如《素问·天元
纪大论》："阴阳之气……三阴三阳也。"《素问·至真要大论》："阳明何谓也……
厥阴何谓也……"后世伤寒派、温病派本质上均是在讨论阴阳六气多寡，起始在
何，传变顺逆。总之，邹老认为五运六气是易学与医学的理论渊薮，五运六气是
易医汇通的重要节点。在时间关系上，中医学事实上属于易学在实际运用中的典
范，所以掌握五运六气之道是理解《易经》《黄帝内经》等上古经典的基础，是
邹老《医易汇通教学大纲》中的关键课程，足见其重要性。

2. 河图、洛书与阴阳五行学说

民间的演义和传说故事中黄河龙马背负河图而出，洛水有神龟背负洛书而
出，后伏羲氏族根据河图、洛书画出八卦图，成为华夏文明之滥觞。此即"河出
图，洛出书，圣人则之"。这种神话故事虽然流传甚广，但邹老认为，这种故事
性的说法虽然指出中华文明的源头是从黄河流域发源的，但并不能成为河图洛书
的历史起源。

在对《易经》的长期研究中，邹老认为河图洛书事实上是一个记载古天文、
气象、纪理的图谱，起源于对天体运行的观测和记录，它们的形成是渐进的。在
河图洛书流传于世后，生活在黄河流域的古中华文明各氏族首领以及其后的三代
时期的帝王视之为宝物，用以指导农耕，由此华夏文明从渔猎时代转向农耕，文
明的稳定性和先进性得以大大提高。一部分中医理论如五行学说，阴阳学说的前
身等也从河图洛书中得到启发。

（1）河图与阴阳、五行概念的产生：河图十数的特点是有五方、天地，其中
包含了阴阳与五行的规律。图中：黑点为阴，均为偶数；白点为阳，均为奇数。
白点由小到大，从一到九的位置变化，描绘的是太阳的视运动规律，因为阳光是

温热、光明、升发的，所以奇数点成为阳的标志，而从一到九的路径显示出阳气具有左旋、上升的特点。反之黑点与白点相对，代表的是阴暗、寒冷、沉降的部分，偶数点从二运行到十，其路径是右旋而下降的。（图1）

从这里，通过对河图图像模型的分析，古人初步有了阴阳二气运行规律和路径的认识，也衍生出了清阳上升、浊阴下降，阳气左旋、阴气右旋等对阴阳的认识，为建立阴阳学说奠定了基础，也为后世做太极图提供了理论支持。

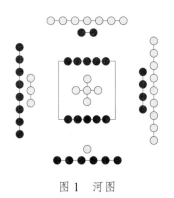

图1　河图

分解河图可以得知图像本身与天文对应的规律。白一与黑二分别象征的是夏至与冬至，在这两个时间点，黄道平面被一分为二，这是阴阳最初的形象。而白左三与右黑四分别代表的春分与秋分又将天象分为上下两部分，整个天象便被分为四部分，再加上位于观测者所在地的中央数五，便形成了最早的河图数。由此产生了太阴、太阳、少阴、少阳四部分，再根据伏羲氏所处黄河中下游的具体气象表现，伏羲氏进一步将阴阳三分，则形成了今天人所熟知的少阴、少阳、太阴、太阳、厥阴、阳明的阴阳观。至此，与中医学密切联系的阴阳六分法、六经论便形成了。

同时，邹老认为河图的另一种解读是认为它记录的是木、火、土、金、水五星出现在天空北极方向的规律。以水星为例，河图中点一和点六出现在下面也就是北方，而水星每日子时（一时）、巳时（六时）见于北；每月一、六（初一、初六、十一、十六、二十一、二十六），水星与日月相会于北方；每年一月、六月、十一月末见于北方，故曰一六合水。剩下四星也按其各自的轨迹运行被记录在河图上，这种规律用语言精练地总结为：天一生水，地六成之，居北；地二生火，天七成之，居南；天三生木，地八成之，居东；地四生金，天九成之，居西；天五生土，地十成之，居中央。由此可见，河图乃本五星出没的天象而绘制，这也就是五行的来源，如水星每年的十一月冬至前见于北方，正当冬气交令，万物蛰伏，水冰地坼，水行的概念由此形成。其他四行仿此。此段描述如若不了解古天文学，则往往被误解为"玄学"，但其中的道理其实是星体运动规律的简练总结，也赋予了五行的代数编号，为后面五行生克的计算，数理学派的发展提供了天文依据。

（2）洛书与阴阳、五行规律的产生

洛书的图像特点：戴九履一，左三右七，二四为肩，六八为足，五居中央。如图 2。

九宫学说是解释洛书源头的学理之一，认为洛书其实描绘的是北极－北斗组成的指示器，在不同的节气指向不同的星象，而洛书每个方位的数字，就是所指星象的数目和特征。但一直以来有一个关于洛书的疑问，既然北斗－北极是指示器，那么为何北极星不在洛书的中宫，而是在北呢？这里邹老还有一段关于此的经历。关于洛书的实际天象，邹老的母亲李俊卿保留了邹老外祖父的一张天文图，据传是宋朝流传下来的，用九种颜色的石料来作图。

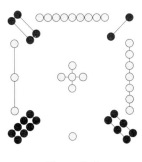

图 2　洛书

在十年动乱期间，邹老将此图送其师蔡福裔先生看，蔡看后十分惊讶，认为此图是洛书与天文学的可靠证据。邹老便开始照此绘制一张《洛书九星图》，奈何后来突然被抄家，从此失传，但邹老凭记忆将图重新绘出，如图 3。

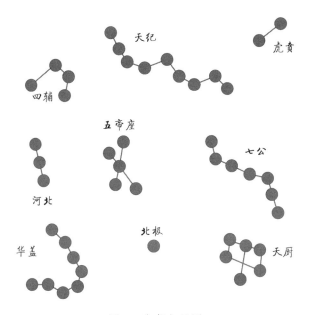

图 3　洛书九星图

　　邹老解释此图，以北斗七星为勺，一端指于北极星，而北极星恒定位于北极上空，在方位上永为北方，所以可以确定勺柄一端永远指向北方，绕北极旋转，另一端则在不同时节指向将天空八分的不同区域，根据斗柄旋转所指的区域，就能推知四时八节的节气变化，起到指示气象的作用，其规律如下图：

　　而根据洛书原图，其中还蕴含了阴阳的化生之数。其九宫数以一、三、七、九为阳数，象征天气，在四个正位；二、四、六、八为阴数，为辅，象征地气，在四个角位；五在中央，象征土气，寄旺四隅，各寄旺十八日，作为观测和计算四时八节的基准点。而洛书数字的大小，代表的是气候的寒温变化和阳光照射地球的强弱、长短。古人认为太阳围着地球公转，在记录太阳消长时，以地球为太阳视运动的中心，太阳光生于方位一，长于方位三，成于五，极于九，又退于七，再退于五，终于一。而阴数则是想象中的，与阳光相对的"阴光"，按上述顺序，阴应遵循"八—六—四—零（十）—二—四—八"。图中（图4）示意了阴阳消长之道，阳气由正北方生出，在正东方长成，于正南方兴盛，最后在正西方消逝；阴气生于西南方，长于东南方，

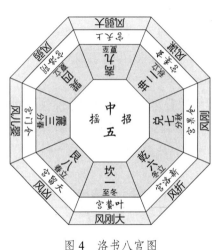

图 4　洛书八宫图

盛于东北方，消于西北方。五行学说的发端是古人根据河图五星运行的规律，结合洛书帝巡八宫出现的四时八节的气候规律，总结出以星为名的、归纳事物属性的朴素概念——五行，具体内容与河图类似。

3. 八卦与阴阳学说

　　八卦的诞生，与古天文学有直接的联系，这点从字形就可以看出。"卦"字，从"圭"从"卜"，圭就是泥土做成的柱子，卜则是观测、预测的意思。八卦的本意，是通过四正位、四隅位上的八个泥柱（土圭）来观测日影，并将日影的周期变化规律加以总结和记录，形成了最早的八卦图。由于用土圭测日影有很多不便，后来又以土方、竹竿等代替土圭。月光是太阳在月球上的反射光，故夜间则观测月光在八圭上的影子。古人把以"爻"作为八卦最基本的单位，爻表示交错

和变动的意义，表示天地万物阴阳二气相交的变动规律。日影属阳，用阳爻（—）记录；月影属阴，用阴爻（--）记录。每三爻构成一卦，这三爻根据上下位置象征了天地人三部，其中上爻象天，表示天文，是对气象变化的记录和天体运行规律的总结。何为天文，邹老解释，文者交叉也，天文即天体光线在地球观测者眼中的交叉点，日月相会形成十二节，日月与星斗交汇形成十二气，这就是天文。下爻象地，是通过观测日月之影得到的年月周期，即历法，用以总结事物生、老、盛、病、死的周期规律，其中涵盖地理、地貌学，动植物学等诸多学科。中爻象人，是根据天文地理的规律指导人在天地间的生产生活。所以《素问·气交变大论》说："夫道者，上知天文，下知地理，中知人事，可以长久。"

八卦的每一个卦象都有特定的物象：乾、坤、震、巽、艮、兑、坎、离分别对应天、地、雷、风、山、泽、水、火，这八种物象是八卦抽象含义的具体代表，属于象，以取象比类，即作为一种抽象的逻辑符号，可以概括同类事物的性质。而八卦本身则是一种运算符号，属于数的范畴。通过对数的推演，计算，再将结果与属于此数的象结合，得到指导生产生活实践的具体内容。这就是八卦的运作方式，并无任何神秘色彩，更不是说教工具或愚弄群众的把戏。

但在对八卦具体的运算方式上，目前存在三种不同的模式，以应对三种不同的思维方式。一般认为，伏羲氏族生长于卦台山，在仰观日月、俯察地理时，绘制了始于艮卦的八卦图，因艮卦上为山、下为山，故称之为《连山易》，内含先天八卦图；周文王所作《周易》，则表达了易道包罗万象、无所不备的意思，内含后天八卦图；而以坤为首卦，认为万物莫不归藏于其中的《归藏易》，内含中天八卦图。由于内含中天八卦图的《归藏易》已经失传，邹学熹教授在蔡福裔、伍剑禅等老先生的师传下，发现中天八卦图的原理在卫元嵩《元包经》中，经过一段时间的阅读与思考，由此重新绘制了中天八卦图，被易学界广泛接纳，被认为是最接近古中天八卦图。下面将三种八卦图分别介绍如下。

（1）先天八卦图：先天八卦讲对待，即对立性。八个卦象按相对原则对立分布，具体说来，乾上，坤下，两者相对，称之为"天地定位"；震巽相对，雷风相互激荡，称之为"雷风相薄"；艮兑相对，山泽之间气流回荡，称之为"山泽通气"；坎离相对，水火不容，称之为"水火不相射"。这种排列方式表达的是事物对待之理，体现的是事物矛盾的一面，即阴阳相对。（图5）

（2）后天八卦图：后天八卦讲流行，即形容周期循环如水之流行，用以表示阴阳的依存和互根。因后天八卦图是从四季推移得出的，每卦主45日，变卦的节点就是八节。具体说来，后天八卦图的本源是观察帝星（即北极星），以及帝车（即北斗七星）的方位变动而来。古人夜观星象，发现北斗星的勺柄一端指向帝星，另一端根据季节的推移，有规律的指向不同的方向。《周易·系辞传》描述并解释了后天八卦图的含义："帝出乎震，齐乎巽，相见乎离，致役乎坤，说言乎兑，战乎乾，劳乎坎，成言乎艮。"指的是万物在北斗七星斗柄指向正东方时萌发，时节为春分；指向东南方时万物繁茂，时节立夏；指向正南方时万物长大成形，皆有显著之象可见，时节夏至；指向西南方时，土气旺而生万物，时节立秋；指向正西方时，兑卦一阴之水在上而令在下之二阳得润，有如上之恩泽润泽于下，万物喜悦，时节秋分；指向西北方时万物闭藏，时节立冬；指向正北方时，阳气闭藏于阴中，时节冬至；指向东北方时，阴尽阳生，万物气机终而复始，时节立春。从这里可以看出，后天八卦图始于星象，记录时节规律，讲求的是时间上的顺序关系，着重于事物发生发展的趋势，所以后天八卦图的特点是延续，即阴阳相生。（图6）

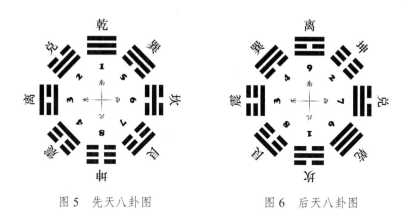

图5　先天八卦图　　　　　　　　图6　后天八卦图

（3）中天八卦图：三易分别对应先天、中天、后天八卦，乃出自《周礼》："太卜……掌三易之法，一曰连山，二曰归藏，三曰周易，其经卦皆八，其别皆六十四。"《十三经注疏》说："夏人因炎帝曰连山，殷人因黄帝曰归藏。"《周易浅述》说："伏羲六十四卦，夏商相承用之，皆有其书。夏曰连山首艮，商曰归藏首坤，至文王、周公则首乾。"故从上可知，先天、中天、后天八卦皆是真实存在的。但因历史原因，中天八卦失传，只能从《周礼》《说卦传》等著作中窥见一斑。直到 1993 年，邹学熹教授根据其师蔡福裔、伍剑禅及其母亲李俊卿之说，发现中天易的机理藏于卫元嵩的《元包经》中，据此复原了中天八卦图（图 7），获得了易学界的认可，解决了易学史上的一桩公案。

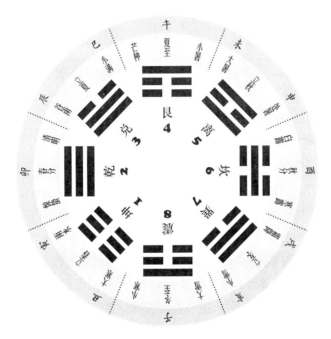

图 7　中天八卦图

上图即为邹学熹教授考《元包经》所作的中天八卦配节令图，图的内在含义是强调阴阳平衡。邹老认为，中天八卦图的成图依据是根据日晷在地上形成的影子而得出的。按归藏易的卦序示意，中天八卦首起应该为坤卦，按顺时针顺序为坤、乾、兑、艮、离、坎、巽、震。将此卦序带入节令宫辰图，并按坤一起小寒的规律依次推算，则得出了中天八卦图，其含义在于均衡。按卦图可以看出，从坤卦开始，每相邻两卦为一组，都是一阴一阳，阴卦在前。坤一为母，乾二为父；兑为少女，艮为少男；离为中女，坎为中男；巽为长女，震为长男。而且其阴阳爻是完全相反的。

若将八卦的二十四爻拆分成内、中、外三圈来看亦是井井有条的十二对平衡：

内圈： ▬▬ ▬ ▬ ▬ ▬ ▬▬ ▬▬ ▬

中圈： ▬▬ ▬ ▬ ▬ ▬ ▬ ▬▬ ▬▬ ▬

外圈： ▬▬ ▬ ▬▬ ▬▬ ▬ ▬ ▬▬ ▬ ▬

整个卦图外中内三圈构成了完全平衡的十二对阴阳，每圈都是平衡的四对，在十二对阴阳中，有六对阴在前，六对阳在前。而且每圈都从阴爻始，故中天八卦图首卦为坤。

至此，可以发现，先天、中天、后天八卦图，分别体现了事物规律最重要的三方面：相对、相生、平衡。由此，将万物属性高度抽象概括，得出了阴阳之理。所以八卦，是阴阳学说的源头。

4. 太极图与"含三为一"法

太极一词，最早见于《庄子》："道，在太极之上而不为高……"太即大，极指极点，合而言之就是大到极点的意思，也就是指无限之大的有形宇宙，由于太极"动而生阳""静而生阴"，故特指宇宙衍生阶段中阴阳尚未分化的最初形式。太极是至大至小的时空合集，亦是包含天地万物运行规律的合集，是爱因斯坦所说的"宇宙大一统方程式"，放之则弥六合，收之则退藏于心。

古太极图（图8、图9）是从对天文的观测而来，是古人立杆测日影的总结，测得的是太阳视运动的立体投影图，反映的是以太阳为中心的宇宙观。

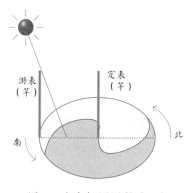

图 8　古太极图图释（一）

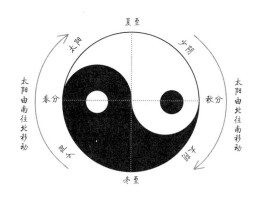

图 9　古太极图图释（二）

太极是把阴阳、五行糅合在一起形成的公式图。太极模式图中（图10），白色代表阳，黑色代表阴，阴阳合和，大到极点而不超出圆周，小到极点而不等于零，大可代表宇宙，小可代表任何一个具体事物。阳方中有一黑点，表示阳中有阴；阴方中有一白圈，表示阴中有阳。在阴阳之间，还存在着一条划分阴阳的方法线。所以汉代刘歆在《三统历》中下定义说："太极元气，含三为一。"大而天地，小而一草一木，都是一太极，都是一个统一体，都有阴阳两个方面，若要分阴分阳，就必须有一个划分阴阳界限的标准。阴阳统一体加上划分阴阳的标准，太极就"含三为一"了。阴阳在静止状态下是"一分为二"，但发为应用则要"一分为三"。如太极动而生阴阳，由阴阳变化，寒暑往来，在时间上形成了春夏秋冬四时的更替，在空间上形成了五行生克的变化，五行当中有相反相成的两对阴阳——水火、木金。水、火代表冬、夏，是阴阳是明显的征兆，讲的是阴阳相对；木、金代表春、秋，是万物阴阳的初生到终结，讲的是阴阳相成；"土"行是水火或木金的划界标准，是金木水火活动的场所（图11）。上述相反相成的两对阴阳，再加上分阴分阳的划界标准，合起来恰是五行。五行是阴阳的推衍，是太极"含三为一"法的具体体现。古人把天地万物都看成是一气所化生，这些气分而为阴阳，推之为五行。也就是说，阴阳在变化的情况下，还需用五行的方法才能具体说明问题。

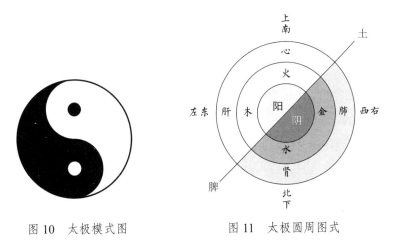

图 10　太极模式图　　　　　　　　图 11　太极圆周图式

至此，本节从"运气"学说、河洛、八卦、太极这四个方面介绍了中医学是如何与易学产生密切的联系，从理论上阐明了邹学熹教授的"上古易学与医学的结合点是天文气象学"的观点，从侧面回应了对《易经》规律的科学性、可重复性和实用性的质疑，指出《易经》绝非迷信，是一门非常具有指导价值、实践价值的学科，它可以应用于生产生活的方方面面。他在草创的易学应用学中，著有《易学与军阵》《易学与兵法》《易学与武术》《易学与文艺、文字》《易学与生物》《易学与现代天文学》《易学与数学》《易学与化学》《易学与宗教》《易学与九流十家》等多本论著。同时，作为一名中医学教育工作者、临床实践家，邹老将他一生所学之易学应用在中医临床工作中，对如何把易学规律融入中医临床中有许多思考。

（二）易学规律在中医药中的应用

易学中八卦的卦爻及其相关的爻辞，侧重在通过"物象"阐述规律，是阴阳学说中"象理"的来源和具体内容；河洛之数，对于没有形象可以观察的，如事物的本质、动能、潜力等，则可用之加推算，侧重在通过"数"来描述规律，是五行学说中"数理"的来源和具体内容；太极是阴阳五行的综合体，是宇宙模型，是推衍事物规律的公式图。《易经》的三大规律：八卦、太极、河洛以及阴阳五行不仅是中医基础理论的本源，同时它们也广泛地渗透在中医证治方药的各个方面，参与了治则治法、药物形色气味及五脏辨证体系等临床理论的构建。通过分析《易经》理论在证治方药上的应用，为我们进一步将《易经》理论和思路应用到未知领域，更好地指导中医临床提供思路。

1. 八卦蕴含的阴阳思想指导中医治则

治则即治疗原则，是中医学辨证论治中重要的一环，决定了治法与遣方用药。邹老认为，许多中医治则的提出，是基于易学规律特别是八卦规律来推导和论述的。

（1）先天八卦揭示的治则：先天八卦揭示的是阴阳对待的规律，即把八卦所代表的天与地、风与雷、山与泽、水与火八种物象归纳为四组，用来阐明事物矛盾对立统一的关系。天地定位，一上一下；山泽通气，一凸一凹；雷风相薄，针锋相对；水火异性，相反不容。通过对高度浓缩的四对物象之间这种对立统一关系，阐明阴阳的对待。这种对待在中医治则中有许多具体的应用。

正治法与反治法。此两法的典型特点即是对待。与病症性质相反的方法进行治疗，则为正治法。因其是逆病象而治，故又称为逆治法。诸如温寒，散结，平惊，润燥，攻滞等均属正治法中的具体治法。与病症假象性质相同的方法来治疗，称为反治法，因其是顺病象而治，又称为从治法。即若病象发生假象时，如大寒、大热证，服药出现格拒，采用热因热用、塞因塞用等治法，均是从治的具体应用。如《黄帝内经》说："逆者正治，从者反治，观其事也。"当然，从治法也是一种特殊的对待，它的对待体现在治疗方法针对的是疾病本质，即透过假热、假寒、假虚、假实、假塞、假通等种种假象后所看到的疾病本质，这样治法就和病证本身相对待了。

除上述的正治法与反治法外，尚有一种对待用以调整阴阳，即热病伤阴、寒病伤阳之证："诸寒之而热者，取之阴；诸热之而寒者，取之阳。"是说，凡是以寒凉治热病而热病更甚的，此乃阴液不足，是水虚之病，治以滋阴补血增液，虚热可愈。如，以六味地黄丸滋肾阴退虚热，或以加减复脉汤滋阴液退热。王冰说："寒之不寒，是无水也，壮水之主，以制阳光。"而凡以温热治疗寒病而寒更甚的，是因阳气不足，需治以温补阳气，虚寒自消。如，以附子理中汤治疗中焦虚寒，以河车大造丸补肾阳。王冰说："热之不热，是无火也，益火之源，以消阴翳。"寒热非其治，阴阳之虚是为本。

此外，反佐法亦属于阴阳对待治则的一种，如在大寒的疾病中，热药因体内热气被阴寒之邪格拒于外，阳热之气与热药相互排斥，此时于热药中加少量寒性药或热药冷服，达到以此微寒对待格拒阳气的目的。大热之证与此相类。

先天八卦的对待之理广泛地应用到中医的各种治则与治法之中，可以说这种对待的思维是中医学最古老、最基本的思维亦不为过。

（2）后天八卦揭示的治则：后天八卦揭示了阴阳流行的规律，因其产生于时间的流转规律，故而代表了宇宙周期的循环，体现了阴阳的互根依存。天地流转，人处其中，也逃脱不了生、长、壮、老、死的规律。在中医治则上，如"虚则补其母，实则泻其子"之类，就是"阴阳流行"思维的具体应用。邹老认为，五行的概念是从《易经》后天八卦而来。因四季气候变化，地上万物亦随之枯荣变化，进而归纳成为五行的特点。后天八卦流行的规律则形成了五行的相生规律。而五行的含义从最初作为万物随气候变化而显现的特点，渗透到人体的各个方面。其中最经典的应用就是将五脏的特点与五行对应，则五脏之间理所当然有相生的特点。进一步，若把五行相生视作母子关系，那么母脏失调可波及子脏，子脏失调也可波及母脏。举例来说，如肺燥阴虚，因为水为金之子，若金脏虚则不生水，肺虚及肾，当见潮热盗汗，干咳喉燥，声音嘶哑，舌红少津，脉细数等，此即母盗子气。见证虽都为水虚，但本于金弱，故当补金生水，用百合固金汤治疗。又如，肺风水肿，金脏实而波及水，当见面目浮肿，发热恶风，喘咳汗出，小便难出，苔白脉浮，属母病及子。除治本脏，可兼泻其子，发汗、利尿合用，用越婢汤合导水茯苓汤主之。

（3）中天八卦揭示的治则：中天八卦的思想表征是阴阳的平衡，讲求阴阳上下相召，损之益之，以期阴平阳秘。从卦图（图7）来说，顺序应为：首坤，起大寒，终于震，中间六卦顺时针成：乾、兑、艮、离、坎、巽的顺序。从坤一起，每相邻两卦为一组，皆一阴一阳，都是阴卦在前。坤一为母，乾二为父；兑为少女，艮为少男；离为中女，坎为中男；巽为长女，震为长男。

所以中天八卦点出了中医学中最重要的治疗法则：调整阴阳。人体的生理状态被破坏，处于病理状态的根本原因就是阴阳失调。如何调整阴阳，使其阴平阳秘是治疗疾病的关键和目的所在。追查疾病过程中阴阳失衡的具体原因，据此确定治疗大法，达到阴阳平衡的状态即是治病求本的含义。故《医门法律·申明〈内经〉法律》说："故凡治病者，在必求于本，或本于阴，或本于阳，知病之所由生而直取之，乃为善治。若不知求本，则茫如望洋，无可问津矣。"解决具体问题时不管是治标治本、补虚邪实、扶正祛邪，又或是正治反治、调气调血、因时因地因人，最终目的都是要调整人体阴阳的平衡。

中天八卦重在强调人，除了人本身的阴阳平衡，还强调了人与人之间的阴阳平衡，人与天地之气的阴阳平衡，人与万物的阴阳平衡，人与时间空间的阴阳平衡。如何调整这些平衡，则需要更深入地学习《易经》，将《易经》理论更好地运用到"人"。

2. 从河图十数悟出中医治疗十法

治法即治疗方法，是中医理法方药的重要组成部分，是在明辨证型，洞察病因病机后指导临床治疗的法则。所以治法是中医诊疗上承医学理论，下启方药运用的关键所在。最早系统地论述和应用治法是在《黄帝内经》，如"形不足者，温之以气；精不足者，补之以味"。后仲景著《伤寒论》，创立辨证论治体系，提出了六经证及其变证的治法。后世医家逐渐丰富治法的内容，以使治法更好地适应临床治疗，如金代张子和提出汗、吐、下三法，明代张介宾提出汗、吐、下、温、清、补六法，清代程钟龄在此六法上增加和法与消法，提出"论治病之方，以汗、和、下、消、吐、清、温、补八法尽之"。被后世奉为圭臬，第五版《方剂学》亦认可此八法，作为教学内容，至此，现代中医的治法基本成形。

（1）中医治疗八法的不足：《素问·至真要大论》说："惊者平之，散者收之。"由此后世衍生出镇、涩二法。现代《中药学》《方剂学》以治法分类，重镇安神、平肝息风、和胃降逆、止咳平喘即属镇法；固表敛汗、涩肠止泻、涩精止遗、固崩止带、收敛止血即属涩法，若不单列镇法、涩法，则这些具体治法没有归属，理论框架不够圆满。

但有人也认为，镇涩二法运用虽多，但运用范围毕竟不及其余八法，可以作为补法的附庸而存在。诚然，对于阴血亏虚、神不守舍之证，重镇安神法多与滋阴养血法并用，如朱砂安神丸；对于正虚不能固摄之证，涩法常与补法并用，如牡蛎散，且涩法防止正气进一步外脱，本身可以达到补的目的。但是具体使用药物时，镇、涩法与补法有显著区别，如平肝之龙骨、牡蛎、石决明，镇心之朱砂、磁石、紫石英，降肺之杏仁、苏子、葶苈子，降胃之代赭石、半夏，无一具有补益之性；一些收涩药有补益功效，如山茱萸、五味子等，但大多数收涩药如麻黄根、海螵蛸、龙骨、牡蛎、赤石脂、石榴皮无此等功效。

可见现代中医所提的治疗八法，是不完善的，遗漏了镇、涩二法。

（2）治法从五行衍生，当合河图十数：中医治法本于中医基础理论中的五行而来，从内在的逻辑上应符合河图本身的数理（参见表11）。

天一生水，成以地六。北方为水，模式图（图11）中北方居下，人体之肾居下应之。肾属水，水性下趋，且易积滞，故分别对应两种治法：一则水性趋下，顺其势则当利之、下之，使邪从二阴外出，属下法，对应天一阳数1；二则水易积滞，或成痰饮，或成癥坚，当从内消之，属消法，对应地六阴数6。

地二生火，成以天七。南方为火，模式图（图11）中南方居上，人体之心居上应之。心属火，其气为暑，有火性炎上和内耗津液的特性，顺炎上之势当从上越之是为吐法，配天七成之的阳数 7；火热内盛，治以清法，以防津液枯涸，配地二生火之阴数 2。

天三生木，成之地八。肝合东方之木，东方居左。肝属风木，其气应春，风邪外盛，表气闭郁，治以汗法，配天三生木之数 3；寒者温之，应春之温气，属温法，配地八成之的阴数 8。

地四生金，成之天九。肺合西方之金，西方居右。肺金之气主收敛，主肃降。若按中医八法，则"金"行之生、成数并无治法相匹配，邹老在研究中忽然想到，如果加入镇涩二法，则正好相合。肃降之象属镇法，镇上浮虚阳之气，配以天九成之的阳数 9；收敛之象属涩法，收涩金气于内，故配地四生金之阴数 4。

天五生土，成之地十。脾合中央之土而散布四旁，为后天之本，补养五脏六腑，调和上下左右之气机。故应天五生木之阳数 5，属和法；应地十成之的阴数 10，属补法。

表 11　河图十数与治疗十法五行对应表

五行	五脏	五方	五时	河图十数	治疗十法
木	肝	东	春	3，8	汗，温
火	心	南	夏	2，7	吐，清
土	脾	中	长夏	5，10	和，补
金	肺	西	秋	4，9	（镇，涩）
水	肾	北	秋	1，6	下，消

（3）镇涩法应用举例：镇、涩法虽未纳入八法之中，但镇、涩法在从古至今其实有诸多应用。镇法降逆，如朱砂安神丸镇心神不安，镇肝息风汤、天麻钩藤饮镇肝气上逆，旋覆代赭汤镇胃气上逆之呃逆，苏子降气汤镇肺气上逆之咳喘；涩法固脱，如固冲汤、固经丸固经，金锁固精丸涩精，牡蛎散固汗，赤石脂禹余粮汤涩肠，十灰散止血，九仙散涩肺气止咳等。下面以镇肝息风汤、牡蛎散进行具体分析。

张锡纯提出的镇肝息风汤，用以治疗内中风，是为镇法的应用典范。此类中风多由肝肾阴亏为本，肝阳化风上扰而致，从病机上说正属天三生木，风木过盛之象，治当以天九之成金，滋其水，抑其木，天九之象，所应正是镇法。方中重用代赭石、龙骨、牡蛎等质地沉降之药，重镇降肝风之逆，以牛膝、芍药、天冬、玄参、龟板等滋肾水，清肝热。以生麦芽、川楝子、茵陈等清热疏肝，以生麦芽护胃，甘草调和诸药。全方体现出镇法与补、清法的区别。

出自《太平惠民和剂局方》的牡蛎散，用以治疗卫气不固，阴液外泄的汗证，是为涩法的应用典范。此证因气虚导致卫外不固，汗出不止，汗为心液，久而耗伤心阴，心神不养出现心悸、失眠、气短、烦倦等症。病机正合地四生金之理，用涩法，敛金气于内。方中牡蛎、麻黄根、浮小麦敛汗涩气，黄芪益气固表。全方收涩、补益，是涩法的具体应用。

3. 易学象数理论在药理中的应用

易学也称为象数之学，象数在中医学中也多有应用。古人在观察自然时，对有形象可以感知、触碰的东西，则可描述其外观，象征其物体，以六十四卦的卦象表示，这就称为"象"。通过"象"去推论背后数理的过程称为象以定数。如医学上先通过患者表现出的病象，做进一步的检查，找出病理数据来，都属于"象以定数"的范围。而对于事物的本质、动能、规律等，皆无形无象，不可感知，则必须用数理进行描述，这种方法称为"数"。以数的运算推测未知的象的状态、规律、征兆，甚至形态，易学上称之为数以证象。这种方法在中医学，特别是中药学中被古医家广泛应用，他们从《易经》天人合一、阴阳五行、取类比象出发，结合药物的形色性味，来阐明中药的药理。时至今日，大多数中药的阴阳属性、性味归经、在某脏某腑、气味厚薄升降浮沉都已有定论，但从其发展的过程来看，邹老认为中药药理离不开《易经》理论。

如《素问·至真要大论》提出药分三品："帝曰：三品何谓？岐伯曰：所以明善恶之殊贯也。"即将药物分为上、中、下三品，用来区分药物善恶性质。同样的，《神农本草经》根据内经三品之说，提出了"上药一百二十种为君……中药一百二十种为臣……下药一百二十五种为佐使……三品合三百六十五种，法三百六十五度，一度应一日，以成一岁"。三品分类合 365 味，以应周天 365 度，1 度应 1 日，以成 1 岁，这种思想及数理其实是本《易经》古天文学而来。清代名医唐宗海在《本草问答》中也对这种药理、数理加以了论述，比如设问张仲景用药时不取药的重量，而取药的个数，有三个、四个或十个，是否有其中的道理？本草中有因数而得名的药，如三七、八角、三棱、六神曲、五加皮等，这些药以数字为名，是否是以数理为治？唐氏回答说：天地万物归纳起来无非气和数，事实上，气生于数，气盛，数就多，反之则少。得气在前的数字靠前，得气在后的数字靠后，所以才有天一生水，地二生火。得气属阳的，在数字上应奇数，属阴的则应偶数。所以河图五行数，是化生关系，可以用来测气之多少。既然药理本《易经》数理而来，那么怎样以数理来指导药物的应用呢？他答道：首先数的先后、奇偶是根据得气的先后和气的阴阳属性来的，所以在河图中讲到天一生水为阳数，地二生火为阴数，那么从药物的天地生成之数就能反推其气的状态。但药物个数的多寡、奇偶与数理无关，不过是调剂成方的量而已。举例来说，三七之叶，数量非三即七，那么其性质在河图中应秉木、火之气，故得三、七之数。木火属肝、心，司血，在色为青、为红，而三七恰叶青而筋红，所以光从观察三七便能从数理推知三七得心气生血、得肝令行血。再举人参一例，如人参，张景岳认为是阳药，而陈修园认为是属阴药，各有其道理。认为属阳的是因为人参为益气之剂，属阴是认为人参可以养阴生津。但两人皆从功效论，没有从数理本源出发。后来唐宗海的朋友亲到辽东考察人参种植，发现人参生长于密林湿润之处，所以秉水阴而生，然人参本身的形态确实逢茎必是三桠，逢叶必是五匹，三五都是阳数，可从数理推知，其气秉阳，说明人参是从阴中生，而长成于阳，人身之阳气亦是生于肾中之阴水，可知人参是化津生阳之圣药。所以人参之本性，把"象""数"相合便能推知。那么在其他中药的应用中，我们也应该熟悉《易经》的理论，掌握象数论在中医上应用，才能更好地指导临床用药。

4. 易学方名考

中医有许多处方用名都与《易经》有关，邹学熹教授多年临床对许多《易经》方剂进行了考证。

（1）以古天文二十八宿命名

小青龙汤、大青龙汤（《伤寒论》）：东方七宿，形似龙形，东方主青，故名青龙。大青龙汤中重用麻黄、桂枝、生姜以增强发汗之功，石膏清热，杏仁降气，甘草、大枣补脾护胃，发汗力强；小青龙汤用麻黄、桂枝为君，干姜、细辛为臣，佐以半夏、甘草、芍药、五味子，外以发汗散寒，内以温化寒饮，兼顾燥湿、敛阴。两方皆以青龙命名，东方青龙者，主升、发，龙为水族，大者兴云致雨，小者治水逐邪。提及大小青龙，就能联想到病者服药后身处云雾之中，汗出淋漓如龙所过的场景。

朱雀丸（《百一选方》）：治心神不安之方。南方七宿形似雀，南方色赤，朱为赤之正色，故名朱雀。用茯神、沉香两味药，沉降心火，升提肾水而心神自安。朱雀乃南方之主，南方属火，提及朱雀则知该方可以治火安神，平定南方。

白虎汤（《伤寒论》）：西方七宿联合起来形似虎，西方色白，故名白虎。白虎汤中重用石膏为君，知母为臣，皆入肺胃二经，透热外出，佐以粳米、甘草养胃生津。名以白虎者，因白虎掌管西方，西方应金，在脏为肺，在时为秋，命名为白虎，乃比喻本方的解热作用迅速，就像秋凉降临大地一样，一扫炎暑之气，故名白虎汤。

真武汤（《伤寒论》）：北方七宿形似龟，北方镇水之神名为玄武。真武汤本名玄武汤，因避宋朝始祖皇帝讳，改玄武为真武。方中用茯苓、芍药、白术、生姜、附子，温阳利水，治疗水湿内停之证。立意真武，是因玄武乃主水之神，比喻该方功效如玄武主水神力，能治水之病，此为其一。其二玄武之貌，龟蛇相合，形如坎卦，龟者，象坎卦上下二阴爻之四段，蛇者，象中爻之一阳，而坎卦为水，故治水之方得名为真武汤。

（2）以数理命名

六一散（《黄帝素问宣明论方》滑石、甘草）：取"天一生水，地六成之"之意，故主清热利水。

一阴煎（《景岳全书》生地黄、熟地黄、麦冬、芍药、丹参、牛膝、甘草）：取天一生水，一阴即足少阴肾，故治疗肾水亏虚。

二阴煎（《景岳全书》酸枣仁、茯苓、竹叶、木通、玄参、麦冬、生地黄、黄连、灯草、甘草），取地二生火，二阴即手少阴心也，治心经有热，水不制火之证。

三阴煎（《景岳全书》当归、芍药、熟地黄、酸枣仁、人参、炙甘草）：取天三生木，肝属木，言本方能治肝血虚而生风，血不养筋之病。

四阴煎（《景岳全书》沙参、麦冬、百合、白芍、生地黄、茯苓、甘草）：取地四生金，肺属金，言此方能保肺清金，主治虚火炽盛，津枯烦渴，咳嗽，吐衄等。

五阴煎（《景岳全书》人参、茯苓、白术、扁豆、莲子、炙甘草、山药、芍药、熟地黄、五味子）：取天五生土，属脾土，言本方能治脾虚阴血不足所致大便溏泄，或失血。

（3）以天干地支命名

甲己化土汤（《血证论》白芍、甘草）：根据盖天学派天干地支的数理方法，甲己生土，取扶土抑木，治疗肝气逆导致的各种失血。

戊己丸（《幼幼新书》黄连、吴茱萸、白芍）：戊己化土，治疗胃脘灼热疼痛，口苦嘈杂，呕吐吞酸，腹痛泄泻等症。

（4）以卦象卦理命名

坎离丹（《魏氏家藏方》朱砂、阳起石、磁石、钟乳粉、龙齿）：取补坎益离之意，生肾水以降心火，达水火既济之效。

清震汤（《卫生宝鉴》苍术、升麻、荷叶）：震卦主动，清震则动平、鸣止，治疗头面肿痛，或伴有脑鸣者。

定坤丹（《中药成方制剂》西洋参、龟甲、茯苓、白芍、五味子、杜仲、陈皮、鹿茸、阿胶、熟地黄、川芎、肉桂、续断、厚朴、琥珀、白术、当归、黄芪、艾叶、佛手、柴胡、香附、延胡索、牡丹皮、生地黄、麦冬、黄芩）：乾男坤女，顾名思义，本方治疗妇女虚损所致诸般杂症。

交泰丸（《四科简效方》黄连、肉桂）：取泰卦气机通达则天地交泰之意，治疗心肾不交造成的怔忡、失眠等症。

（5）以太极公式命名

如左金丸，因日月皆左升右降，故知左面肝木之气主升，右面肺金之气主降。左金丸取肺金之令得行于左，则肝木自平之意，药仅吴茱萸、黄连两种，吴茱萸味辛，为肺金之味，取之以平肝木；黄连之苦泻心火，以减弱对肺之制约，乃助肺金之气旺盛之意。汪昂说："左金者，谓使金令得行于左，而平肝也。"

（三）医易妙方的收集与应用

本节所介绍的《易经》妙方所得实属不易，其传承过程颇为曲折。邹学熹教授之母李俊卿女士从祖上传有道家《栖霞子妙方》手抄本，其中载有八卦方、河洛方、太极方若干，组方奇特，用之临床多有效验，邹老自述其行医多年每遇疑难杂症往往从此抄本中找到解决之法。另邹老之师廖德明先生传验方手抄本《人必须知》中，亦载有医易妙方。"文革"时期，邹老听闻蔡福裔先生亦收集有《栖霞子妙方》，便携两抄本前往，蔡老先生发现三抄本互有出入，便留下详细核对。遗憾的是，后遇抄家，三本皆毁于一旦，幸因邹老用之已有多年，许多效果卓著的方剂早能倒背如流，便整理出来供后人济世救人。

1. 八卦方

八卦方的版本在世间流传甚广，但版本众多，其中有的方稀松平常，甚至杂乱无章，效果欠佳，与栖霞子描述不符。邹老从家传中核对后，把认为最有效的方剂总结出来，供后学者参考。为方便读者，以下方中剂量已按古制换算成克。

（1）乾卦方：乾为刚金，有吕洞宾之象，金属肺，乾卦方可治肺病。

①洞宾清金汤：麻黄 6g，生石膏 15g，蚤休 15g，鱼腥草 30g，枇杷叶 30g，浙贝 15g，黄芩 10g，竹茹 6g，麦冬 10g。水煎服。

根据邹老记述，本方主治外感化热化燥之各种喘咳（包括间质性肺炎、急性支气管炎之类喘咳）效果令人满意。难治性喘咳，用本方常能取效。麻黄配伍石膏、黄芩、鱼腥草、蚤休解表清里；浙贝、竹茹、枇杷叶、麦冬降气化痰润肺。

②乾天父母七精散：芒硝 10g，生大黄 10g，赤芍 15g，全蝎 10g，僵蚕 15g，干地龙 10g，鲜竹沥 10mL（冲入）。水煎服。

本方治中风初起实证（中腑证），大便干结，口眼㖞斜，半身不遂，痰多难出，舌脉俱实。乾为刚金属肺，与大肠相表里。金燥则肺气不降，大肠不通，故以硝、黄降气通便；僵蚕、全蝎平肝息风；赤芍、地龙活血通络；竹沥豁痰清热。

（2）兑卦方：兑为柔金，有李铁拐之象，主皮毛，此类方可润肤消疹，治湿疹顽癣，痤疮，美容养颜等。

①李铁拐消疹饮：牡丹皮 15g，赤芍 15g，紫草 6g，生地黄 15g，防风 10g，

银花藤 30g，地肤子 15g，全蝎 6g，蝉蜕 10g，僵蚕 10g，白鲜皮 15g。水煎服。

本方主治湿疹搔痒流黄水，此起彼伏，经年不愈。方中牡丹皮、赤芍、紫草、生地黄凉血解毒；防风、全蝎、僵蚕、蝉蜕祛风止痒；银花藤、地肤子、白鲜皮利湿热而消疹。

②铁拐洗方：雄黄 30g，芒硝 50g（冲入），蛇床子 30g，大风子（打碎）30g，银花藤 30g，陈艾叶 10g，苦参 30g，黄柏 30g，生大黄 30g。

本方煎水外洗湿疹，勿兑清水，浓煎效果更佳。

③铁拐顽癣膏：水银 10g，大风子仁 30g，麻油 5g，核桃青皮 30g。

先将大风子仁、核桃青皮捣绒，入水银、麻油共捣至水银不见星为度，用时将少许布包涂擦局部，治牛皮癣、铜钱癣等特效。不可口服。

④夏姬美肤露：生石膏 30g，芒硝 30g，冰片 30g。

本方共为极细末，调清水涂面，治酒糟鼻、痤疮、青春痘、皮肤热疮等，无染色之弊，亦可调霜剂涂面。

⑤兑夏姬杏金丹方：杏仁 50g，荷叶 50g，草决明 100g，生山楂 100g，莱菔子 50g，绿豆 100g，茶叶末 50g。

本方研细末，每服 6～10g 可，或用 30g 水煎服。可以减肥消腻（治疗肥胖症、高血压、高血脂、高血糖），治疗皮肤粗糙。兑属柔金，主肺，外合皮毛，兑卦（☱）之象，一阴在上，令水泽下，兑又为少女之卦，故有美容怡悦之象。方中杏仁、莱菔子肃降肺气，肺气降则水道通调，皮毛润泽；生山楂、茶叶末入血分以消导脂腻黏滞之浊邪，荷叶、绿豆、草决明清气分痰湿，共奏减肥消腻之效。

（3）震卦方：震为刚木，有张果老之象，刚木之象多类肝阳、肝气之功能。

①张果老软肝煎：水蛭 60g，䗪虫 20g，鸡内金 15g，鳖甲 30g，广三七 15g，延胡索 20g，枳壳 30g，生白芍 30g，熟大黄 15g。

本方研细末，每次 3～5g，一日 2～3 次。主治胁下血癥，逐瘀软坚。方中大黄、䗪虫、水蛭逐瘀通络；鳖甲、鸡内金软坚散结；延胡索、枳壳行气活血止痛；白芍、大黄除郁热。此方必散剂，徐徐图之，方能见效。

②震清精㮋米饭方：㮋米（即粳米）2500g，乌饭树叶汁（可以杜鹃花叶或南天竺木叶代之）2500g，山药 500g，砂仁 100g。

方中乌饭树叶汁，又名清精，将茎叶捣汁后浸粳米，做成包饭常服，补肝柔筋，强身壮体，小儿身材矮小，智力低下均可长期服用。震（☳）居后天八卦东方之位，东方色青，当立春，雷气动，一阳排二阴而上，似人体肝气主生发的功能。方中乌饭树叶青而走肝，益肝木生发之气。粳米、山药、砂仁健脾和中。肝脾同补，增进水谷，达到壮盛身形、开发智力的目的。

（4）巽卦方：巽为柔木，似蓝采和之象。柔木之象类似肝阴、肝血之功能。

①兰花入梦煎：合欢皮 30g，夜交藤 30g，制首乌 15g，砂仁 10g。水煎服。

本方治失眠。合欢花入心蠲忿，可消杂念，帮助入睡；夜交藤、制首乌补肾阴滋水涵木，以藏肝魂；砂仁和中，助余药发挥作用，胃和则卧安。

②巽龟台王母四童散方：广木香 15g，白蔻 15g，乌梅肉 24g，硼砂 12g。

上药共为末，做蜜丸嚼化，治疗反胃、噎膈或用以缓解食道癌症状。或用仙鹤草 30g 煎水，入甘蔗汁 3 勺，吞服药丸。方中白蔻、木香行气宽中；乌梅肉酸入肝，生津濡养咽道；硼砂化痰消积而不伤胃气，消有形之积。仙鹤草加蔗浆更为治噎膈专剂，仙鹤草别名石打穿，《本草纲目拾遗》引用前人诗歌描述其形态和功用："谁人识得石打穿，绿叶深纹锯齿边……大叶中间夹小叶，层层对比相新鲜。""噎膈饮之痰立化""蔗浆白酒佐始全"，本方服法本此而来。

（5）艮卦方：艮为刚土，有曹国舅之象，脾胃属土，刚土与胃腑病变多有关。

①国舅食积散：藿香 50g，苍术 50g，茯苓 50g，佛手 50g，黄连 15g，半夏曲 60g，白芍 60g，广木香 10g，胆南星 10g，砂仁 30g，防风 10g，酒大黄 10g，槟榔 60g，玉竹 30g。

上方诸药为末，饭后每服 1g，若腹中不适可加服 1～2 次，每次 1～2g。方中以砂仁、厚朴、藿香、佛手、木香、神曲、槟榔消痞导滞；半夏曲、茯苓、胆南星涤痰；黄连去食积之热；白芍、玉竹养肝胃阴、防温燥；防风升清、大黄降浊，取治中焦如衡，非平不安。道家以曹国舅喻刚土艮山，艮山为阳为实，乃食滞胃脘，中焦痞塞之象，山为地面突起之物，如胃之壅阻，当平之。

②艮王君河车方：河车粉 100g，鹿鞭 100g，锁阳 100g，肉苁蓉 100g，砂仁

30g，益智仁 50g，枸杞子 100g，车前仁 50g。

取高粱酒 2000mL，浸泡上药七天后服用，每次 20mL，一日 1～2 次。治阳痿、早泄、小便淋漓不尽，全身痿软无力。中土属艮，艮土衰则中阳虚，中阳根于肾阳，久病则及肾，兼脾不化湿，下注为淋。方中河车、鹿鞭、锁阳、枸杞等大补肾阳；益智固精；砂仁扶阳建中；车前子利水渗湿，又可去诸药滋腻。

（6）坤卦方：坤为柔土，有何仙姑之象。柔土属脾，主脾脏疾病。

①仙姑陈母膏：陈皮 30g，贝母 50g，母丁香 50g，鸡内金 30g，砂仁 30g，玉竹 30g。

本方可改膏剂为散剂，每次 1～3 克，每日 3～4 次。主治胃痛、胃酸，或长期食少食滞，大便先硬后溏等证。邹老认为脾胃病多寒热错杂，胃痛虽常因脾阳不足而起，但往往胃阴亦受损伤。方中陈皮、丁香、砂仁温运脾阳以制酸。玉竹、贝母养阴化痰；鸡内金、陈皮消中和胃。为治胃病良剂。

②坤风后四扇散方：独活 10g，防风 10g，鸡血藤 30g，丹参 30g，北细辛 10g，制川乌 30g，桂枝 50g，川芎 10g，当归 30g，木瓜 30g，灵仙根 30g，松节 30g，狗脊 60g，续断 30g，杜仲 60g，桑寄生 30g，牛膝 10g，红花 10g，全蝎 30g，砂仁 30g，茵陈 10g，苍术 30g，木通 30g，蜈蚣 10 条，蚺蛇（可改为海蛇）60g，淫羊藿 30g，补骨脂 60g，枸杞子 60g。泡酒内服。

根据邹老所得抄本记载，本方所名"风后"是昔日助黄帝大治天下的六相之一，本方传说为风后所遗。方名四扇散，是因坤为土，居中而布四旁，四旁指代天上之二十八宿，每方七宿，故本方亦二十八味药。方中独活、防风、细辛驱风除湿；苍术、茵陈、木通除湿通痹；全蝎、蜈蚣、蚺蛇搜风止痛；红花、牛膝、当归、川芎养血活血；杜仲、续断、灵仙根、桑寄生、补骨脂、枸杞子、淫羊藿补肝肾、壮筋骨而除湿；木瓜走筋，松节入骨，狗脊行背脊，独活入督脉，桂枝通达四肢。各药泡酒，每服 20mL，一日 2～3 次，酒增药力，入十二经脉祛邪止痛。用于各类痹症、历节风均有殊效，然需坚持服用，此种慢性病非药酒长服不能取效。

（7）离卦方：离卦为火，有汉钟离之象，属心主血，故此类方以濡养心血为主。

离彭君麋角散方：麋角（鹿角片代）60g，鳖甲 60g，黄芪 60g，当归 30g，三七 60g，水蛭 30g，丹参 60g，补骨脂 60g。

本方主治骨节长大变形，多见于颈背部（骨质增生等病）引起肢体僵硬疼痛，甚则斜颈、腰屈。离为火，心属火生血，如血不能濡养骨节则骨代偿长大变形。方中黄芪、丹参、当归补气养血活血；麋角、鳖甲、补骨脂补肾壮筋骨，软坚散结，缩小增生；配以三七、水蛭活血化瘀通络，诸药直达筋骨而收效，宜为末或做丸常服，或泡药酒长期服用。

（8）坎卦方：坎卦为水，有韩湘子之象，主阴液，故此类方主补肝肾明目。

坎南岳镇人赤松子枸杞煎方：枸杞子 30g，菟丝子 15g，茺蔚子 10g，五味子 6g，车前子 10g，木瓜 10g，青皮 10g，陈皮 10g，广三七 3g（研末冲服）。

本方水煎服，三七冲入药液，主治云雾移睛、近视、远视等病。此类病均为慢性病，故做蜜丸长期服用为佳，方中以五子补肝肾明目，因内障病变均与肝肾亏虚有关，其中枸杞子补肾明目，茺蔚子活络明目，五味子敛阴明目，车前子利湿明目。木瓜敛肝舒筋，三七活血祛瘀，青皮、秦皮调眼中筋膜，全方共奏扶正祛邪明目之功。

2. 河洛方

河图、洛书应天上五星、九宫、二十八宿，二十八宿又分四象，每一象皆有其名，有其属，除在前文提到的青龙汤、白虎汤、真武汤、朱雀丸外，尚有栖霞子所创缚龙汤、伏虎汤、朱雀汤、玄武导水汤。

（1）缚龙汤：防风 10g，白芷 10g，葛根 10g，全蝎 10g，僵蚕 10g，蜈蚣 2 条，钩藤 10g，桃仁 10g，红花 10g，川芎 6g，竹沥 2 匙。

本方主治多由外感风邪所致风邪中络，口眼㖞斜，不分年龄都可用。缚龙汤之"龙"指上扰之肝经风痰，除风痰即缚龙。邹老曾以此方治愈多人因外受风冷，从表入络造成口眼㖞斜。方中用防风、白芷、葛根祛风散寒，引药力入阳明经，而阳明行于面；全蝎、僵蚕、蜈蚣、钩藤镇肝息风，竹沥化痰；桃仁、红花、川芎活血通络，血行风自灭。

（2）伏虎汤：百合 30g，百部 10g，白芍 10g，白及 10g，北沙参 15g，贝母 3g（研末冲服），玉竹 10g，麦冬 10g，茯苓 15g，薏苡仁 15g，山药 15g。

本方各药皆色白，白色属金，入肺。方名伏虎汤，肺金为白虎，痨瘵如猛虎噬人，故出现消瘦、潮热、盗汗、干咳、痰血、舌上乏液、脉细数等症。方中以北沙参、麦冬、玉竹、百合滋肺养阴；百部、贝母止咳化痰；白芍、白及止血、敛汗、退潮热；并以茯苓、山药、薏苡仁实脾，补土生金，共治痨瘵。

（3）朱雀救心丹：桂枝15g，赤芍15g，当归15g，人参10g，丹参30g，酸枣仁15g，五灵脂10g，三七粉30g（冲服），冰片末0.5g（冲服），远志10g，山楂10g。

本方治疗胸痹心痛，脉或结或促，由心气虚损，瘀血痰浊壅塞所致者。因南方色赤，入通于心，方中选用桂枝、赤芍、丹参、酸枣仁、山楂色赤诸药养血通络宁心。当归、三七、五灵脂活血，远志豁痰安神，冰片开窍。

（4）玄武导水汤：鲜薏苡仁根（可用六谷子根代，功胜之。又名打碗子、五谷子、尿珠子等）60g，车前子30g，猪苓15g，茯苓15g，泽泻10g，萆薢30g，白芍30g，白茅根30g，黄柏15g，山药15g，白术15g，生地黄15g。水煎服。

本方主治肾盂肾炎腰痛、尿血，或肾炎水肿、小便不利。本方以鲜薏苡仁根配合猪苓、泽泻、茯苓、车前子利水消肿，兼以通淋；黄柏清热燥湿；白茅根、生地黄凉血止血；白芍养阴；山药、白术、萆薢治尿浊，可减少尿中蛋白或管型。本方虽大剂利湿，但佐有养阴之药，利水而不伤阴；虽有清利湿热之药，但佐有健脾之品，故清热而不碍正气。

（5）洛书九宫汤：生石膏27g，粳米21g，生白芍21g，天门冬18g，焦柏15g，生地黄12g，露蜂房9g，牛膝6g，北细辛3g。水煎服。

本方主治牙痛，牙龈肿痛，口苦口臭等。由于药味数恰好为九，合洛书九宫之数，故有此方名。

3. 太极方

天地为一大太极，人身为一小太极，而人之脾胃又居中焦，化生气血，滋养四方，亦如人身之一太极，故清代医家邵同珍在《医易一理》中说："脾土黄色居中，主静藏意，为诸藏资生之本，太极也。"故古代以太极命名的方剂多与脾胃有关。

（1）太极定痫丸

轻症方：生龙骨50g，生牡蛎50g，全蝎25g，蝉衣50g，首乌50g，生地黄30g，白芍60g，茯苓60g，天竺黄30g，胆南星30g，竹茹30g，枣仁60g，广三七30g，水蛭30g。

本方研末，每次3g，一日2～3次，以夜交藤煎水冲服。主治痫证轻症，方中竺黄、胆南星、竹茹、茯苓化痰涎，水蛭、三七祛瘀；龙骨、牡蛎、全蝎、蝉衣息风定痫；首乌、白芍、生地黄、酸枣仁、夜交藤滋阴血宁心神。

重症方：明天麻30g，枣仁30g，茯苓60g，朱砂10g，白矾60g，郁金30g，陈皮60g，法半夏60g，石菖蒲15g，竹茹100g，天竺黄30g，僵蚕30g，全蝎30g，蝉蜕50g，蜈蚣12条，钩藤60g，白芍60g，丹参100g，水蛭30g，胆南星30g，珍珠母100g。

本方研末，炼蜜为丸，每服3～6克，一日3次。治疗痫证反复发作，昏仆不省人事，手足抽搐，口流痰涎，喉中作猪羊叫声，醒后如常人。方中用法半夏、陈皮、茯苓、竹茹、天竺黄、白矾、胆南星、石菖蒲开窍化痰；枣仁、朱砂、珍珠母安神镇痫；天麻、钩藤、白芍、全蝎、蜈蚣、僵蚕、蝉衣柔肝息风；丹参、郁金、水蛭活血化瘀。因痫病重症发作无常，有形之邪如顽痰、瘀血非一时能化，故当坚持服用方可获效。

（2）太极消瘰丸：蜈蚣15条，僵蚕30g，全蝎30g，地龙15g，甲珠30g，牡蛎30g，海藻60g，紫花地丁30g，金银花30g，夏枯草60g，黄芪60g，当归30g，白术15g，玉竹15g，浙贝母30g，柴胡10g。

本方研末，炼蜜为丸。1次3～6g，1日2～3次。主治瘰疬（颈淋巴结核）。方中以蜈蚣、僵蚕、全蝎、地龙、甲珠通络祛邪，牡蛎、海藻、浙贝母化痰散结；金银花、重楼、紫花地丁清热解毒；柴胡、夏枯草清疏肝郁；黄芪、当归、白术、玉竹扶正祛邪，共奏消散瘰疬之功。

（3）太极消核煎：制香附10g，浙贝15g，郁金10g，夏枯草15g，通草3g，全瓜蒌15g，当归10g，川芎6g，白芍10g，丝瓜络10g，甲珠10g。

此方水煎服。主治乳癖等乳房包块。方中以浙贝、全瓜蒌、通草、丝瓜络化痰散结通络；甲珠、郁金、当归、川芎活血通络；香附、白芍疏肝柔肝；珍珠母、夏枯草平肝清热散结，全方共奏通络散结之效。

（4）太极痛经散：当归 30g，川芎 30g，炒白芍 30g，益母草 60g，没药 10g，延胡索 30g，五灵脂 30g，制香附 30g，枳壳 30g，台乌 30g。

上药研末，1 次服 3g，一日 3 次，痛甚加服 3 ～ 6g。本方治疗痛经。方中以当归、川芎、益母草、玄胡索、五灵脂、没药活血定痛；白芍柔肝止痛；枳壳、香附、台乌行气止痛。邹老经过多年临床，认为此方治疗痛经效果卓著。

（5）太极甘露饮：枸杞子 15g，山楂 10g，生地黄 15g，鸡内金 10g，天花粉 30g，菟丝子 15g，玄参 15g，白芍 15g，山药 15g，夜交藤 30g。水煎服。

本方主治消渴。方中用玄参、白芍、生地黄、天花粉、夜交藤养阴生津；枸杞、菟丝子补益肝肾；鸡内金、山药养胃消积和中，培土生金，运化浊邪。共奏生津止渴之效。

（四）易学在针灸学中的应用

针灸学的理论和应用与《易经》有相当多的联系。仅从针灸穴位的命名就能看出端倪，诸如太乙、璇玑、天枢、太白、日月、上星、鱼际、天井等穴都本星体而来，而《易经》本质上研究的是星体运动与宇宙万物之间的联系，可知针灸理论亦离不开《易经》理论的参与。在临床上，子午流注、卦体针法、灵龟八法这些经典的针法也是本《易经》理论而来。

1. 特定穴的易学属性与应用

中医学跟《易经》最紧密之处是基本框架的联系，包括五行、八卦、阴阳三者。下面总结针灸特定穴的穴位属性。

（1）五输穴应五行：五输穴的由来见于《灵枢》，描述的是穴位经气的多少、深浅、出入，经气按井、荥、输、经、合由小到大，由浅入深，如水流一般。五输穴除了描述经气外，尚有自身的五行属性，具体见表 12、表 13。

表 12　五输穴 - 阳经六输五行属性表

阳经六输					
	井（金）	荥（水）	输（木）	原（木）	经（火）	合（土）
胆（木）	窍阴	侠溪	临泣	丘墟	阳辅	阳陵泉
小肠（火）	少泽	前谷	后溪	腕骨	阳谷	小海
胃（土）	厉兑	内庭	陷谷	冲阳	解溪	足三里
大肠（金）	商阳	二间	三间	合谷	阳溪	曲池
膀胱（水）	至阴	通谷	束骨	京骨	昆仑	委中
三焦（相火）	关冲	液门	中渚	阳池	支沟	天井

表 13　五输穴 - 阴经五输五行属性表

阴经五输				
	井（木）	荥（火）	输（土）	经（金）	合（水）
肝（木）	大敦	行间	太冲	中封	曲泉
心（火）	少冲	少府	神门	灵道	少海
脾（土）	隐白	大都	太白	商丘	阴陵泉
肺（金）	少商	鱼际	太渊	经渠	尺泽
肾（水）	涌泉	然谷	太溪	复溜	阴谷
心包（君火）	少冲	劳宫	大陵	间使	曲泽

　　五输穴阴阳属性首见于《难经·六十四难》："《十变》又言，阴井木，阳井金；阴荥火，阳荥水；阴俞土，阳俞木；阴经金，阳经火；阴合水，阳合土。"五输穴以相生关系排列，遵从的是甲子纪理学说，即以十天干分阴分阳以配五输穴，而后《难经》进一步以阴阳经井穴为例解释道，阴井穴属阴属柔，配天干当为乙，因乙为柔木、阴木，故阴经应属木。阳经井穴为阳为刚，按阴阳相济的原则，阳井穴与阴井穴相对，而在天干的阴阳属性中，乙木是庚金之妻，理所当然的庚金应为阳井穴之属性。余下四输穴的五行属性根据相生关系则可以推得。

从上表可知，五输穴之间体现的是相生关系，阴阳经之间同一输穴则是阳经克阴经的关系，这样的排列符合制中有克，刚柔相济的道理。是遵从了《易经》杂卦交泰、互根的卦序。一旦确定了五输穴的五行属性，再根据疾病的病位、病象所属的五行属性，就能准确的应用五输穴来治疗五脏六腑和其所统之疾病，对应用五输穴治疗疾病具有重要的指导意义。

《难经》成书于东汉时期，当此时经学家倡象数易学、阴阳五行之说，五输穴的阴阳五行理论正是受此影响而成。五输穴的理论也为后世子午流注等针法的出现建立了基础。后文将做进一步介绍。

（2）八会穴应八卦：八会穴是人之脏、腑、气、血、筋、骨、髓、脉精气汇聚之处，凡物有象，凡象入卦。八会穴在八卦中分别应：脏会章门，配乾卦。乾首天，为父，为生生之本，五脏于人生亦最紧要，故章门配乾卦。腑会中脘，当配坤卦。坤为地，包藏万物，六腑皆在腹中，故中脘配坤卦。筋会阳陵泉，配震卦。震为刚木，主动，如马之行，筋属肝象木，亦主动，故以阳陵泉配震卦。气会膻中，配巽卦。巽为风，气动则为风，故以膻中配巽卦。血会膈俞，配离卦。离为火，血属心为火，故以膈俞配离卦。骨会大杼，配坎卦。坎为水，骨属肾为水，故以大杼配坎卦。脉会太渊，配艮卦。艮为山，山脉分支连绵不绝，人之脉亦如山脉之分支连绵，故以太渊配艮卦。髓会绝骨，配兑卦。兑为泽，水聚之象也。髓在骨中如湖泊如沼泽，故以绝骨配兑卦。

将八会穴与八卦卦象相配，对于利用《易经》规律指导其应用具有重要意义。因八会穴本身无规律可循，而将穴位与卦象相配后，赋予八会穴的八卦属性，根据《易经》不同流派推卦的方法就能把八会穴带入《易经》公式进行推演，得出符合《易经》规律的最佳治疗。

（3）俞募穴应阴阳：俞穴与募穴是五脏六腑之气聚积于背腰部与胸腹部的特定穴。其中俞穴分布于背腰部，属阳；募穴分布于胸腹部，属阴。明代张世贤说："阴病行阳，当从阳引阴，其治在俞。阳病行阴，当从阴引阳，其治在募。"凡属阳证，如腑证、热证、实证都可用募穴；反之，则用俞穴。俞募穴的阴阳配伍是《易经》阴阳思维在针灸中的典型应用。按阴阳五行理论排列的俞募穴列表如表14。

表 14　脏腑俞募穴表

脏	俞	募	腑	俞	募
肺	肺俞	中府	大肠	大肠俞	天枢
心	心俞	巨阙	小肠	小肠俞	关元
心包	厥阴俞	膻中	三焦	三焦俞	石门
脾	脾俞	章门	胃	胃俞	中脘
肾	肾俞	京门	膀胱	膀胱俞	中极
肝	肝俞	期门	胆	胆俞	日月

2. 子午流注针法与灵龟八法

《易经》广泛地参与到中医理论的构筑中，虽然中医没有卦爻之象或卦爻之辞，但中医的理论确是本周易的象、辞、理、数而来，上古先人巧妙地将周易理论应用到人的生理病理中，在针灸学上提出了许多将医易完美融合的方法，其中子午流注和飞腾八法就是其中璀璨的两颗明珠。

（1）子午流注："子午流注"，起源于古代历法中的天干地支。一个日夜为十二个时辰，日中为午，夜半为子；一年为十二月，冬至之前为子月，夏至之前为午月，这是子午的时间含义。据邹老解释，"子午"的含义不止于时间，也代表阴阳、方位等理念。子为阴盛之极，也是阳生之始，合半夜、冬至；午为阳旺之极，阴生之始，合日中、夏至，这是子午的阴阳含义。子午为经线，贯通南北，如地球仪之子午线，人之十二正经本于此，皆为南北走向，其他络脉则如纬，连接十二正经，这是子午的方位含义。可见子午含义较广。而"流注"，则是形容宇宙气动如水之流转，活动变化。所以从名字可以知道，子午流注就是从阴阳、时间、空间来探究宇宙气机活动变化规律的一门学科，而子午流注针法，则是从时空、阴阳具体探究人的气血流动变化规律，从而找出最适合的针刺手法与穴位的子学科。

邹学熹教授认为子午流注的哲学核心是本《易经》"天人相应"的规律，认为人既处天地之间，必遵循与天地运行相同或相似的规律，以天之十二时辰应人之十二经络，以地之五行变化应五输穴之五行抉择。天地之气据时之变化有盛有衰，如潮涨潮落，人之经气必似天地随时变化有实有虚，子午流注法所探寻的正是人之气血的出入开阖，虚实盛衰与年、月、日、时的规律，运用这个规律就能推算出不同病证在不同时间应该选择的五输穴。这种高级的时间医学针法是建立在《易经》对时间规律的认识上。子午流注针法的临床运用，包括"纳甲法""纳子法"两大类。

据邹学熹教授考证，纳甲法本是《易经》中占法的原则，发明于西汉时期的易学家京房，是将十天干与五行、方位配合，纳入八卦的一种象数方法。明朝时《易经》象数理论已将天干、八卦、五行三大理论结合起来，形成了纳甲的核心理论体系。金代阎明广所著《子午流注针经》中根据《易经》纳甲规律首次提出了纳甲法的具体规律。即按天干十数应五行配十二经，地支十二数配十二时辰，结合五输穴的阴阳五行属性的规律，根据患者就诊的病证、时辰所属干支来选穴治疗。

纳子法又称纳支法。广义的纳支法肇始于《黄帝内经》，临床应用始于宋元时期，最早记载于明代的《针灸聚英》，后来逐渐发展，到近代完备。相较于纳甲法，纳支法则简单许多，以十二地支所主时辰与十二经相配，每一经经气在一特定时辰冲盛，根据此规律在不同时间选取不同经穴治疗疾病。其取穴方法是广义的，在临床有多种应用，先取邹老在临床应用最多、认为效果最好的一种方法讨论：补母泻子取穴法，即按十二地支所主不同时辰和五行属性，推算当时辰的地支、五行属性和所归之经。本经实证在本时辰泻子穴。本经虚证在下一时辰补母穴。以辰时为例，辰时属胃属土，若胃经有实，则在辰时泻胃经金穴厉兑（井穴），若为虚证，则在巳时补胃经火穴解溪（经穴）。若无明显虚实偏性，或补泻时间已过其时，则平补本经输穴、原穴治疗。

（2）灵龟八法：据邹学熹教授考证，灵龟八法创始于金代窦汉卿的"窦文真公八法流注"，提到了八脉交会穴与八卦各宫的配伍，以歌诀的形式给出了经推算后的八法逐日干支歌、八法逐时干支歌等歌诀，第一次把八脉交会穴作为人经气流注的节点，通过分析人气血盛衰、出入与时、日的关系，顺应天地运气来治疗人体相应的疾病。之所以成为灵龟八法，是因推算时日干支所用的规律是出自洛水灵龟之背的洛书，此法虽不从五输穴出发，但取穴原理类似子午流注，遵从卦象格局与时间的规律，故又得名"奇经纳卦法"。

3. 卦理针法

卦理针法，顾名思义是针灸中按八卦之理治疗疾病的针法。它所代表的具体针法有多种，如按八卦中互卦之理取穴为互卦针法，按对卦之理取穴为对卦针法；有按洛书配八卦取穴得洛书九宫针法；有按卦体阴阳平衡之理的刚柔相摩针法、八卦相荡针法；以及卦气图针法，变卦针法等。此类针法是基于八卦挂图，卦象，卦气而来，与《易经》原理相同，现根据邹老所留文献，介绍如下。

（1）洛书配九宫八卦针法：洛书是古人的智慧结晶，是阴阳五行之数的起源，也是后天八卦图的源头。而洛书配九宫八卦则是后天八卦应用的"模式图"。人是宇宙的缩影，《周易·说卦传》有云："乾为首，坤为腹，震为足，巽为股，坎为耳，离为目，艮为手，兑为口。"九宫八卦针法把人这个整体放入九宫之中，以卦象指导穴位的选取。这种针法可以说是中医学与《易经》汇通最直接的体现。（图 12）

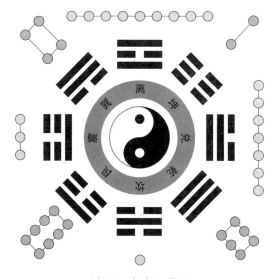

图 12　九宫八卦图

根据这个法则，以人的肚脐为中心，在病变部位对侧的相应部位下针来治疗疾病。具体应用时，首先定位疾病所在的经络，并根据《易经》规律，从六十四卦中选定一个治疗卦，根据下卦为体，上卦为用的规律，下卦代表病变经络，上卦代表下针治疗经络。为方便理解，省略推算过程，给出本宫卦表如表 15。

表 15　本宫卦表

			天 （乾宫）	泽 （兑宫）	火 （离宫）	雷 （震宫）	风 （巽宫）	水 （坎宫）	山 （艮宫）	地 （坤宫）
胆 膀 胱	乾宫	子（天）申	天天乾	泽天夬	火天大有	雷天大壮	风天小畜	水天需	山天大畜	地天泰
心 心包	兑宫	午（泽）戌	天泽履	泽泽兑	火泽睽	雷泽归妹	风泽中孚	水泽节	山泽损	地泽临
脾	离宫	巳（火）	天火同人	泽火革	火火离	雷火丰	风火家人	水火既济	山火贲	地火明夷
大肠	震宫	卯（雷）	天雷无妄	泽雷随	火雷噬嗑	雷雷震	风雷益	水雷屯	山雷颐	地雷复
肺	巽宫	寅（风）	天风姤	泽风大过	火风鼎	雷风恒	风风巽	水风井	山风蛊	地风升
胃	坎宫	辰（水）	天水讼	泽水困	火水未济	雷水解	风水涣	水水坎	山水蒙	地水师
小肠 三焦	艮宫	未（山）亥	天山遯	泽山咸	火山旅	雷山小过	风山渐	水山蹇	山山艮	地山谦

			天 （乾宫）	泽 （兑宫）	火 （离宫）	雷 （震宫）	风 （巽宫）	水 （坎宫）	山 （艮宫）	地 （坤宫）
肝 肾	坤 宫	丑 （ 地 ） 西	天地否	泽地萃	火地晋	雷地豫	风地观	水地比	山地剥	地地坤

假设一患者在中封穴处出现疼痛不适，那么可知病变经络在足厥阴肝经处，查表可知纳入坤宫，与其相对的经络为手厥阴心包经，纳兑宫，选穴时，以任脉为中线，在病变部位对侧等距处的心包经上取穴，应为大陵穴。卦象为萃卦，此卦上兑，下坤，在本宫属坤，在变宫属兑，坤应长夏，兑应秋，故治疗中封穴处相关疾病，在长夏与秋季选大陵穴效果最佳。这种取穴法属于八宫中本宫卦，故有称为本宫卦针法。

除本宫卦针法外，根据西汉京房八宫卦的变宫卦，尚有变宫卦针法。类似本宫卦法，根据变宫卦表（表16），从表内找出适合当时季节的卦以此推出合适的穴位治疗疾病。京房八宫卦是对卦变的一种演算、排列方法，内容庞大，限于篇幅在此不做展开，仅介绍按其卦变图的找穴方法。

举例如下：假设一患者在夏季右侧大肠经偏历穴附近出现不适，从卦表中则应选取震宫水风井卦为治疗卦。其上卦为坎，属足阳明胃经，选定为治疗经络，根据对称选穴原则，应在对侧对经等距离处选穴，因偏历距手腕3寸，按比例，则在左侧距脚踝解溪穴上4寸处治疗；下卦为巽，属手太阴肺经，因肺经与大肠经互为表里，通过络穴相通，故应选肺经络穴列缺治疗。据邹老体会，以此治法止痛"行针数秒钟后便痛止而愈"。

表 16 变宫卦表

			六世 纯卦	一世	二世	三世	四世	五世	七世 游魂	八世 归魂
胆 膀 胱	乾 宫	子（天）申	天天乾	天风姤	天山遯	天地否	风地观	山地剥	火地晋	火天 大有
心 心 包	兑 宫	午（泽）戌	泽泽兑	泽水困	泽地萃	泽山咸	水山蹇	地山谦	雷山 小过	雷泽 归妹
脾	离 宫	巳（火）	火火离	火山旅	火风鼎	火水 未济	山水蒙	风水涣	天水讼	天火 同人
大 肠	震 宫	卯（雷）	雷雷震	雷地豫	雷水解	雷风恒	地风升	水风井	泽风 大过	泽雷随
肺	巽 宫	寅（风）	风风巽	风天 小畜	风火 家人	风雷益	天雷 无妄	火雷 噬嗑	山雷颐	山风蛊
胃	坎 宫	辰（水）	水水坎	水泽节	水雷屯	水火 既济	泽火革	雷火丰	地火 明夷	地水师
小 肠 三 焦	艮 宫	未（山）亥	山山艮	火山贲	山天 大蓄	山泽损	火泽睽	天泽履	风泽 中孚	风山渐
肝 肾	坤 宫	丑（地）酉	地地坤	地雷复	地泽临	地天泰	雷天 大壮	泽天夬	水天需	水地比

（2）对卦针法：对卦针法按十二地支与十二经络相配，以流注次序定位针刺穴位。

子：足少阳胆经——午：手少阴心经

丑：足厥阴肝经——未：手太阳小肠经

寅：手少阴肺经——申：足太阳膀胱经

卯：手阳明大肠经——酉：足少阴肾经

辰：足阳明胃经——戌：手厥阴心包经

巳：足太阴脾经——亥：手少阳三焦经

应用时，在某经某穴疼痛，便按上述规律，取相对的经，和相似位置的穴进行治疗。如患者在胆经左悬钟穴和肝经右曲泉穴处疼痛不适，按胆经为子，配午手少阴肾经，肝经为丑，配未手太阳小肠经的规律，在此两经分别取右阴郄穴，左小海穴进行治疗。

（3）四局针法：四局，是按东南西北四方，将十二地支分别配木火金水，每一方称为一局。

①木局

未，艮卦，配手太阳小肠经；

卯，震卦，配手阳明大肠经；

亥，艮卦，配手少阳三焦经。

②火局

寅，巽卦，配手太阴肺经；

午，兑卦，配手少阴心经；

戌，兑卦，配手厥阴心包经。

③金局

丑，坤卦，配足厥阴肝经；

巳，坤卦，配足太阴脾经；

酉，坤卦，配足少阴肾经。

④水局

子，乾卦，配足太阳膀胱经；

辰，坎卦，配足阳明胃经；

申，乾卦，配足少阳胆经。

四局针法适用于大范围的四肢部位的病痛，如痹症、痿证等病症，往往手或足三阴经、阳经同病。此时取中心对称的对侧三经刺之。如左侧手三阳木局的肩臂痛，可取右侧足三阴之金局股内侧足五里、髀关、冲门等穴治之。

（五）运用易理解决中医学术上的重大疑难问题

邹学熹教授认为中医学的理论核心就是阴阳五行，但阴阳五行的活水源头在易学。具体来说，八卦是阴阳学说的来源，八卦的五行属性是在阴阳的基础上推衍而成。河图是五行学说的来源，而洛书则是从数理上来证实阴阳学说。太极是宇宙的"整体观"，是阴阳五行的公式图。邹学熹教授认为，灵活运用易学的三大规律——八卦、河洛、太极，可以解决中医理论中长期遗留的一些重大疑难问题。

1. 用太极图解释《黄帝内经》"左肝右肺"学说。

《素问·刺禁论》中说"脏有要害，不可不察，肝生于左，肺生于右，心部于表，肾治于里，脾为之使，胃为之市"，后人将其简称为"左肝右肺"。但西医解剖学看到的是肝主要位于右侧，而肺位于胸腔内，左右均有。《黄帝内经》"左肝右肺"的观点成为一些人攻击中医的理论根据，他们质疑：连肝脏、肺脏位置都搞错的医学，其疗效能和西医学相抗衡吗？

那么，传统的中医学工作者是如何解释的呢？一般认为，"左肝右肺"的本义是对肝肺两脏功能的高度概括。从原文的上下文来看，所谓"肝生于左，肺藏于右"，不是指两脏的解剖位置，而是指功能，是在表达脏气的运行和作用位置而已。如唐代名医王冰说："肝象木，王于春，春阳发生，故生于左也；肺象金，王于秋，秋阴收杀，故藏于右也。"这些解释虽然有一定的道理，但仍然不是十分圆满。

邹学熹教授认为，"左肝右肺"若理解成形体上的左右部位，那就犯了认识方法上的错误，如果对《易经》有一些了解，运用易学知识来加以解释，则迎刃而解，可以得到圆满的解答。实际上，《黄帝内经》"左肝右肺"的"左右"，指的是太极公式图上的左右（参图 11 太极圆周图式）。因为太极图上左侧为东，属肝；右侧为西，属肺。肝配东方，法春气，主升，为气化的起点；肺配西方，法秋气，主降，为气化的终点。如此一春一秋，一升一降，一始一终，就构成"左肝右肺"了。推而言之，"肝生于左"是言太极图上肝气自左而升；"肺藏于右"是言肺气自右而降。自此，邹学熹教授根据易学太极圆周图式之理，使"左肝右肺"的含义得以全面澄清。

2. 从八卦体系谈《金匮要略》十七句之争

《金匮要略·脏腑经络先后病脉证并治》说："夫治未病者，见肝之病，知肝传脾，当先实脾。四季脾王不受邪，即勿补之。中工不晓相传，见肝之病，不解实脾，惟治肝也。夫肝之病，补用酸，助用焦苦，益用甘味之药调之。酸入肝，焦苦入心，甘入脾。脾能伤肾，肾气微弱，则水不行；水不行，则心火气盛，则伤肺；肺被伤，则金气不行；金气不行，则肝气盛，则肝自愈。此治肝补脾之要妙也。肝虚则用此法，实则不在用之。经曰：虚虚实实，补不足，损有余。是其义也。余藏准此。"首句言见到肝的疾病，可知肝邪将传脾土，先安未受邪之脾土，为古今医家所公认。次言"夫肝之病，补用酸，助用焦苦，益用甘味之药调之"讲述五味入五脏理论。疑点主要在"酸入肝，焦苦入心，甘入脾。脾能伤肾，肾气微弱，则水不行；水不行，则心火气盛，则伤肺；肺被伤，则金气不行；金气不行，则肝气盛，则肝自愈。此治肝补脾之要妙也。肝虚则用此法，实则不在用之"十七句。其字面意思如下。

肝虚（补用酸）：脾实（益用甘药）→伤肾→心火气盛（助用焦苦）→金气不行→肝气盛

后世对于这十七句持有不同的观点，聚讼纷纷。反对方有陈修园、尤在泾等医家，他们认为，为补肝一脏之虚而实脾、伤肾、纵火、伤肺，连累四脏，绝无此理，故而陈修园认为此段话揭露中工之谬治，尤在泾认为此段话为后人不解前文、妄加之注释。

支持此十七句的医家都认为，"伤"当作"制"理解，是制约平衡之意，《说文解字段注》谓"山海经谓木束为伤"，并非伤害之意，邹学熹教授亦持此观点。但"伤"当作"制"解，并未能完全解决问题，十七句中治疗肝虚的治法，首先是实脾制肾，既然实脾，为何脾不生肺以伐肝？既然制肾，肾为肝之母，肝岂不更虚？十七句中全言五行相克，未考虑到五行相生。脾又为后天之本，肾为先天之本，脾实岂不四脏皆实，肾伤岂不四脏皆伤？

针对这一问题，邹老认为，根据易学理论，相生与相克是两个迥然不同的体系，五行相克就是先天八卦所讲的对待，五行相生就是后天八卦所讲的流行，二者属不同体系，绝不可混淆。五脏病变既有相生关系失去平衡的病变，也有相克关系失去平衡的病变，两类病变各有传变规律，绝无忽而相生，忽而相克之理，若如此，则病证传变岂不是毫无规律，可以随意解释？明代名医王肯堂也说过："轻病缓治，可论一气之相生；重病急治，唯论五行相克。"可见，相生传与相克传是两个体系，病情轻重不同，不可混淆。由此可见，十七句是讲五行相克方面失去平衡的病变，是利用五脏之间相互制约的关系，来调节"肝虚"之病，以恢复生理上的平衡，是不能用相生规律失衡来解释的。

至于同一病变中，为什么不能同时出现相生与相克两种病理反应呢？邹老认为，相生与相克两种情况在同一人身上发生，就已经从病理变化转为生理平衡了，则既不属先天八卦，也不属后天八卦，而属于讲阴阳平衡的中天八卦了。这种情况，在中医学上就属于生中有克、制中有化的制化规律，在人体内部就自身调节了。

二、五行系统辨证学说

邹学熹教授认为，前人总结出中医辨证的三大体系以六经论伤寒，三焦或卫气营血论温病，五脏论杂病。这是因为伤寒的传变很有规律，六经证候经界分明，故伤寒最适合采用六经辨证。温病证候可以六经症状并见，只有用三焦或卫气营血才能划清层次。杂病则病位比较明确，有脏腑经络可寻，传变亦按五脏的生克乘侮进行，所以用五脏辨证。

五行系统辨证学说即五脏辨证学说，它把内而五脏六腑、外而躯干肢体、全身联属的经络、内外相通的孔窍，串联在一起，按五行属性分成机体的五大系统，并把多种病证分属五脏进行论治。五脏学说是在《黄帝内经》"藏象"的基础上发展起来的，已有上千年的发展历史。《金匮要略》具体提出以"五脏论杂病"，结合脏腑病机以辨证论治。《中藏经》《千金方》也以脏腑虚实或寒热概括杂病。《小儿药证直诀》以五脏论小儿生理病理。《脏腑标本寒热用药式》使脏腑学说的理、法、方、药规模扩大。李杲著《脾胃论》，罗天益论"三焦"证治，王泰林著《肝病证治》，唐宗海书《血证论》。脏腑学说虽然历代都有发展，但与六经辨证、三焦和卫气营血辨证相比较而言，一直未形成完善的体系。

时至今日，中医学中关于五脏辨治体系的历史性片段积累已经相当宏富，邹学熹教授在20世纪70年代敏锐地感到自己正处于这些片段知识积累引起质变的黄金时期，系统总结这些知识正是历史赋予的责任。可是好事多磨，当他开始撰写五脏证治书稿之时，突然患了一场大病，瘫痪在床，他在"书不写成死不休"的信念下，克服重重困难，历时8年，最终写成了《中医五脏病学》一书。这部书在1983年由四川科学技术出版社正式出版后，受到美国西雅图针灸中医学院班康德先生的极大关注，他请求将本书译成英文本，并希望邹学熹教授在本书的基础上再加以补充。因此，该书从原来的25万字增加到了60万字，更名为《中国五脏病学》，并于1988年再次在国内出版。

虽然五脏病学专著两次出版，但邹学熹教授在长期的临床和教学中，觉得在五脏证治体系中仍有不完善的地方，经过10年时间的殚精竭思，又补充了10余种五脏证治条目，最终形成了以本脏自病20项、相生关系失衡病变20项、相克关系失衡病变20项，再加上寒热虚实四大辨证总纲，合计64项，恰合易学64卦之数，以60个基本证型配60卦，以虚、实、寒、热4纲配乾、坤、坎、离4卦。宇宙是一大天地，人身是一小天地，人身就是宇宙的缩影，而人身的每一局部又是全身的缩影。易学中的太极、河洛、八卦至64卦，都可以看成是反映宇宙万物规律的公式图。既然宇宙的规律如此，那么五行五脏的规律也应如此。64证合64卦，看似巧合，实寓深意。

（一）五行系统辨证学说的理论核心与客观规律

五行系统辨证学说的理论核心，就是阴阳五行，因为五脏是本五行来的，脏腑相合是本阴阳来的。五行系统辨证学说的客观规律，是天人合一。中国人的哲学思想，是从古天文学中发现而来，这就是一种"效法自然"的观念。"人与天地息息相通"，人体和自然界是一个统一体；"人身是一小天地"，存在着共通的规律，所以五行系统辨证学说就是建立在自然界这些客观规律的基础之上的。由于阴阳五行规律大家都比较熟悉，下面侧重对邹学熹教授阐述的天人合一客观规律进行介绍。

天人合一中的"天"指自然界和自然界的规律，"人"指人体和人类。"天人合一"指天地和人皆由一气所化生，同出一源；人与自然构成相互联系的统一体，二者之间还存在着共通规律。《黄帝内经》中的天人合一规律，表现为"天人相应律"和"天人共通律"。

1. 天人相应律

天人相应律，指人和自然界是一个统一体，气机相互呼应，息息相通。人不能脱离自然界的气候、环境而生存，自然界的气候、环境变化，影响到人体的气机活动。所以《素问·宝命全形论》说："人以天地之气生，四时之法成。"《素问·生气通天论》说："九窍、五脏、十二节，皆通乎天气。"人必须依赖自然界的气化而生存，必须适应四时变化的法度，才能成长下去。自然之气异常则为灾害，人身之气异常则为疾病。《素问·四气调神大论》说："贼风数至，暴雨数起，天地四时不相保，与道相失，则未央绝灭。"自然界异常天气或气候，天地四时异常，万物遇到灾害或者生长受到限制。

2. 天人共通律

天人共通律，指自然界和人共同遵循物质客观规律；自然界和人同属于物质，遵循物质运动变化的规律。虽然天地和人的客观具象不同，但是他们之间存在的内在运动规律是相通的。因为有天人共通，才出现天人相应。从《黄帝内经》到整个中医学内容中，都有天人共通规律的存在。《灵枢·顺气一日分为四时》说："夫百病者，多以旦慧、昼安、夕加、夜甚，何也？岐伯曰：四时之气使然。"一天内，人体阳气变化，与自然界阳气变化有着相同的规律。从生物进化角度分析，整个生物界的发展过程是从低级到高级，从简单到复杂，螺旋式上升的规律。人类进化发展过程也遵循这个规律；人的生命个体，从受精卵发育成三胚层，再衍化成各个器官和系统，到发育为一个完整的胎儿，也重复了整个生物界发展过程的规律。邹学熹教授认为，一般方书论"天人事一"，皆局限于天人相应方面，而忽略了天人之间的共通规律，从而造成对中医经典的部分地方难以理解的后果。

（二）五行系统辨证体系与气化的关系

气的运动称为气机，气的运动而产生的各种变化称为气化。人体气机调和，五脏元真通畅，则阴平阳秘；若正虚邪凑，气化失常，则易发生病变。疾病过程中，邪正的斗争不外乎气的消长进退，而气的消长进退，可引起虚实存亡的变化。如何了解气化活动的情况，《素问·六微旨大论》提出了一个纲领："言天者求之本，言地者求之位，言人者求之气交。"《天元纪大论》具体讲到，在天部当察"气有多少"，以了解"阴阳失调"；在地部当察"形有盛衰"，以了解"五行偏颇"；在人部当察"相召"和"损益"，以了解"气机逆乱"。

1. 气有多少与阴阳失调

致病之因，无非六淫和七情。六淫为患，或寒伤阳气，或热阴血。伤寒按阴阳之气的多少提出六经辨证，温病以阴阳之气的多少提出三焦辨证和卫气营血辨证，这一寒一温的病变，仍属于"气有多少"这一体系。七情致病，喜则气散，怒则气上，惊则气乱，属于气机向上、向外亢奋的表现，在病变上属于阳；悲则气消，思则气结，恐则气下，忧则气郁，是气机向下、向内消沉的表现，故在病变上属阴。由此可见，无论外感或内伤，都应该细致分辨阴阳虚实的变化。阴阳之气的偏多偏少，失去平衡，引起病理变化。阳气偏多，出现阳盛则热的病变；阴气偏多，出现阴盛则寒的病变。阳气偏少，出现阳虚火衰的病变；阴气偏少，出现阴虚内热的病变。病变到极点，可出现阴损及阳，阳损及阴；阴盛格阳，出现真寒假热证；阳盛格阴，出现真热假寒证；甚至出现阴阳离决证。

2. 形有盛衰与五行偏颇

《素问·天元纪大论》说："形有盛衰，谓五行之治，各有太过、不及也。"形，指五行，乃把地部有形可征之物，按五行分为五大类，以了解形体的盛衰情况。由于有盛有衰，就出现了五脏气化太过和不及，因而五行之间就出现了生克制化失衡的情况，结合到人体则五脏之气偏盛为实，就会发生五脏有余的病变，偏衰为虚，便会发生五脏不足的病变。所以《素问·六微旨大论》说："亢则害，承乃制，制则生化。外列盛衰，害则败乱，生化大病。"五行之间相互依存制约，才能维持气机正常的生化，这种平衡关系遭到破坏，如一气偏盛，而他气不能制约时，就要发生病变。

3. 损益相召与气机逆乱

观察气机活动的方法,在天部则察"气有多少",在地部则察"形有盛衰",在人部则察"气的损益相召"。《素问·天元纪大论》说:"上下相召奈何?""曰:寒暑燥湿风火,天之阴阳也,三阴三阳上奉之;木火土金水火,地之阴阳也,生长化收藏下应之。"上下相召,天地之气交相呼应,会于中部,以进行生化。由于气机活动有变有化,有盈有虚,所以因形察气之法,在天地则应之于阴阳五行,在人体则见之于气血五脏。人掌握气化盛衰与时消息的规律,从而损之益之,以为养生防病,探索病理之用,所以有"上下相召,损益彰矣"。

(三)五脏传变规律及其治疗大法

五行系统辨证体系是按五行把人体分为五大系统,每个系统以脏腑为中心,包括联属它的经络,内外相通的孔窍,以此为基础,运用阴阳对立统一的思想、五行的生克制化规律,探讨理法方药证治。

1. 五脏传变规律

五脏的传变遵循五行的生克制化乘侮规律。《素问·六节藏象论》说:"五气更立,各有所胜。"《至真要大论》说:"有胜有复,无胜则否。"要了解病变发展的关键所在,必须掌握五行胜否的规律,才能辨别五脏之间的病气传变情况。五脏的生克制化,在正常状态下,反映了机体之间相互的依存制约关系;在病变情况下,则表示五脏之间失去正常协调,发生病气传变。

有关五脏传变的内容,可以概括为以下几个方面:①五脏之间的"相生传"和"相克传"。②脏病传腑,腑病传脏。③脏腑病传经络,经络病传脏腑。④本脏自病,既未影响他脏,也不受他脏之邪,不存在传变。躯壳疾病,邪在皮肉筋骨,既不归经络,也未入脏腑,不发生传变。

其中相生传和相克传,比较复杂,有很大的临床意义。相生传是因为五脏在相生方面的关联性受到破坏,发生五脏依存关系失去平衡所引起的传变,前人提出了母子学说来阐明这一病理关系。相克传是因为五脏在相克方面的关联性受到破坏,发生五脏制约关系失去平衡而引起的病变,《黄帝内经》提出了"乘侮规律"来阐述这一关系。

清末民初,四川医家何仲皋著《脏腑通》,以诗词的形式论述脏腑传变规律,邹老对此极为重视，多次为学生讲解，现引述如下并做适当解释。

（1）五脏之间的"相生传"和"相克传"

①心与肝

离火在天为电，震雷引以为鞭；心怒遽动将军官，气结胁间不散。

厥阴肝气上逆，心痛疼热不堪；舌卷囊缩病相连，皆是二经之变。

注解：离为火，震为雷，离火在天之象应闪电，闪电之光如同明亮的长鞭，闪电之后，继闻隆隆震雷之声，就好像震雷拿着闪电作它的长鞭一样。闪电如鞭之语，出《淮南子·原道训》："电以为鞭策，雷以为车轮。"结合人体脏腑来看，心属火，为离火；肝属木，为震雷，木火有相生关系，心肝二脏的功能相关有如天之雷电密切相伴。病理上，心肝之中一脏有病就很容易引起另一脏发生病变。怒虽为肝之志，但怒之由起于心，如心中火起就会引动肝气横逆，致使胁间胀满；肝气上逆会触动心火，致使心中热痛。心主舌，肝经过阴囊，舌卷囊缩是心肝二经病变。

②心与肺

心脏原为倒火，肺为华盖高撑；心火炎上肺咳生，肺热心亦烦闷。

温病两寸洪大，由肺累及心经；银翘散中藿郁增，紧把膻中护定。

注解：心之形状就像一个颠倒的火苗，甲骨文的"心"字即为倒"火"，肺如华盖居于心之上，有相克关系。病理上，心火炎上熏肺会导致咳嗽，肺热也会传至心，新感温病逆传心包一证即是如此。如风温初起发热而渴，出现胸膈闷者，即需在银翘散中加藿香、郁金以宽胸解郁、清心散瘀，以护膻中。

③心与脾

心火能生脾土，脾脉上注心宫；脾阳虚则思虑穷，心虚难于记诵。

归脾汤中诸品，多治健忘怔忪；心血不生脾血空，转使心中刺痛。

注解：心与脾有相生关系，火能生土，主要是心脾有经脉相连，足太阴脾经："其支者，复从胃，别上膈，注心中。"（《灵枢·经脉》）病理上，脾阳虚则影响心之思虑功能，心虚更直接影响记忆功能。心脾气血亏损会相互消耗，出现健忘怔忪、心中刺痛，当予归脾汤补益心脾。

④心与肾

离火原为心脏，坎水则属肾经；坎中一阳会离阴，心肾相交无病。

既济中藏未济，微理阐自易经；水气上犯作奔豚，思患预防要紧。

注解：心为离火，肾为坎水，坎中之阳上交于心，离中之阴下交于肾，心肾相交，属坎离既济之象。病理上，如心火上炎而肾水下流，则为心肾不交，坎离未济之象。这是易学中阐明的隐微之理。并举出伤寒发汗，烧针误汗，必然导致心液不足，神气浮越，肾邪乘之上冲而作奔豚之证，见此征兆，应该考虑提前预防。

⑤肝与脾

脾为肝木所克，肝病实脾为先；倘若弦脉见右关，土虚木乘可验。

脾经若多湿气，筋必软短拘挛；关节不利屈伸难，治从苦热酸淡。

注解：肝与脾有相克关系，当邪气以相克关系传变时，应采取治未病的方法，"见肝之病，知肝传脾，当先实脾"。右关属脾，肝脉为弦，右关现肝脉，是土虚木乘的征象。肝主筋，脾湿盛时也会累及肝，"大筋软短，小筋弛长"，治当遵从《素问·至真要大论》"湿淫于内，治以苦热，佐以酸淡，以苦燥之，以淡泄之"。即以苦温燥湿，淡渗利湿，兼以酸味柔肝舒筋。

⑥肝与肺

肝脉贯膈注肺，雷从秋令收声；血虚肝木侮肺金，肺郁乘其所胜。

伤寒恶寒发热，大渴当刺期门；肺饮肺疟脉如平，弦脉因克而隐。

注解：肺与肝有相克关系，二脏通过肝脉贯膈注肺相连。雷属震卦应木，秋季属金而雷声收敛，用此自然现象比喻其相克关系。病理上，肝为藏血之脏，血虚则肝气偏亢，肝木会反侮肺金；肺金本可克制肝木，肺气闭郁常致肺气偏盛，肺金就会乘肝木。《伤寒论》第 109 条："伤寒发热，啬啬恶寒，大渴欲饮水，其腹必满，自汗出，小便利，其病欲解，此肝乘肺也，名曰横，刺期门。"风为百病之长，凡寒、湿、燥、热诸邪多依附于风而侵犯人体，虽名伤寒，邪气必是风寒，风属木而内应于肝，常致肝盛，肝木不受肺金克制，而反侮肺金，以致肺主皮毛之功能失司，阳气郁闭于内则发热，卫阳不得行于外而致肌表失于温煦故恶寒；郁热消耗津液，故大渴欲饮水；肺主通调水道，今肺受肝侮，则水道失于通调，必小便不利，加之饮水多，水阻中焦，故腹满。今自汗出，说明表邪解；小便利，说明水道通调，是其病欲解之征象。但欲解而未解，此时针对病机，刺肝之募穴期门，以泻太过之肝气，则诸症必解。弦脉主疟主饮，《金匮要略》记载饮邪不甚，疟邪有其他证候表现时，皆可不见弦脉，这是因为肺金之邪盛，肺金乘肝木，肝的主脉弦脉可因此而隐没不见。

⑦肝与肾

肝木生于肾水，三冬雷在地间；先王至日且闭关，阳气还须内敛。

肝热风火相煽，肾精随之已干；失精伤肾复伤肝，少腹弦急目眩。

注解：肝属木，肾属水，五行水能生木，故肾水能生肝木。肝为罢极之本，冬日肾当收藏，不可过劳，耗散肝肾之精。"雷在地间"是根据《易经》"复卦"之象而言，该卦上坤下震（䷗），坤为地，震为雷，上地下雷，雷在地中。冬季对应肾，此时阴盛阳伏，雷比喻人体阳气，是说冬令肝之阳气应深藏于肾中，如同"复卦"一阳居于五阴之下，震雷藏于地间之象。所谓"先王至日且闭关"，也是化用《易经》"复卦"中"先王以至日闭关"一句，是说古代的君王在冬至这一天封闭出入的关卡，这里隐喻减少消耗，敛藏阳气。病理上，肝经风火会下灼肾精，肾精枯耗无以养肝，肝肾两虚会出现少腹弦急、目眩等症状。

⑧脾与肺

肺脏生于脾土，二脏皆属太阴；肺经主降脾主升，俨如地天相应。

脾干由于肺燥，清燥故用麻仁；咳嗽右胁引肩疼，又是脾经之病。

注解：脾为坤土，主升清；肺为乾天，主肃降。就像《易经》的"泰卦"，地在上，天在下，表示天气下降，地气上腾，上下相互感应，脾肺两脏的气机升降宛如天地交合。脾土生肺金，二者又有相生关系。肺为手太阴，脾为足太阴，皆为太阴经。病理上，肺燥者脾必干，因子盗母气，所以清燥救肺汤要用麻仁，就是为了濡润脾经之燥，这是明代医家喻嘉言制方的高明之处，或许这也是本方几百年来在临床上用之效果卓著的原因。咳嗽不离于肺，亦不止于肺，《素问·咳论》说："脾咳之状，咳则右胁下痛，阴阴引肩背，甚则不可以动，动则咳剧。"这是因为胸胁部位有脾之大络分布。

⑨脾与肾

肾阳能生脾土，脾输水谷添精；太极本从无极生，先后二天同运。

肾气丸中桂附，补阳用助脾经；小建中汤治太阴，意在纳谷助肾。

注解：肾水与脾土本是相克关系，这里却说相生，是因为此处肾阳是指命门之火，由于古人肾命不分，常把肾阳等同于命门之火。命门之火能温煦脾土，脾转输水谷精微而添精补髓，命门为先天无极，脾为后天太极，二者相互资助。肾气丸用于补肾，但其中桂枝、附子能温助脾阳；小建中汤用于补脾，通过纳谷又能补助肾气。

⑩肺与肾

肾脉贯膈注肺，二经金水相滋；肾经水气向肺移，浮肿小便不利。

又有金不生水，肾经由之而虚；瞳神散大磁朱医，吸铁引针神剂。

注解：肺肾为金水相生的关系，经脉亦相交接。病理上，肾中寒水之气过盛，波及水之上源，肺失通调水道，因肺合皮毛而出现浮肿，因肾主小便而出现小便不利等症状。肺虚会累及肾，即金不生水、母病及子，造成肾精亏虚，因瞳神属肾，精气不足则瞳神散大，可予磁朱丸治疗，方中磁石直入肾经，收散失之神，且能引铁吸肺金之气归藏肾水，则瞳神散大之症可愈。

（2）脏腑间传变

①心与小肠

天干丙丁一气，心与小肠相通。火脏火腑应雌雄，表里相为体用。

口糜舌尖干绛，茎痛小便淋红。两火相凝气上冲，导赤一散可用。

注解：天干配属五行、脏腑，丙丁都属火，丁火配心，而丙火配小肠，火脏火腑所以一气相通，丙火属阳而丁火属阴，故雌雄相应，心与小肠表里互为体用。临床上小肠丙火上冲表现为口糜、舌尖干绛；心移热于小肠，则茎痛、小便淋沥、尿血，均可予导赤散治之，此为脏病治腑，腑病又可直泻其热之法。

②心与膀胱

膀胱原属卫外，其气不异日光。心为阳中之太阳，丁壬化木可想。

嚏声连连不止，分明病在膀胱。阳和心脏不外张，是以出于鼻上。

注解：膀胱为壬水，心为丁火，膀胱经为太阳，主司卫外，其阳气好像太阳光一样，但其阳气却来源于心阳。病理上，若风木为患，太阳经感受风寒之邪，导致卫气闭郁，心阳也不能外张，肌肤腠理不能配合呼吸，气壅于肺，所以鼻鸣、喷嚏，此为膀胱经气为病，故仅表现在鼻。仲景用桂枝汤之类，振奋心阳，调和营卫而愈。

③心与大肠

乾道天行甚健，离火为日为天。大肠不通心火炎，必然谵语狂乱。

伤寒神昏谵语，大承气汤为先。泻心汤用大黄连，已可窥其崖岸。

注解： 乾卦取象于天，其性健运不息，比喻大肠腑气通降而有规律。心为离火，为红日在天。病理上大肠不通，腑气郁遏，热结大肠，热势上炎，心神被扰，可致谵语狂乱。按《伤寒论》之法，阳明腑实而神昏谵语者，主以大承气汤，峻下热结，承顺胃气下行，使塞者通，闭者畅，故名承气。

此歌诀所描绘之火在天上之象，即乾下离上，在《易经》为"大有卦"，该卦一阴居六五尊位，统率五阳。此处用"一阴"暗喻大肠腑气顺降是病机关键，一阴顺，则五阳和。而《伤寒论》治疗中焦热痞之证用泻心汤，名为泻心，其实是通降胃腑，胃腑和则热不扰心，达到间接"泻心"的目的，由此可以看到与大承气汤治疗阳明腑实神昏类似的治法。

④心与胃

心脏原居胃上，二阳之病发心。天干丁戊气相生，胃降心火自顺。

调胃能止谵语，泻心汤用连芩。古人立方法最明，自可引人入胜。

注解： 心位于胃上，《伤寒论》称胃为"心下"，心为丁火，胃为戊土，二者为相生关系，胃气降则心火顺。"二阳"指阳明，阳明胃肠失于和降为病，或痞塞，或便结，郁火上炎影响心神，胃气下行，心火自顺，因此《伤寒论》调胃承气汤能治谵语，三黄皆是苦降之品。大黄连泻心汤中黄芩、黄连本泻心火，却又用以泻胃中火热之结。古人这些治疗方法，都证明了心胃两经气化相通的关系。

⑤心与胆

胆腑内藏心火，其气上通于心。心神不足胆便惊，先庚三日在巽。

少阳胆气不足，心悸肾水相侵。小柴胡汤加茯苓，其方传于仲景。

注解： 五行有互藏，五行之中复有五行，人体五脏也具有相类似的属性，肝胆内藏其余四脏之气，其中包括心火，心胆之间一气相通。病理上相互影响，心神不足则胆惊，胆气不足则心悸，火衰则水盛，肾水上犯凌心，可加重心悸。此症可用仲景之小柴胡汤加茯苓治疗。歌诀中"先庚三日"出自《易经》"巽"卦："无初有终，先庚三日，后庚三日，吉。""先庚三日"为丁日，五行属"火"；"后庚三日"为癸日，五行属"水"。这里隐喻先有心火不足，后有肾水凌犯，导致心悸胆惊。

⑥肝与小肠

天干丙辛化水，肝脏赖以滋生。小肠火腑液病成，筋遂由之而劲。

小肠若受湿热，邪从肝脏而侵。脉见弦芤迟缓形，清暑益气可进。

注解：按天干五行配属，丙辛属水。水能生木，肝属木，故谓肝脏赖以滋生。若心移热于小肠灼伤阴液，肝失阴液之养，则肝阳偏亢，肝主筋，肝阳动于筋遂，则筋遂为之抽搐。肝经湿热可侵袭小肠引起病变，脉弦芤迟缓，可予东垣清暑益气汤。清暑益气汤治疗平素气虚，又感受暑湿，而导致的身热头痛，口渴自汗，四肢困倦，不思饮食，胸满身重，大便溏薄，小便短赤，苔腻脉虚者。这里所说的小肠湿热，就是现代中医所说的"暑湿"，之所以定位在"小肠"，是因为患者有口渴、小便短赤等症，实际上是因为夏暑通于心，暑热导致心火偏亢，下移于小肠所致。由于同时兼有不思饮食、身重头痛，便溏等湿邪的表现，与前面的热象并见，故称"湿热"。加之暑热耗气，故还有困倦、自汗、脉虚等气虚的表现。

⑦肝与膀胱

肝为筋脉之主，津又主于膀胱。太阳气逆筋便伤，内经言之甚当。

伤寒起则头眩，二经连累而殃。仲景苓桂术甘汤，真是天开妙想。

注解：肝主筋，膀胱藏尿液，《素问·灵兰秘典论》说："膀胱者，州都之官，津液藏焉，气化则能出矣。"这里的津液指尿液。病理上太阳病发汗太过，气液俱伤，筋失温煦濡养，可见筋惕之症。《伤寒论》曰："起则头眩，脉沉紧，发汗则动经，身为振振摇者，苓桂术甘汤主之。"此证为太阳膀胱经寒水上犯，影响头部清阳，故起则头眩；发汗伤津，肝筋失于所养，故而身摇。寒水上犯之头眩，可用苓桂术甘汤。

⑧肝与大肠

肝脉直贯胃腑，大肠同是阳明。厥阴伤寒小便清，伤热亦多燥粪。

加味理中诸品，止泻并治肝经。当归龙荟大黄增，消息还需细忖。

注解：肝经贯胃腑，胃与大肠同属阳明，所以厥阴肝病常影响胃与大肠。如厥阴肝伤寒邪，可出现小肠火衰而小便清；伤热邪亦可导致肠中结成燥粪。反之，治疗肠胃病的理中汤，可在原方止泻诸品中加入兼治肝经之药，如温肝的肉桂、吴茱萸等；泻肝的当归龙荟丸，于清肝药中并用大黄，有兼泻大肠之意。

⑨肝与胃

肝经在卦为震，三爻一阳二阴。仰盂变作覆碗形，直犯阳明胃分。

气上冲胸堪证，上引如怀可征。乌梅丸治气冲心，皆是圣经明训。

注解： 肝与脾胃是相克关系，肝在卦为震，震似仰盂（☳），二阴位于一阳之上，胃在卦为艮，艮似覆碗（☶），二阴上有一阳，震与艮形态相反。病理上震转化为艮，正是肝乘脾胃之证，会有气上冲胸、上引如怀的症状，可用乌梅丸治疗。

⑩肝与胆

肝叶内藏胆腑，二经表里相连。肝仁胆义性不偏，治病亦需两管。

小柴升胆之剂，姜芩寒热相参。厥阴病用乌梅丸，亦是寒热各半。

注解： 胆附于肝，有经脉互为络属，构成表里关系。胆汁来源于肝之余气，胆汁所以能正常排泄和发挥作用，需要依靠肝的疏泄功能；从情志上来看，肝主谋虑，胆主决断，谋虑后则必须决断，而决断又来自谋虑，二者在生理上密切相关。肝所连厥阴经为阴之半表半里；胆所连少阳经为阳之半表半里，二者居阴阳之界，临寒热之线，临床多寒热错杂之证，治疗疾病时应该注意肝胆兼顾，寒热并调。如少阳病之小柴胡汤、厥阴病之乌梅丸都是寒温、升降兼顾之剂。

⑪ 脾与小肠

小肠直接胃腑，脾胃则属夫妇。小肠热甚脾湿滋，火土相连一气。

太阳小肠受暑，脾土由之而虚。清暑益气术参芪，外感偏宜补剂。

注解： 小肠与胃相连，小肠属君火，脾胃属湿土，有相生关系。病理上，小肠火可导致脾湿滋生，这是火土相生的缘故。暑为热之极，小肠为火之腑，二者同气相求，暑邪易犯小肠，小肠受暑，反过来也可以造成脾土虚衰，所以东垣清暑益气汤，要用白术、人参、黄芪之类补益脾土之气，虽是伤暑外感，也并不禁用补剂。

⑫ 脾与膀胱

太阳日出于土，夜则入于土中。膀胱气化陷中宫，脾气由之而壅。

无汗小便不利，输转之气已穷。桂枝去桂术苓从，可识经方妙用。

注解： 以地平线划界，地平以下属土，昼则日出于土，夜则日入土中。因膀胱之经脉属太阳，脾属土，故以此来比喻二者之间的生理病理关系。如果足太阳膀胱经的气化陷于脾土，则脾经之气壅滞，转输水液的功能衰竭，出现无汗而小便不利之症。《伤寒论》曰："太阳病服桂枝汤，或下之，仍头项强痛，翕翕发热，无汗，心下满微痛，小便不利者，桂枝去桂加茯苓白术汤主之。"此证病机就在于邪犯太阳，陷于脾土，方中主要用茯苓、白术以助脾经转输津液，化气行水。

⑬脾与胃

脾胃建居黄极，数列河图之中。一升一降地天通，脏腑随之运动。

心肺相从于胃，肝肾唯脾相从。谦卦有吉而无凶，九三上六最重。

注解： 按河图东、南、中、西、北五个方位，脾胃居于中宫黄极之位，脾气主升，胃气主降，脾胃一升一降，其余四脏也随脾胃之气升降而运动，肝肾随脾而升，心肺随胃而降，脾胃成为脏腑运动的枢纽。从八卦来看，坤（☷）为脾，艮（☶）为胃，坤上艮下，正是"谦卦"（䷎），《易经》谦卦六爻皆吉，象征脾胃运于中，对四旁皆利，有如土为万物所归之象。谦卦第3爻（九三）和第6爻（上六）正好阴阳相济，象征脾胃升降协调，阴土、阳土相依，有吉无凶。

⑭脾与胆

少阳相火在上，脾土由之而生。风木化土治脾经，鸡屎醴传素问。

东垣补中益气，升柴用意最深。补中先发表云云，全是不通之论。

注解： 少阳胆中藏相火，相火生脾土；但胆又属木，木又能克土，脾与胆相依又相制。临床上胆疏泄不及导致脾气壅滞，出现腹胀满的鼓胀病，可以考虑从"风木化土"来治疗，"化土"即疏土，也就是说应用木能疏土的特性，来治疗脾气壅滞之病。对于鼓胀，《黄帝内经》主以鸡屎醴治之。根据《本草纲目》，鸡矢醴是"用腊月干鸡屎白半斤，袋盛，以酒醅一斗，渍七日。温服三杯，日三。或为末，服二钱亦可"。鸡屎有下气消积、通利大小便的作用。一般患者服后会出现腹泻，产生"逐水"的效应。《黄帝内经》用鸡屎醴通过泻下逐水，壅滞的脾气得以疏通，就好像树木之根疏松土壤的作用。东垣补中益气汤中升麻、柴胡升发胆经、脾经之气，防止壅补，暗含风木疏土之意，不是用来解表。

⑮肺与小肠

肺脏原为华盖，小肠脉亦朝宗。丙辛合化气相通，可识二经体用。

咳嗽连连矢气，小肠病入肺中。止嗽散中芍药从，寒热尤需慎重。

注解： 肺在人体体腔的脏腑中位居最高，有如帝王的车盖，受百脉之朝会，小肠之脉也不例外。肺为辛金，小肠为丙火，二经气化相通，互为体用。《黄帝内经》说："小肠咳状，咳而失气。"咳嗽伴矢气，乃是小肠病影响肺，《医学心悟》治以止嗽散加芍药，以芍药酸敛之品固涩小肠。

⑯ 肺与膀胱

太阳与肺合表，分明水气连天。相传下达州都官，俨若江淮河汉。

痰饮二经同病，经方苓桂术甘。咳嗽小便滴涓涓，止嗽散加苓半。

注解：太阳主表，肺亦主表。肺为水之上源，其位最高，配属八卦之乾，其象为天，肺主之水有如天之云气。膀胱蓄水居于下，有如地面上的江河。肺之水液，通调水道，下输膀胱，膀胱之水与天之云气相通达，故称"水气连天"。病理上，邪犯太阳，肺气失于肃降，水道不布，膀胱之水不能随气化而出，上源失降，下河失通，水液停蓄成为痰饮，乃二经同病所致，治以苓桂术甘汤。肺失肃降，咳嗽而小便不利，治以止嗽散加茯苓、半夏。

⑰ 肺与大肠

肺与大肠表里，脏腑皆属乎金。大肠病若肺咳生，燥咳亦多燥粪。

金匮下利肺痛，仲师汤用紫参。肺痛白散效如神，巴豆直从肠进。

注解：肺与大肠相表里，五行都归属于金。病理上相互影响，大肠病变可引起咳嗽，燥咳者津液亏虚，亦多燥屎。《金匮要略》治下利肺痛者以紫参汤，紫参"主心腹积聚，寒热邪气，通九窍，利大小便"（《神农本草经》），乃是肺痛之痛从大肠治之；治肺痛又有桔梗白散一方，由桔梗、贝母、巴豆组成，其中以巴豆通肠，治肺的同时也兼治大肠。

⑱ 肺与胃

胃之大络通肺，虚里名著内经。咸卦君子虚受人，取其泽山感应。

肺痛葶苈泻肺，补胃大枣甘平。白虎汤中加人参，又治二经热病。

注解：肺与胃经络相连，《黄帝内经》曰："胃之大络，名曰虚里，贯膈络肺。"二经如咸卦下艮上兑相互感应。艮为山，兑为泽，山泽通气。《金匮要略》葶苈大枣泻肺汤治肺痛，用大枣补胃；白虎加人参汤能治肺胃两经热病。

⑲ 肺与胆

少阳相火主病，火气可以刑金。咳嗽胆汁呕频频，肺胆二经同病。

元参麦冬生地，增水肺气肃清。木通胆草与黄芩，泻胆称为神品。

注解：肺金本克胆木，胆中又藏相火，病理上又能木火刑金，导致咳嗽，"胆咳之状，咳呕胆汁"。增液汤可清肃肺气，更与木通、龙胆草、黄芩泻胆火，则胆火犯肺之病可愈。

⑳ 肾与小肠

肾与小肠相近，化源出于丙辛。肾热小肠热亦盛，小便因而难渗。

肾气积久成疝，邪从小肠而侵。睾丸腰胁少腹痛，温通乌药可胜。

注解： 肾与小肠位置接近，辛水配肾，丙火配小肠，二经气化也相通。因此邪气可在二者间传变，如肾水耗伤而化热则小肠亦热，小肠主泌别清浊，使水液入膀胱，所以小肠热则水液难于渗泄，而出现小便黄、少、淋、涩诸症。疝气临床以少腹疼痛，牵引睾丸，或伴腰胁疼痛为特点，为寒邪从小肠侵入，导致肾气寒，沉寒积久乃成疝，治疗可用天台乌药散等。

㉑ 肾与膀胱

肾与膀胱表里，壬癸一气相通。寒热标本遂错综，是以在里骨痛。

太阳汗漏不止，护阳端赖附功。少阴始病热乃躬，麻附细辛可用。

注解： 肾与膀胱相表里，肾为少阴癸水，膀胱为太阳壬水，二经一气相通。在运气学说中，太阳属水，为阴，却表现为阳；少阴属火，为阳，却表现为阴，二者标本异气，本寒则标热，标热则本寒，所以病变寒热错综，所以外见恶寒发热，里有骨节疼痛。"太阳病，发汗，遂漏不止，其人恶风，小便难，四肢微急，难以屈伸者，桂枝加附子汤主之。"太阳过汗伤肾阳，需加附子固肾，少阴病兼表证，可用麻黄附子细辛汤表里双解。

㉒ 肾与大肠

肾与大肠同气，只缘窍在二阴。肾寒下利谷之清，肾热大便必硬。

理中加入附子，温肠首先温肾。凉膈麦地与元参，又治肾经热临。

注解： 肾开窍于二阴，大肠与魄门相通，因此大肠的传化受肾气调控。肾寒下利清谷，可用理中汤加附子，温大肠之寒，更首先温肾；肾热便硬，可用凉膈散合增液汤清肾经之热而保其阴津。

㉓ 肾与胃

肾脉从胃贯膈，二阳原配二阴。天寒地裂且凝冰，可识胃之与肾。

肾为胃关不利，水病由之而生。戊癸合化水斯灵，四逆称为神品。

注解： 肾为少阴癸水，胃为阳明戊土。肾水与冬寒相类，胃土与大地相类，天寒则大地皴裂凝冰，二者的关系有似于此。少阴为二阴，阳明为二阳，经络相通，且肾为胃之关。"关门不利，故聚水而从其类也，上下溢于皮肤，故为浮肿。"胃肾二经阳气不足则不能化水，治疗上当予四逆汤温阳化水。

㉔ 肾与胆

内经少阳属肾，一言度尽金针。胆汁癸水所钟灵，后庚三日在巽。

肾精耗散若过，胆必惕惕而惊。少阳胆气注瞳神，瞳神还是属肾。

注解：《灵枢·本输》说："少阳属肾，肾上连肺，故将两脏。"这里属（zhǔ），是连接之意。何氏把少阳解为足少阳胆经，少阳连接于肾，说明胆、肾关系密切。肾为癸水，胆汁属木，二者有相生关系，因此肾水消耗则胆惊。"后庚三日"出自《易经》"巽"卦，后庚三日为癸，这里是说明二者为水与木的关系。肝开窍于目，胆气上注瞳神，五轮学说中瞳神又属肾。需要指出的是，足少阳胆经并无经络连接到肾，一般认为"少阳属肾"的"少阳"为手少阳三焦经，其经脉"遍属三焦"，从而间接与肾有关联。何氏从癸水生木阐释胆肾关系，亦属妥当。

（3）腑与腑间传变

① 小肠与膀胱

膀胱原无上窍，直与小肠相连。小肠渗泄而通泉，然后能出小便。

伤寒小便不利，膀胱气化失权。温病小肠济泌难，冬地三黄最善。

注解：膀胱与小肠气化相通，小肠泌别清浊，使津液归于膀胱，生成尿液。寒邪侵犯太阳膀胱经可见小便不利，而成伤寒"蓄水证"。温邪煎熬小肠水液亦见小便少，可用冬地三黄汤治疗。冬地三黄汤出自《温病条辨·中焦篇》："阳明温病，无汗，实证未剧，不可下，小便不利者，甘苦合化，冬地三黄汤主之。"方用黄芩、黄连、黄柏泻小肠火热，玄参、麦冬、生地黄、芦根、金银花露增液利水，滋膀胱之化源，甘草调和诸药。

② 小肠与大肠

小肠受盛之腑，大肠传导之官。阑门上下界分焉，气化分明一贯。

倘若火腑热病，淫于金腑之间。伏瘕沉痔病连连，内经之名可验。

注解：小肠、大肠相连，以阑门为界，上下气化一以贯通，小肠病可传向大肠。《素问·气厥论》说："小肠移热于大肠，为虙瘕，为沉。"虙（fú），与"伏"

音义相通。沉，指痔疮。

③小肠与胃

阳明何多燥气，皆由两火相并。心脏在上赫赫临，小肠幽门相应。

唇疹口糜龈烂，二经热邪浸淫。实热调胃或小承，虚则甘露宜饮。

注解：胃与小肠相连，以幽门为界，阳明胃土位于人体正中，上有心火，下有小肠火，因此多见燥热病证，如口唇疱疹、牙龈糜烂等，实热证宜调胃承气汤或小承气汤，虚热证宜甘露饮。

④小肠与胆

甲木能生丙火，胆与小肠相亲。二经同病膈如焚，小便因而不渗。

或为大头瘟毒，或为水瓢等温。增损普济板蓝根，黄芩黄连可审。

注解：小肠为丙火，胆为甲木，有相生关系。二经热病，膈上如焚，小便不利，或为大头瘟、水瓢温等温毒证，宜用增损普济消毒饮，不可减去板蓝根、黄芩、黄连。

⑤膀胱与大肠

前后二经同气，大肠下口为肛。肛内之脉是膀胱，治病宜知所向。

太阳外症已解，邪从水腑深藏。血既热兮人如狂，桃仁承气最上。

注解：大肠下口为肛门，膀胱之脉贯肛内，膀胱与大肠分别开窍于前后二阴，位置接近。若太阳病表证已解，邪气可内传水腑，形成热与水结之膀胱蓄水证，表现为小便不利，少腹满微热，消渴，或水入则吐等，宜五苓散。或邪入膀胱血分，形成热与血结之膀胱蓄血证，表现为少腹结急，下血，神志如狂，发热等症状，此时必波及肛内之脉，宜桃核承气汤。

⑥膀胱与胃

膀胱三阳之腑，胃为二阳之经。太阳之病合阳明，其气逆而不顺。

倘若不利但呕，仲师汤用葛根。脉促喘汗烦下利，葛根芩连可进。

注解：太阳膀胱为三阳，阳明胃为二阳，伤寒中可见二经合病。"太阳与阳明合病者，必自下利，葛根汤主之。""太阳与阳明合病，不下利，但呕者，葛根加半夏汤主之。""太阳病，桂枝证，医反下之，利遂下止。脉促者，表未解也；喘而汗出，葛根芩连汤主之。"

⑦膀胱与胆

少阳半表半里，半表属于膀胱。太阳之病合少阳，气亦逆而不畅。

若不下利而呕，黄芩汤入半姜。下利直用黄芩汤，消息还需细想。

注解： 少阳胆经为半表半里，偏于半表之分仍为太阳膀胱所主。如果"太阳与少阳合病，自下利者与黄芩汤；若呕者黄芩加半夏生姜汤主之"。

⑧大肠与胃

胃为水谷之腑，大肠传导之经。艮土一气贯乾金，变化神明无定。

二经痞满燥实，芒硝枳朴生军。热结旁流气已行，甘草硝黄可任。

注解： 胃与大肠都司传化水谷，胃为艮土，大肠为乾金，有相生关系。胃为足阳明，大肠为手阳明，阳明若病痞满燥实，当用大承气汤，其中枳实消痞，厚朴除满，芒硝润燥，大黄泻实。若热结旁流，虽燥屎未化，但气已通行，则可小其制，用调胃承气汤即可胜任。

⑨大肠与胆

东南巽木为胆，西北乾金大肠。后天八卦列两旁，气化一升一降。

设今二经同病，便闭胁痛难当。烦渴龙胆泻肝汤，并与大承推荡。

注解： 胆为巽木，在后天八卦中位于东南方，其气主升；大肠为乾金，位于西北方，其气主降。二腑正好位于后天八卦图两旁，气机升降相因。胆与大肠同病，上可见胁痛、烦渴，下可见大便不通。可予龙胆泻肝汤泻胆热之过升，配合大承气汤推荡，治疗大肠腑气失降。

⑩胃与胆

少阳半表半里，半里属于阳明。阳明病合少阳经，脉弦滑数可认。

下利黏秽胸满，寒热往来交侵。大柴枳半芍黄芩，大枣生姜七品。

注解： 少阳胆经为半表半里，但偏于半里之分属阳明。若少阳阳明合病，胆火犯胃，出现往来寒热，胸胁胀满，下利黏秽，脉弦滑数。当用大柴胡汤，方中以柴胡、黄芩、生姜、半夏、大枣和胆降胃，枳实、白芍行气和血止痛。若大便秘结者，方中当用大黄为佳。

2. 五脏治疗大法

五脏治疗大法，在《黄帝内经》《难经》和《金匮要略》中，均有论述。《素问·至真要大论》说："不治五味之属也，夫五味入胃，各归所喜攻，酸先入肝，苦先入心，甘先入脾，辛先入肺，咸先入肾，久而增气，物化之常也，气增而久，夭之由也。"通过五味的归经来阐述对五脏病变的治疗。《难经·六十九难》说："虚者补其母，实者泻其子，当先补之，然后泻之。不实不虚，以经取之者，是正经自生病，不中他邪也，当自取其经，故言以经取之。"《金匮要略》说："夫治未病者，见肝之病，知肝传脾，当先实脾，四季脾旺不受邪，即勿补之。中工不晓相传，见肝之病，不解实脾，惟治肝也。"把握脏腑传变的规律，用以指导治疗。李东垣的《脾胃论》，从脾胃的角度出发，阐述了五脏的生克乘侮及其证治。

五脏治疗大法，皆本《黄帝内经》《难经》《金匮要略》和后世医家论述，概括为以下几点：

（1）本脏自病只治本脏。

（2）五脏母子关系破坏：虚则补其母，实则泻其子。

（3）五脏发生乘侮，当从整体观念出发，来调整五脏的平衡。如《难经》肝实肺虚，用泻南补北的治法；肝虚肺实，不用此法，余脏准此。

（4）见肝之病，知肝传脾，当先实脾，先安未受邪之脏，并指出"实者传变，虚者受邪"。

（5）脏病治腑，腑病治脏。

（6）勿犯虚虚实实，损不足而益有余之戒。

（7）五脏之气有太过不及，当辨寒热虚实，根据五脏苦欲，结合五味，以决定温凉补泻的治法。

（8）掌握药性归经，临床才能使药物的作用各有专司；采取引经报使，才能使制方各有专主。这就突出了药物的特点。

（四）五脏辨证体系各脏功能、病变及用药

1. 肺系统

肺居胸中，在五脏中部位最高，状如华盖，肺叶上尖下平，左二右三。肺与大肠经脉络属，互为表里。肺的经脉，在内则上循喉咙而下络大肠，在外则从胸走手；大肠经脉，在内则上膈络肺，在外则从手到头，环唇而入下齿龈中。缺盆、胸背皆肺之分野。肺外合皮毛，开窍于鼻，其性为燥，其液为涕，通于秋气。

（1）肺的功能活动

①肺主气。气包括两个方面：一是指构成人体和维持人体生命活动的精微物质，如元气、大气、谷气等；一是指脏腑经络的功能活动，如胃气、肝气、太阳经之气、少阴经之气、冲任之气等。气的来源，包括肾中精气、后天的水谷之气和呼吸之气。气的功能：推动作用、温煦作用、防御作用、固摄作用、气化作用。气统于肺，凡元气、大气、谷气皆要通过肺之出入敷布；宗气则积于胸中与呼吸的清气相合而成；中气的升降，邪正之气的消长，营卫、脏腑、经络之气的活动，皆要通过肺才能发挥作用。《素问·五脏生成》说："诸气者，皆属于肺。"气的运动表现为升降出入的基本形式。肺气有宣有降，呼吸之气有出有入。

②肺藏魄。魄是古天文术语，指月亮的本体，医学引用来表示人体实质中存在着的生命活动，以及某方面的精神活动。孔颖达说："人之生也，始变化成形，形之灵曰魄。初生之时，耳目心识，手足运动，此魄之灵也。"《灵枢·本神》曰："并精而出入者，谓之魄。"魄是随着人体精气而活动的，是引起内在精神活动的动作表现，是生物的本能。

③肺主治节。肺与心，气与血，是相互为用，密切联系。肺的治节作用，主要表现在对血液运行能起到治理和调节作用，如肺朝百脉、气为血之帅等。正如《素问·灵兰秘典论》说："肺者，相傅之官，治节出焉。"

④肺为娇脏，不耐寒热。肺脏娇嫩，不能耐受过寒过热的伤害，否则就会引起病变。如形寒饮冷则伤肺，温邪上受也首先犯肺。治疗用药时，也不能过于寒凉或温燥；若用药过偏，易损害肺脏。

⑤主肃降，通调水道。肃降指肺气的清肃下降。肺气不断肃降，使上焦水液不断下输，直至于膀胱而使小便通利。若肺气不得清肃，有碍于下降，则可出现胸闷、喘咳等肺气上逆之证；也会使水液不能下输于膀胱，出现小便不利、水肿、痰饮等水液输布障碍的病变。宣发和肃降两方面，相辅相成；宣降正常，则肺气通畅，呼吸调匀。如果肺气宣发或肃降失常，容易出现咳嗽喘息、胸闷胁胀等症。正常汗出与肺气的宣发有关，小便通利与肺气肃降有关。

⑥主宣发，外合皮毛。肺主宣发，指肺气有推动使卫气、津液以及水谷精微输布全身，以温润皮毛肌肤的作用。肺合皮毛，有两方面的作用：一是皮毛有赖于肺输布的精气的温养。若肺气不足，不能宣发卫气输精于皮毛，就出现卫外不

固容易感受外邪侵袭，甚则引起皮毛枯槁憔悴。一是皮肤汗孔的调节，跟肺气相关。《素问·生气通天论》称汗孔为"气门"。肺卫气虚，肌表不固，则自汗出；肺卫邪实，毛窍闭郁，则无汗出。

⑦下合大肠。肺与大肠互为表里，通过经脉彼此络属。肺所输布的津液可以下濡大肠，肺气正常并能帮助大肠的传导；大肠职司传导，听命于肺所主的五脏之气的驱使，最后通过肛门排出糟粕。

⑧开窍于鼻，上连于喉。肺气的作用下，鼻窍参与呼吸，司嗅觉。《灵枢·脉度》曰："肺气通于鼻，肺和则鼻能知香臭矣。"肺气不宣，可见鼻塞流涕，嗅觉迟钝等症状。喉为呼吸的门户和发音的器官，肺系上连咽喉；发声直接受到肺的影响，肺有病变，可引起喉部不适或者发声异常等病变。

（2）肺的病理变化

①病因：肺为娇脏，不耐寒热。寒邪可从皮毛束肺，以致营卫失调；热邪可从鼻窍袭肺，导致呼吸不利。风邪易犯肺，常与寒、热、湿混合为患。燥邪首先伤肺：外感凉燥、温燥，必在肺卫为病；内伤燥邪，可引起肺燥阴伤、大便干燥等病变。忧愁悲哀过甚，也可导致肺的病变。

②病机：肺系病机常见肺气升降失常，肺病不能通调水道，肺气不能为血之帅，肺燥津液耗伤，忧悲伤肺，肺病影响喉咙、鼻窍、大肠。

③肺系统常见症状：恶寒、鼻塞、鼻涕、鼻干、鼻扇、鼻青、鼻冷、喷嚏、咳嗽、喘息、短气、逆气、喉痛、喉痒、咽干、喉中水鸡声、痰鸣、胸痞、胸满、少气、太息、大便燥结、毛发焦枯、皮肤发黑、皮疹等。

（3）肺病治则：肺主诸气，肺的病变多宜治气，一般不用入血分的药。气有宣发和肃降，若气不宣发，则宜宣肺或发表；若气不肃降，则宜降肺气而平喘咳，或通调水道，泻其肺气。

肺为清虚之脏，故选方用药多宜轻清，不宜重浊，吴塘所谓"治上焦如羽，非轻莫举"。肺为娇脏，不耐寒热，用药不可过偏，总宜辛平甘润。

肺气上逆，可出现喘咳等病证，急食苦以泻之，如用黄芩清肺，杏仁降气，葶苈子泻肺利痰之类。肺欲收，因肺气以收敛为补，急食酸以收之，如五味子、诃子酸敛肺气之类。辛先入肺，辛味用之得当，则对肺脏有益。辛味用之不当，则对肺脏不利。

肺与大肠相表里，若肺经实热，脏病泻腑，可以泄大肠，使肺经实热从大肠下泄而气得肃降；若肺气虚津液不能下布大肠而便秘者，当滋养肺气使津液下布以通润大肠。

肺与各脏有生克制化关系：相生关系病变，则当补母泻子；相克关系病变，则视其太过不及，或泻本脏本腑，或泻他脏他腑，或泻南补北等。

（4）肺病常用药物举例

宣肺：桔梗、荷叶、葱白、淡豆豉等。

发表：麻黄、苏叶、白芷、荆芥、薄荷等。

清肺：桑叶、黄芩、芦根、知母、石膏等。

泻肺：葶苈子、桑白皮、西瓜皮、白前根等。

润肺：如麦冬、玉竹、百合、玄参、天花粉等。

敛肺：诃子、五味子、乌梅、罂粟壳、百草煎等。

止咳：百部、紫菀、马兜铃、款冬花等。

平喘：麻黄、杏仁、苏子、炙枇杷叶等。

利痰：半夏、胆南星、前胡、贝母、竹茹等。

升肺气：桔梗、升麻、人参芦等。

补肺气：人参、黄芪、蛤蚧等。

清肠：黄柏、大黄、黄连、胖大海等。

润肠：火麻仁、瓜蒌仁、肉苁蓉、当归等。

2. 心系统

心居胸中，外有包络围护。心与小肠经脉络属，互为表里。小肠上接胃府的幽门，下连大肠。心外合血脉，脉为血府，脉气推动血的运行。心的经脉，在内则贯膈入肺，下络小肠，在外则从胸走手；小肠经脉，在内则上膈络心，在外则从手到头；心包络经脉，属心包，下行络三焦，外出从胸走手。心开窍于舌，其性为火，其液为汗，通于夏气，面部、额部、手足心皆其分野。

（1）心的功能活动

心藏神：神包括了人体生命活动和精神、思维活动，是这些活动的支配者，居于人身的首要地位。邹学熹教授将之分为三大类：一是神动于中所产生的思维活动，今天认为这些思维活动是大脑对客观事物的反映，是高级神经活动的功能。二是情发乎外所产生的精神活动，包括喜、怒、忧、思、悲、恐、惊七情，七情除了通过面部表情，还可以通过语言、声音、动作来表达内心的感情。三是神、魂、魄、意、志对人体的支配和调节作用，五志分属五脏，但五志又皆统于心神，心神正常，则五脏安和，心神失常，则五志皆发生紊乱。

神产生于精，所以"精神"常并提。神一旦产生，则必须依赖于水谷精微之气以为补充。

心主血脉：血为脉中之赤色液体，脉乃血行的管道，心对血、脉则起主导作用。水谷精微、营气和精等物质进入脉中，通过心的"化赤"作用，化而为血。在心气推动下，血液行全身，对神志、脏腑、皮肉、筋骨都有滋养作用；同时在心的主导下，五脏也参与血的生成和循行（肺朝百脉、肝藏血、脾统血、肾精化血）。

其华在面：面部色泽可以反映心血的盛衰。心血盛，可见面部血脉充盈，红润光泽。

心之液为汗：汗液的生成由血液蒸化而成。《灵枢·营卫生会》说："血之与气，异名而同类焉，故夺血者无汗，夺汗者无血。"汗液通过汗孔透达体外，汗孔启闭由卫气调控。

心与小肠相表里：小肠受胃之水谷，进一步消化，并泌别清浊，其清者由脾转输到全身，其浊者，糟粕由阑门下注大肠，水液输入膀胱。

开窍于舌：心经别络上系舌本，心气上通于舌。心之气血变化，可以从舌本反映出来；舌也可以辨五味。

包络为心外卫：心包络护于心外，为心之气血通行的通道，也是邪气侵犯心时外卫的防线。《灵枢·邪客》说："故诸邪之在于心者，皆在于心之包络。"

（2）心的病理变化

病因：常见病因有外邪、痰火、水饮、血热、瘀血、神志异常等。

病机：心窍闭阻、心神失养、痰饮阻遏、血热妄行、瘀血停滞、心移热于小肠、心病及舌、心阴血虚、过喜伤心。

心系统常见症状：神昏、妄见、郑声、烦躁、多梦、独语、恍惚、发狂、面色红赤、唇舌爪甲青紫、舌质强硬謇涩、五心烦热、手臂挛急、异常汗出、心悸等。

（3）心病治则

心主血脉，血热宜凉血，血寒宜温经；血不循经而失血者，首宜辨别原因进行止血；瘀血留滞，宜活血逐瘀；形成血癥者，宜软坚破积。

心藏神，神不安则失眠、多梦，邪扰者宜祛邪而神自安，心血虚者，养其心而神自宁。同时兼用镇心安神之品，则收效益彰。

热邪蒙蔽心窍，宜清心安神，芳香开窍。秽浊之气蒙蔽心窍，宜辟秽开窍。痰火迷于心窍，宜清火、涤痰、开窍。瘀血闭阻心络者，宜逐瘀通络，以开心窍。

心阴血虚，宜养阴益血，心阳气虚，宜温阳益气。心阳虚而为痰饮所凌，宜扶心阳而逐痰饮。

心苦缓，缓则心神散逸而不集中，脉行迟缓而血瘀滞，急食酸以收之，因酸味能收敛心气，如五味子、枣皮之类。因心主血，血凝泣而瘀阻则为癥积，心欲软，急食咸以软之，咸味能软坚散结，如海藻、牡蛎之类。苦先入心，能化燥伤阴，骨病无多食苦，得苦而阴愈伤则骨愈不得濡养，甚则助长心火偏盛而损伤肺气，导致皮毛枯槁。

心移热于小肠，则宜清心降火，导热下行。心病及舌，宜分寒热虚实，予以治疗。

心与各脏有生克制化关系，若相生关系病变，则当补母泻子；相克关系病变，则视太过不及，或泻本脏本腑，或泻他脏他腑，或泻南补北等。

（4）心病常用药物举例

泻火：黄连、栀子等。

清心：犀角、竹叶心、莲子心、连翘心等。

开窍：冰片、麝香、石菖蒲、苏合香等。

豁痰：竹沥、牛黄、天竺黄、胆南星、贝母、半夏等。

重镇：朱砂、磁石、铁粉、龙骨、牡蛎等。

止血：三七、蒲黄、白及、地榆、小蓟、藕节等。

凉血：牡丹皮、赤芍、紫草、生地黄等。

活血：桃仁、红花、川芎、牛膝等。

逐瘀：水蛭、虻虫、䗪虫、五灵脂等。

软坚：莪术、三棱、鳖甲、穿山甲等。

敛阴：五味子、白芍、枣皮、乌梅等。

补血：当归、丹参、血藤、地黄等。

养心安神：茯神、枣仁、琥珀、柏子仁等。

补心益气：远志、人参、龙眼肉、炙甘草等。

温阳益气：肉桂、附片、益智仁、紫石英等。

化饮宁心：茯苓、白术、木通、桂枝等。

3. 脾系统

脾居腹中。脾与胃经脉络属，互为表里。脾的经脉，在内则上行挟咽，连舌本，散舌下，于腹中属脾络胃，在外则从足走腹；胃的经脉，在腹中属胃络脾，在外则从头到足，交鼻旁，支者入目，环唇而入下齿龈中。脾主肌肉，开窍于口，其性为湿，其液为涎，通于长夏之气，眼胞、鼻准、大腹、四肢皆其分野。

（1）脾的功能活动

受纳运化：胃主收纳，脾主运化。脾主运化，包括运化水谷精微和运化水湿两个方面的功能。脾的运化水谷精微，指脾对营养物质的吸收和输布的功能。脾气健运，则水谷精微能遍及五脏六腑、皮肉筋骨，使之获得营养以维持生理需要。脾在运输水谷精微的同时，还要把水液上输于肺，由肺散布到全身，使之都能得到水液的濡润。脾主运化水谷精微和运化水湿，两方面功能互相联系，水谷精微健运，水湿即无由产生；相反，水湿得到正常转输，则不会影响水谷精微的吸收和输布。

升清降浊：脾气宜升，升则健运。脾的升清作用，有利于水谷和水湿的运化、输布等。胃气宜降，降则调和。水谷的受纳和腐熟，糟粕的传导，多余水液的泌别，都属于胃的降浊作用。脾胃气机的升降，还关系到整体气机的升降。脾胃为后天之本，居于中焦，通连上下，是升降运动的枢纽。脾胃的升降正常，使清阳上输于心肺，浊阴下归于肝肾，以维持"清阳出上窍，浊阴出下窍；清阳发腠理，浊阴走五脏；清阳实四肢，浊阴归六腑"的生理功能。并且，肝气之升发，肺气之肃降，心火之下降，肾水之上升，都跟脾胃的升降相关。

燥湿相济：胃为阳脏，主受纳、腐熟水谷，本身性质偏于燥；脾为阴脏，主运化水湿，输布精微，本身性质偏于湿。在功能上，以脾湿济胃燥，以胃燥制脾湿，和衷共济，为维持生理的相对平衡。胃属阳明经，阳明之上，燥气治之；脾属太阴经，太阴之上，湿气治之。阳明胃和太阴脾互为表里，二经一燥一湿之气互相转化以相济，共同完成受纳、腐熟、运化、输布之功能。

化生气血：气血皆由脾胃水谷精微所化生。肺主气，心主血，但气血之源则在脾胃，气血皆由脾胃的水谷精微所化生。

脾统血：统是统摄的意思。血液运行于脉中，不能溢出于经脉之外，依赖于脾的统摄作用。因脾之阳气，既能升发，又主健运，故能使血液循行于脉内而不致外溢或下陷。

脾主肌肉、四肢：脾将水谷精微输送到全身肌肉中去，为之营养，使其发达丰满，臻于健壮。脾胃运化功能的正常与否，往往关系到肌肉的健壮和衰痿。输送营养充足，则四肢肌肉丰满，轻劲有力，否则发生病变。

开窍于口，其华在唇：口为脾之官，司纳水谷，所以属于脾胃功能的一部分。

脾藏意，在志为思：意和思都是思维活动过程中的一种特殊表现。《灵枢·本神》曰："心有所忆谓之意。"《素问·阴阳应象大论》说："在志为思。"意和思都与脾的生理病理有密切的关系。

（2）脾的病理变化

病因：虚邪、寒邪、湿邪多损伤脾阳；实邪、热邪、燥邪多损及胃阴。饮食不节、思虑和劳倦等也是造成脾胃病的重要原因之一。

病机：不能受纳运化、升清降浊失调、燥湿不济、胃对六腑的影响、脾不统血、思虑意念伤脾、劳倦伤脾、脾不能主肌肉、口味变化等。

脾系统常见症状：四肢酸软、四肢麻木、消瘦、呵欠、吞酸、嗳腐、呃逆、食少、便溏、腹泻、矢气、便下脓血、大便失禁、便秘；口有酸、甜、苦、咸、淡、辣、腻、渴、干等变化；口歪、口噤、唇缩、唇生白点、腹满、腹胀、肠鸣、上闭下脱、消谷善饥等。

（3）脾病治则

脾胃处于中焦，升降相因，燥湿相济，用药不宜过偏，治宜以调理为法。《温病条辨》认为"治中焦如衡，非平不安"。

脾气宜升，胃气宜降，脾阳下陷，则宜补中益气，升阳举陷；胃失和降，则宜和胃降逆，或通其腑气。

脾恶湿，宜苦以燥湿，淡以渗湿，痰滞则祛痰，饮停则蠲饮，水湿潴留当利湿、逐水。胃恶燥，宜甘寒润燥，咸寒清热，肠胃因热而致燥结，宜清胃热、泻胃火，以保其津液，甚则急下存阴；燥热损伤胃阴，又宜养胃阴、增胃液，甚则大滋胃液，增水行舟。

胃病多实，脾病多虚。胃家实宜泻之于内，脾阳虚宜补气升阳。胃有积滞当消导积滞，脾受寒邪宜温脾逐寒。胃气虚当补中气，脾阳虚当温中阳，脾不统血当补气摄血。

脾苦湿，脾为湿困则运化失职，急食苦以燥之，用白术、苍术运脾燥湿之类。脾欲缓，急食甘以缓之，因甘味能缓中补虚，如甘草、大枣之类。甘先入脾，甘味用之得当，则对脾产生有益的影响。甘味用之不当，则对脾脏产生不利影响。

病在肌肉，当治脾胃。脾主肌肉、四肢，其荣在唇。全身重着酸痛，多为脾湿滞留肌肉之中，治宜健脾燥湿。肌肉痿软，四肢无力，甚至四肢不用，都是脾胃不能运化水谷精微，肌肉、四肢得不到水谷精微所化生的气血的濡养所造成，所以治疗大法要健运脾胃。痿乃肌肉痿软或萎缩，足阳明胃乃水谷之海，多气多血之乡，气血旺盛，则肌肉、四肢得以濡养，若胃气虚而生化之源不足，肌肉、四肢得不到濡养，就可发生痿软不用或萎缩的病变。

思虑、劳倦伤脾。思虑伤脾，在治疗上，可用"怒胜思"的精神疗法，劳倦伤脾则宜劳逸结合，但均宜同时补益脾胃，劳者温之，损者益之。

脾与各脏有生克制化关系，若相生关系发生病变，则当补母泻子；相克关系发生病变，则视其太过不及，或泻本脏本腑，或泻他脏；或补益中气，升举下陷之阳。

（4）脾病常用药物举例

清胃热：石膏、黄柏等。

泻胃火：大黄、芒硝等。

养胃阴：麦冬、石斛、天花粉、玉竹等。

健脾（运脾）：苍术、厚朴、砂仁、白蔻等。

补脾（甘淡实脾）：山药、扁豆、莲子、芡实、薏苡仁、茯苓、糯米根等。

温脾（温中、暖胃）：干姜、吴茱萸、胡椒、花椒、肉桂等。

益气（补气、建中、补中）：党参、白术、黄芪、大枣等。

理气（行气、调中、沁脾）：陈皮、广木香、藿香、苏梗、丁香、高良姜、青藤香等。

缓中：甘草、大枣、蜂蜜等。

升阳举陷：升麻、葛根等。

化痰：陈皮、半夏、胆南星、天竺黄、竹茹、贝母、白芥子等。

逐饮：椒目、白术、大戟、芫花、甘遂、商陆等。

制酸：吴茱萸、贝母、乌贼骨、黄连、砂仁、煅牡蛎、瓦楞子等。

消导：山楂、神曲、麦芽、鸡内金、枳壳、阿魏、皂荚、莱菔子等。

燥湿：苍术、草果、砂仁、半夏等。

渗湿：薏苡仁、豆卷、茯苓、冬瓜皮等。

利湿：猪苓、泽泻、木通、茵陈、扁蓄等。

和胃降逆：生姜、丁香、柿蒂、藿香、代赭石、刀豆子、枇杷叶等。

4. 肝系统

肝居右胁下，胆附于肝中。肝与胆经脉络属，互为表里。胆又称为奇恒之腑和中精之腑。肝之经脉在内则属肝络胆，上贯膈，布胁肋，沿喉咙，连目系；在外则从足走腹，沿股内入阴中，绕阴器，至小腹。胆的经脉，在内则属胆络肝，布胁肋，下出气街；在外则从头额、耳前后，经目外眦，过颊，下颈，行身之侧而至足。肝与筋合，筋之强韧者称为筋，柔薄者称为膜。开窍于目，其性为风，其液为泪，通于春气；颠顶、胁肋、少腹和阴部皆其分野。

（1）肝的功能活动

肝藏血：肝脏具有贮藏血液和调节血量的功能。机体活动减少，机体的血液需求量就要减少，多余的血液就藏于肝；机体活动增加，肝就排出其贮藏的血液，以供应需要。

主疏泄：疏泄即疏通畅达之意。肝气条达，是指肝处于既非抑郁，也不亢盛的一种具有活泼生机的状态。肝的疏泄功能表现在情志方面和消化方面。情志方面：肝的疏泄功能正常，才能心情舒畅，气血和平，如果在各种精神因素的影响下，肝气失于条达，可能发生抑郁或亢盛的病变。消化方面：肝的疏泄功能，可以调畅气机，协助脾胃之气的升降，还可把胆汁输入肠中，帮助运化水谷精微，通利水液。

肝藏魂：魂乃古天文术语，指月亮发出的光，医学引用来表示划入肝脏功能范围内的思维和意识活动。《灵枢·本神篇》说："随神往来谓之魂。"

肝为女子先天：肝为藏血之脏，其气又主疏泄，故与血分有密切关系。妇女以血为主，所以肝的这些功能正常与否，直接关系到妇女月经。肝的经脉与冲任二脉相通，冲为血海，任生胞胎，更直接关系到妇女生理，故前人指出女子以肝为先天。

肝主筋，其华在爪：筋有赖于肝血的濡养。爪为筋之余，肝血充足与否，亦影响到爪甲的荣枯。肝血足，则爪甲坚韧而有光泽；肝血虚，则爪甲薄软而少光泽。

肝开窍于目：五脏六腑的精，皆通过血脉运注于目，眼之五轮分属五脏，但更主要的是目为肝之窍。肝藏血，肝的经脉上连于目，肝血上注于目，以维持其视觉功能活动，肝与目有直接联系。

（2）肝的病理变化

病机：肝病多热。实证多由肝火上炎、肝胆湿热、肝风内动、情志不舒、大怒气逆所致。虚证多由肝血虚失于濡养、肝阴虚致阴虚阳亢、肝气不足失于疏泄而成。寒滞肝经也可致病。

病机：肝不藏血，肝失疏泄，情志伤肝，肝经实邪为患（肝经风热、肝火上炎、肝风内动、寒滞肝经等）。

肝系统常见症状：目赤、目昏、目眩、目晕、头痛、昏仆、强直、惊呼、面青、屈伸不利、爪甲不荣、颤抖、抽搐、拘挛、项强、角弓反张、口眼㖞斜、半身不遂、麻木、瘫痪、偏坠、囊缩、囊肿、少腹疼痛、胆怯、善怒、胸胁胀满疼痛等。

（3）肝病治则

肝不藏血，肝血不足宜柔肝，肝阴已伤宜滋肝。

肝气抑郁，宜疏肝；气滞血瘀，宜化肝；大怒气逆，宜平肝；怒动肝火，宜清肝、泻肝。

木不疏土，宜疏肝和脾；肝气上逆，血随气涌，宜平肝、凉肝。

肝经风热，宜疏风；寒滞肝经，宜温散；肝火上炎，宜清肝；肝阳上亢，宜平肝、泻肝；肝风内动，宜平肝息风；肝风在络，宜活络搜风；兼挟痰浊，宜兼以涤痰。

肝苦急，如血燥筋脉失养而挛急，急食甘以缓之，甘味能缓和挛急。肝气恶抑郁而喜条达，肝欲散，急食辛以散之，因辛味能行疏肝；佐以焦苦，肝郁容易化火，故以焦苦之味清肝、泻肝。酸先入肝，酸味用之得当，则对肝有益。酸味用之过当，则对肝脏不利。

肝与胆相表里，肝胆湿热导致的小便短赤、口苦苔腻及黄疸等病症，宜清利肝胆。胆虚肝气不足，宜补益肝胆之气，同时安心神而养肾阴。

肝与各脏有生克制化关系，若相生关系发生病变，则当补母泻子；相克关系发生病变，则视其太过不及，或泻本脏本腑，或泻他脏他腑。

（4）肝病常用药物举例

疏风：薄荷、菊花、白蒺藜、蔓荆子、防风、羌活等。

清肝：黄芩、栀子、夏枯草、青葙子等。

泻肝：龙胆草、大青叶、青黛、芦荟等。

利胆：茵陈、虎杖、木通、金钱草等。

凉肝：牡丹皮、紫草、地榆、侧柏叶等。

化肝（活血、行瘀）：水蛭、蟅虫、桃仁、红花、当归、赤芍、延胡索、三七、茺蔚子、牛膝等。

疏肝（解郁、理气）：香附、柴胡、青皮、郁金、金铃子等。

搜肝（活络搜风）：天麻、全蝎、僵蚕、木贼、白附子、白蒺藜、乌梢蛇、白花蛇等。

温肝（温散肝经寒滞）：艾叶、吴茱萸、花椒、小茴香、橘核、荔枝核等。

平肝（抑肝）：白芍、钩藤等。

潜阳（镇肝）：牡蛎、鳖甲、龟板、石决明等。

息风：天麻、羚羊角、全蝎、僵蚕等。

敛肝：木瓜、乌梅、橘核等。

柔肝（补肝血）：当归、白芍、枸杞、阿胶、枣仁等。

滋肝（补肝阴）：地黄、首乌、女贞子、沙苑蒺藜等。

5.肾系统概述

肾在背脊十四椎旁，左右各一，中藏命门。《灵枢·本藏》说："肾合三焦膀胱。"肾与膀胱经脉络属，互为表里。膀胱居少腹中，上连水道，下系溺孔。三焦为内脏之外府，分上中下三部。肾经属肾络膀胱，在外则从足入腹。膀胱经脉属膀胱络肾，在外则从头部两侧，挟脊、抵腰、至足。三焦经脉从手到头。肾主骨而生髓。肾开窍于耳，其性为寒，其液为唾，通于冬气，腰背、二阴、少腹皆其分野。

（1）肾的功能活动

肾藏精：精是构成人体的基本物质，也是各种机能活动的物质基础。精藏于肾中，有先天之精和后天之精的区别。先天之精，与生俱来，它和人的生殖、生长、发育、衰老有关。后天之精，乃由脾胃水谷所化生，以供应五脏六腑的需要，五脏六腑之精充盈，则藏于肾中。肾精化生肾气；肾中精气包括肾阴和肾阳两个方面。肾阴和肾阳在人体内相互制约、相互依存，以维持人体生理上的动态平衡。

肾藏志：志是指对事物记忆不忘、坚定不移的意识。肾所藏之志，又与肾精有密切关系。肾精充足，则记忆力好；肾精不足，则易健忘。

肾主水：肾为水脏，它所藏之精，固属于水之一种，但还有机体的水液代谢，亦有赖于肾中阳气为之蒸腾输泻。

肾主骨，生髓，其华在发：肾精能生髓以滋养骨骼。髓有骨髓、脊髓、脑髓之分。肾精充足，则轻劲多力，精巧灵敏；肾精不足，则骨弱无力，精神疲惫。发附于头皮而为肺所主，但滋养来源于血，为血之余，而有血之余之称，其生机则根于肾气。

主纳气：呼吸虽是肺所主，但吸入之气，必须下及于肾，由肾气为之摄纳。肾气充沛，摄纳正常，使肺的气道通畅，呼吸均匀。如果肾虚，根本不固，吸入之气不能归纳于肾，就会出现病变。

肾合膀胱：肾与膀胱经脉络属，互为表里。膀胱的气化功能，取决于肾气的盛衰，肾气司膀胱开阖，约束尿液。肾气充足，固摄有权，则膀胱开阖有度，水液代谢正常。

开窍于耳和二阴：肾主藏精，肾的精气充足，听觉才能灵敏。肾精不足，易致耳聋失聪。肾之气化与二便、生殖功能相关。

中藏命门之火：肾与命门是一个整体，肾中藏有元阴、元阳，元阴指肾阴或肾水，元阳指肾阳或命火。肾与命门的关系，就是肾中藏有命火，就是水火相济，阴阳互根的关系。肾中所藏命火，还能温暖脾土，腐熟水谷，摄纳肺气，为声音之根。

肾合三焦以化气行水：三焦的主要作用是司人身气化活动，有疏通水道的功能，这些功能与肾有密切关系。

（2）肾的病理变化

病因：寒、湿、火等常常引起肾、膀胱、三焦的病变；七情方面，恐惧直接损伤肾气。而劳倦、房事、久病失养、禀赋虚弱等，都可以直接关系到肾中精气和命门之火。

病机：肾命损伤、水液病变、情志伤肾，引起骨、髓、发、耳的病变。

肾脏系统常见症状：耳鸣、耳聋、齿牙不生、齿牙浮动、小便短赤、小便清长、尿频、尿痛、尿浊、精冷无子、滑精漏精、畏寒厥逆、潮热盗汗、骨弱骨痿、腰膝酸软、腰痛等。

（3）肾病治则

治肾之方药，宜滋腻重浊，剂量要大，吴塘说"治下焦如权，非重不沉"。

肾病多虚寒，宜培其不足，不可伐其有余。肾水不足者，宜滋阴补肾；精虚者，宜添精补髓。肾阳虚者，宜补肾壮阳；命火衰微者，宜温补命火。

阴虚阳浮，宜补阴配阳，使虚火降而阳归于阴；阳损及阴，宜温补命火，兼以添精补髓。阴阳两虚，宜肾命双补。脾肾两虚，宜双补脾肾之阳；脾肾两虚，宜双补脾肾之阴。因肾虚不能纳肺气者，温肾纳气；金不生水者，宜养肺阴，以滋肾水；水不涵木者，宜滋肾水，以养肝木；肾虚土衰者，宜温补命火，以暖脾土。

肾与膀胱和三焦因湿热为患，宜清利下焦湿热；若因肾命火衰，而膀胱、三焦气化失司者，宜温化身气为主，佐以行水之品。痰湿水饮内停者，宜利痰湿，逐水饮。

情志所伤，劳倦所伤，应从情志方面进行调理，辅以滋养强壮，补益精髓之品。

肾苦燥，肾阴虚而用苦燥之剂，必然伤及肾中精气，急食辛以润之，辛味能润肾燥，如菟丝子、蛇床子之类。肾固则无遗滑之患，肾欲坚，急食苦以坚之，苦味能坚固肾阴，如知母、黄柏之类。咸先入肾，肾主精血津液，咸味能渗能泄，必然伤及肾精。咸味用之得当，可对肾有益；咸味用之失当，对肾不利。

肾与各脏有生克制化关系，若相生关系发生病变，则当补母泻子；相克关系发生病变，则视其太过不及，或泻本脏本腑，或泻他脏他腑。

（4）肾病常用药物举例

滋肾（滋阴、补肾阴）：地黄、龟板、枸杞、桑椹、女贞子、楮实子等。

温肾（壮阳、补命火）：附片、肉桂、硫黄、菟丝子、蛇床子、巴戟天、肉苁蓉、鹿角片、九香虫、棉花子、鹿茸等。

固肾（涩精、止带、收涩小便）：莲须、山茱萸、益智仁、五味子、金樱子、覆盆子、桑螵蛸等。

填精补髓：鹿茸、鹿胶、龟胶、鱼鳔胶、紫河车、冬虫夏草、动物脊髓、脑髓等。

纳气归肾：黑锡、沉香、蛤蚧、枣皮、五味子、灵砂丹、补骨脂等。

化膀胱气：肉桂、桂枝、小茴香、台乌、木香、橘核、荔枝核、金铃子等。

清肾热（滋阴降火）：知母、黄柏、地骨皮、旱莲草等。

泄肾火（咸寒泻火）：青盐、食盐、秋石、寒水石等。

通利膀胱、三焦：猪苓、泽泻、茯苓、木通、通草、萆薢、滑石、萹蓄、海金沙等。

（五）五脏辨证体系简表及诊治要点

五脏辨证体系，是以 64 卦为框架，以乾、坤、坎、离 4 卦配寒、热、虚、实四大辨证纲领，其余 60 卦配五脏 60 证，形成了"以五脏论杂病"的完整体系。五脏病变可以分为本脏自病、五脏相生失衡病变、五脏相克失衡病变三类。

1. 本脏自病（表17）

表17　本脏自病病变表

	太过		不及	
	阴	阳	阴	阳
肺（金）	风寒束肺 风泽中孚	风热袭肺 雷风恒	肺阴不足 泽泽兑	肺气不足 天泽履
心（火）	血瘀化热 雷山小过	心火亢盛 火天大有	心阴不足 风山渐	心阳不足 泽地萃
脾（土）	食滞胃脘 山山艮	湿阻中焦 水地比	胃阴不足 泽山咸	脾虚气陷 地山谦
肝（木）	肝血瘀阻 山风蛊	肝气郁滞 风雷益	肝阴不足 风风巽	肝（胆）气不足 雷雷震
肾（水）	肾水上泛 地水师	相火偏亢 泽天夬	肾阴不足 地雷复	命门火衰 山地剥

（1）金－肺

①风寒束肺

证候：恶寒重、发热轻、无汗，头身疼痛，鼻塞清涕，苔薄白，脉浮紧。

治法：祛风散寒。

处方：麻黄汤。

②风热袭肺

证候：恶风发热、汗出不畅，头痛，鼻塞浊涕，口渴喜饮，咽痛，咳咯黄痰，舌苔薄白或黄，脉浮数。

治法：清热，宣肺。

处方：桑菊饮、银翘散。

③肺阴不足

证候：咳嗽无痰，或少而黏，鼻燥喉干，声音嘶哑，舌干无苔，脉细而数。

治法：滋阴润肺。

处方：百合固金汤。

④肺气不足

证候：喘咳气短，痰多而稀，少气懒言，声音低微，面色㿠白，怯冷自汗，舌淡苔白，脉虚无力。

治法：补肺益气。

处方：保元汤去肉桂加五味子。

（2）火－心

①血瘀化热

证候：夜间发热，胸中不适，刺痛拒按，发狂谵语，舌有瘀点，脉沉而涩。

治法：活血祛瘀。

处方：血府逐瘀汤。

②心火亢盛

证候：心中烦热，狂躁谵语，面赤口渴，舌上生疮，小便黄赤，苔黄脉数。

治法：清心泻火，或脏病治腑，泻小肠火。

处方：泻心汤或导赤散。

③心阴不足

证候：心悸，健忘，失眠，多梦，心烦，舌尖干红，脉细而数。

治法：养阴安神。

处方：天王补心丹。

④心阳不足

证候：心悸不宁，身冷，面色无华，唇爪苍白，舌淡，有齿痕，脉细而弱。

治法：温阳定悸。

处方：参附汤合桂枝甘草龙骨牡蛎汤。

（3）土－脾

①食滞胃脘

证候：饮食不节，胃脘痞满，嗳腐吞酸，矢气臭，舌苔腻，脉沉滑。

治法：消食导滞，和胃降逆。

处方：保和丸。

②湿阻中焦

证候：乏力倦怠，脘腹不适，食欲差，大便黏或大便溏，苔腻，脉濡或滑。

治法：燥湿利水，健脾。

处方：藿香正气散或平胃散。

③胃阴不足

证候：唇干口渴，咽喉干燥，时唾白沫黏滞不快，舌光红，脉细数。

治法：甘寒生津。

处方：沙参麦冬汤去桑叶加石斛。

④脾虚气陷

证候：脾胃气虚者，则见食少纳呆，脘腹胀满，少气懒言，四肢倦怠，面黄肌瘦，大便溏泻；中气下陷者，语音低怯，气短乏力，时时自汗，脘腹重坠，便意频数，或见久泻脱肛，子宫脱垂，舌淡苔薄，脉象沉缓而弱。

治法：脾虚宜健脾益气。气陷宜补中升提。

处方：香砂六君子汤（气虚），或补中益气汤（气陷）。

（4）木 – 肝

①肝血瘀阻

证候：胁下疼痛，刺痛不已，痛而拒按，入夜疼痛加重，舌质紫暗或有瘀点，脉沉弦而涩。

治法：祛瘀止痛。

处方：血府逐瘀汤。

②肝气郁滞

证候：胁胀痛，时发时止，多随情志而增减，胸闷太息，易怒，舌边较红，脉象沉弦。

治法：行气开郁。

处方：柴胡疏肝散加郁金。

③肝阴（血）不足

证候：（肝阴虚）胁肋隐痛，遇劳加重，口干咽燥，心中烦热，头晕目眩，舌红少苔，脉细弦或数。（肝血虚）两目干涩，甚则昏花或夜盲，筋肉拘挛，手足震颤，爪甲枯萎、变形或粉碎，舌质淡红，脉弦无力。

治法：养阴柔肝或养血柔肝。

处方：一贯煎或补肝汤。

④肝（胆）气不足

证候：虚烦不寐，胆怯易惊，倦怠，气短乏力，舌淡，脉弦细。

治法：益气、镇惊、安神。

处方：安神定志丸合酸枣仁汤。

（5）水－肾

①肾水上泛

证候：水肿多从下部开始，小便清，大便多为溏，气息短促，脉多沉迟。

治法：温阳行水。

处方：真武汤加肉桂，或六味回阳饮加白术、茯苓。

②相火偏亢

证候：性欲亢进，口干舌燥，头面热，小便短赤，舌红苔黄，脉数。

治法：清相火。

处方：知柏地黄汤。

③肾阴亏损

证候：脑转耳鸣，腰痛遗精，男子真精衰少而不育，女子胞脉闭阻而不孕，舌红少苔，脉象细数。

治法：滋阴补肾。

处方：左归饮或左归丸。

④命门火衰

证候：面色淡白，形寒厥冷，阳痿早泄，小便频频，腰膝酸软无力，舌质淡，脉沉弱。

治法：温补命门。

处方：右归饮或右归丸。

2. 相生关系失衡病变（表18）

表18　相生关系失衡病变表

	太过		不及	
	母病及子	子病犯母	母不顾子	子盗母气
肺（金）	金病及水 泽水困 （肺病风水）	金病及土 天山遯 （肺病生痰）	金不生水 天水讼 （肺肾阴虚）	金虚土弱 地天泰 （脾肺气虚）
心（火）	火盛及土 火地晋 （热积胃腑）	火盛及木 火风鼎 （热极动风）	火不生土 火山旅 （五更泄泻）	火衰木病 火雷噬嗑 （血不养筋）
脾（土）	土盛及金 山天大畜 （脾湿犯肺）	土病及火 地火明夷 （脾湿化热）	土不生金 天地否 （脾虚肺燥）	土虚火衰 山火贲 （小肠虚寒泄泻）
肝（木）	木旺生火 风火家人 （怒动肝火）	木病及水 风水涣 （郁火伤阴）	木不生火 雷火丰 （胆虚不眠）	木衰水亏 雷水解 （肝肾阴亏）
肾（水）	水盛及木 水风井 （寒滞肝经）	水病及金 水泽节 （水饮射肺）	水不涵木 水雷屯 （阴虚肝旺）	水虚金病 水天需 （阴虚肺燥）

（1）金－肺

①金病及水（母病及子，肺病及肾），以肺病风水的病变为例

证候：风水面目浮肿，继则四肢、全身皆肿，肢节酸疼，小便不利，发热恶风，汗出口渴，时时喘咳，苔薄白，脉浮数。

治法：发汗利尿同施，兼清郁热。

处方：越婢汤合导水茯苓汤。

②金病及土（子病犯母，肺病及脾），以肺病生痰的病变为例

证候：外感引发哮喘，鼻塞喷嚏，喉中作痒，咳嗽气急，呼吸不利；继则痰鸣有声，胸闷咽塞，咳吐甚多，浓稠黏滞；苔腻滑，脉浮紧。

治法：泻肺逐痰，宣散外邪。

处方：葶苈大枣泻肺汤合三拗汤。

③金不生水（母不顾子，肺虚及肾），以肺肾阴虚为例

证候：干咳咯血，喉中干燥，声音嘶哑，盗汗遗精，腰酸膝软，骨蒸潮热，舌红少津，脉象细数。

治法：补肺阴以滋肾。

处方：四阴煎去茯苓加五味子。

④金虚土弱（子盗母气，肺病及脾），以脾肺气虚的病变为例

证候：洒淅恶寒，短气自汗，忧郁憔悴，面色淡白，常感外邪而加重；进而怠惰嗜卧，四肢不收，饮食乏味，身体重痛，舌淡苔白，脉大无力。

治法：补脾胃，升阳气。

处方：升阳益胃汤。

（2）火－心

①火盛及土（母病及子，心病及脾），以热积胃腑的病变为例。

证候：烦渴喜冷，消谷善饥，口臭唇黑，牙龈肿痛，便秘苔黄，脉象洪大滑数。

治法：清泻胃火。

处方：清胃散加石膏、大黄。

②火病及木（子病犯母，心病传肝），以热极动风为例

证候：高热不退，神昏谵语，进而发生四肢抽搐，角弓反张，舌质红，脉弦数。

治法：清热化痰，凉肝息风。

处方：羚角钩藤汤。

③火不生土（母不顾子，肾病及脾），以五更泄泻为例

证候：黎明之前，脐下作痛，肠鸣泄泻，泻下之物完谷不化，泻后即安。少腹畏寒，下肢厥冷，腰膝酸软，小便清长，舌苔淡，脉沉而迟。

治法：补火温土。

处方：四神丸。

④火衰木病（子盗母气，心病及肝），以血不养筋为例

证候：心悸失眠，面白无华，继则筋脉拘挛，爪甲枯燥，台淡苔白，脉象弦细而涩。

主治：养血荣筋。

处方：四物汤加首乌、枸杞、木瓜、牛膝。

（3）土－脾

①土盛及金（母病及子，脾病及肺），以脾湿犯肺的病变为例

证候：腹胀肠鸣，胃纳不佳，咳吐痰涎，胸闷气短，苔白而腻，脉滑有力。

治法：泻肺涤痰。

处方：三子养亲汤。

②土病及火（子病犯母），以脾湿化热为例

证候：脘闷腹胀，大便不爽，继而发热，渴不多饮，小便短赤，舌苔由白滑转黄，脉缓而变濡数。

治法：利湿清热。

处方：黄芩滑石汤。

③土不生金（母不顾子，脾虚肺病），以脾虚肺燥为例

证候：肺痨之症，食少便溏，形体消瘦，干咳无痰，鼻孔、喉中干燥，皮毛枯槁，舌红少津，脉数无力。

治法：培土生金。

处方：参苓白术散。

④土虚火衰（子盗母气），以小肠虚寒泄泻为例

证候：大便溏泻，小便不利，少腹隐痛，喜按熹温，腹胀肠鸣，矢气稍舒，舌苔淡白，脉象沉迟。

治法：补火温土。

处方：理中汤加吴茱萸、附子、肉桂。

（4）木－肝

①木旺生火（母病及子，肝病及心），以怒动肝火的病变为例。

证候：因怒发狂，两目怒视，头痛不寐，面红目迟，骂詈不避亲疏，逾垣上屋，毁物殴人，苔黄边红，脉象弦大而数。

治法：清肝泻火，涤痰开窍。

处方：当归龙荟丸。

②木病及水（子病犯母，肝病传肾），以郁火伤阴的病变为例

证候：眩晕耳鸣，急躁易怒，口苦咽干，小便短赤，潮热盗汗，多梦遗精，舌边红，少津液，脉象弦细而数。

治法：泻肝火，滋肾阴。

处方：一贯煎去沙参、当归加白芍、黄芩。

③木不生火（母不顾子），以胆虚不眠为例

证候：善惊易怒，心悸不安，虚烦不得眠，眠则多梦，舌边少津，脉弦无力。

治法：补益心胆之虚。

处方：安神定志丸合酸枣仁汤。

④木衰水亏（子盗母气，肝虚及肾），以肝肾阴亏为例

证候：目眩眼涩，视物不清，虚烦不眠，脑转耳鸣，潮热盗汗，腰酸膝软，舌边红而少津，脉象弦细而数。

治法：滋阴，补益肝肾。

处方：杞菊地黄丸。

（5）水－肾

①水盛及木（母病及子，肾病及肝），以寒滞肝经为例

证候：少腹痛引阴中，睾丸偏坠胀痛，阴囊收缩，疝瘕作痛，收寒加重，得暖则减，腰膝觉冷，四肢不温，苔白滑，脉沉迟。

治法：温寒暖肝。

处方：天台乌药散。

②水病及金（子病犯母，肾病及肺），以水饮射肺为例

证候：喘咳痰多，清稀而白，小便不利，四肢浮肿，苔白腻，脉浮滑。

治法：温肺化饮，平喘散寒。

处方：小青龙汤。

③水不涵木（母不顾子，肾病及肝），以阴虚肝旺为例

证候：五心烦热，两颧发赤，盗汗遗精，腰酸膝软；进而引起头目眩晕，口苦咽干，自觉热气上冲，头面烘热，舌红少津，脉象弦数。

治法：滋水涵木。

处方：六味地黄丸加白芍、菊花。

④水虚金病（子盗母气，肾虚肺病），以阴虚肺燥为例

证候：潮热盗汗，腰膝无力，咳嗽痰血，声音嘶哑，舌红少苔，脉象细数无力。

治法：滋肾润肺生津。

处方：百合固金汤。

3. 相克关系失衡病变

表 19　相克关系失衡病变表

	太过		不及	
	相乘	相侮	反乘	反侮
肺（金）	金行乘木 天风姤 （肺燥肝热）	金旺火郁 天火同人 （肺热化火）	火旺金囚 火泽睽 （心热肺燥）	木旺金伤 风天小畜 （肝火侮肺）
心（火）	火行乘金 雷天大壮 （心火伤肺）	火旺木枯 雷泽归妹 （热盛伤阴）	水胜乘火 泽火革 （水饮凌心）	金冷火衰 泽雷随 （寒滞胸痹）
脾（土）	土行乘水 山水蒙 （脾病及肾）	土盛木郁 山雷颐 （肝胆湿热）	土败木贼 地风升 （脾虚肝旺）	土不制水 山泽损 （脾虚水肿）
肝（木）	木行乘土 风地观 （肝病传脾）	木火刑金 天雷无妄 （肝火犯肺）	木衰金盛 泽风大过 （肝弱肺旺 成痿）	木不疏土 雷地豫 （肝脾不调）
肾（水）	水行乘火 水火既济 （寒水冲心）	水泛土崩 水山蹇 （肾病水肿）	土旺乘水 地泽临 （泻致癃闭）	水虚火盛 火水未济 （心肾不交）

（1）金－肺

①金行乘木，以肺病传肝的病变为例

证候：感冒咳嗽，鼻塞流涕，进而出现口苦咽干，头晕目眩，苔薄白，舌边红，脉浮大而见弦或数。

治法：宣肺清肝。

处方：桑菊饮加黄芩。

②金旺火郁，以肺病传心的病变为例

证候：咳嗽有力，痰稠而多，继而咯血，衄血，舌红苔黄，脉滑而数。

治法：清金降火。

处方：泻白散加黄连、牡丹皮。

③火旺金囚，以心热肺燥的病变为例

证候：心烦不眠，潮热盗汗，干咳，鼻干，大便结燥，舌红少津，脉象细数。

治法：清心润肺。

处方：清心莲子饮去人参、黄芪，加黄连。

④木旺金伤，以肝火侮肺的病变为例

证候：肺痨，烦躁易怒，胸胁疼痛，干咳咯血，喉痛声嘶，舌边红，苔薄黄，脉象弦细。

治法：泻肝滋肺。

处方：咳血方。

（2）火－心

①火行乘金，以邪热传肺的病变为例

证候：发热汗出，心烦口渴，喘咳气粗，痰多黄稠，鼻翼扇动，面赤鼻衄，舌苔黄燥，脉象浮洪。

治法：清心热，保肺津。

处方：犀角地黄汤合白虎汤。

②火旺水枯，以热盛伤阴的病变为例

证候：尿血鲜红，小便热赤，烦渴少寐，口舌生疮，舌尖红，脉洪数。

治法：清心降火，滋水救阴。

处方：导赤散加黄连、玄参、麦冬。

③水胜克火，以水饮凌心的病变为例

证候：心悸气短，四肢厥冷，小便不利，甚则浮肿，舌苔淡白，脉象沉细。

治法：温阳行水。

处方：真武汤。

④金冷火衰，以寒滞胸痹的病变为例

证候：胸痹，喘息咳唾，胸背疼痛，四肢逆冷，苔白脉沉。

治法：通阳散结。

处方：瓜蒌薤白白酒汤加桂枝。

（3）土－脾

①土行乘水，以脾病及肾的病变为例

证候：中脘痞闷，渴不欲饮，小腹胀满，小便短赤而热，舌苔根部黄腻，脉象濡数。

治法：清利湿热。

处方：黄芩滑石汤。

②土盛木郁，以脾病传肝的病变为例

证候：黄疸，目黄，身黄，小便黄，寒热往来，胁痛拒按，口苦呕恶，苔黄腻，脉弦数。

治法：清利肝胆湿热。

处方：龙胆泻肝汤加茵陈、虎杖。

③土败木贼，以脾虚肝旺为例

证候：痛泻症，肠鸣腹痛，痛则必泻，完谷不化，胸胁痞闷，嗳气食少，舌苔薄白，两关之脉左弦右缓。

治法：补脾抑肝。

处方：痛泻要方。

④土不制水，以脾虚水肿为例

证候：水肿，腰以下特甚，按之凹陷而不易恢复，脘闷腹胀，食少便溏，面色萎黄，精神倦怠，下肢厥冷，小便短少，质淡苔黄，脉沉而缓。

治法：健脾利水。

处方：香砂六君子汤加车前子、泽泻。

（4）木－肝

①木行乘土，以肝病传脾的病变为例

证候：烦躁易怒，胁肋、胃脘胀满疼痛，嗳气反酸，呕吐呃逆，不思饮食，舌边红，苔薄腻，脉弦。

治疗：疏肝和胃，理气降逆。

处方：小柴胡汤加青皮、香附。

②木火刑金，以肝火犯肺的病变为例

证候：口苦目赤，胁痛善怒，咳嗽咯血，舌红脉弦。

治法：泻肝肺火。

处方：黛蛤散合泻白散。

③金胜克水，以肝弱肺旺的病变为例

证候：热病之后，呛咳喉干，继见筋脉弛缓，两足痿弱不用，发为筋痿，舌红苔黄，脉细而数。

治法：清燥救肺。

处方：清燥救肺汤。

④木不疏土，以肝脾不调的病变为例

证候：胸胁满闷，呻吟太息，腹胀肠鸣，食少便溏，苔白腻，脉濡缓。

主治：调理肝脾。

处方：逍遥散加香附、枳壳。

（5）水－肾

①水行乘火，以肾病传心为例

证候：奔豚气病，汗后，脐下悸动，旋即少腹有逆气如奔豚上冲心胸，发作欲死，形寒怯冷，苔白腻，脉沉紧。

治法：助阳祛寒。

处方：桂枝加桂汤。

②水泛土崩，以肾病传脾为例

证候：水肿，腰以下特甚，阴下冷湿，腰痛酸重，小便不利，四肢厥冷，舌胖而润，脉象沉细。

治法：实土制水。

处方：实脾饮。

③水虚土旺，以泻致癃闭为例

证候：素体阴虚，复因泄泻，始则腰酸耳鸣，小便短少，尿时费力；继则引起小便癃闭，少腹胀满，舌红少津，脉细而数。

治法：滋水和中。

处方：六味地黄丸。

④水虚火盛，以心肾不交为例

证候：心悸，失眠，多梦，健忘，耳鸣，遗精，舌质红，脉细数。

治法：滋阴降火，交通心肾。

处方：天王补心丹。

综上所述，五脏系统不单纯是一个解剖概念，更重要的是一个生理病理概念，着重于用五行生克制化来阐述它的病理传变。五脏辨证作为内科杂病的辨证纲领，相对完善了内科杂病的辨证体系。也应该认识到，以五脏辨杂病并不等于完美无缺，任何学说都有它的局限性，在某些特定条件下，病变情况可以超出这些规律。如清代医家徐大椿的《医学源流论》中，既强调了"治病必分经络脏腑"，又提出"治病不必分经脏腑"，说："故治病者，必先分经络脏腑之所在，而又知其七情六淫所受何因，然后择何经何脏对病之药，本于古圣何方之法，分毫不爽，而后治之，自然一剂而即见效矣。"又说："邪之伤人，或在皮肉，或在筋骨，或在脏腑，或在经络。有相传者，有不相传者，有久而相传者，有久而终不传者。其大端则中于经络者易传；其初不在经络，或病甚而流于经络者亦易传；经络之病，深入脏腑，则以生克相传；惟皮肉筋骨之病，不归经络者，则不传，所谓躯壳之病也。"

三、贯通寒温治发热

发热为临床常见症状，很多人认为古代没有体温计无法探测，所以中医所论发热应是患者的自觉症状。但考诸文献，古代中医也通过触摸患者额部、手掌心、胸部等肤表部位进行探测，因此也包含医生的客观感觉。可以说，发热是指体温高于正常值范围，或者体温正常，但患者自觉全身或某一局部发热，既是患者的主观症状，也是医生可以客观观察到的体征。在抗生素发现之前，感染性疾病历来是人类的大敌，也是历代中医研究的重点，中医名著《伤寒论》《温疫论》《温病条辨》等都是中医与感染性疾病斗争的重大成果。然而这些成果都是不同历史时期对某一类感染性疾病证治的精辟总结，从今天来看，仍然是分裂的，缺少系统的认识，而现代中医要有俯瞰时代的眼光，对这些历史成果进行会归和统一，争取建立一个新的中医外感病学。邹老在 20 世纪 80 年代已经对此进行了一些有益的探索，现将其主要观点经过重新整理介绍给大家。

（一）真阳之气是维持体温的基本要素

阳气最基本的功能是"温煦"功能，人之所以通体温暖，全靠阳气的温煦作用。正如明代名医张景岳《类经附翼·卷三·大宝论》中所说："夫形气者，阳化气，阴成形，是形本属阴，而凡通体之温者，阳气也；一生之活者，阳气也……及其既死，则身冷如冰，灵觉尽灭，形固存而气则去，此以阳脱在前，而阴留在后……"可见气是人体热量的来源。人体生命活动需要正常的体温，而体温又来源于阳气的作用，同时又受到心肺布散汗液散热、津血制约阳气等功能的调节。无形的阳气与有形的阴液达到相对平衡，从而维持人体体温的相对恒定。

发热，是患者的自觉症状，有体温升高者，也有体温正常者。从中医来看，阴阳平衡失调，阳气盛于阴则发热。至于体温是否升高，则要看发汗散热功能、津血的制约调节功能等是否正常。

（二）六种热型

西医谈热型，常是对体温曲线表现规律的总结描述，如数天或数周体温持续 39～40℃，则称之为稽留热；如果体温常在 39℃以上，最低温度仍在正常体温以上，昼夜波动幅度达 2℃以上者，称为弛张热等。邹老在文章中指出，中医也有热型，如果加以重视，有助于临床辨证。但中医的热型，不是对体温曲线的描述，而是对患者发热症状的规律总结。邹老提到的热型主要有以下 6 种。

1. 一般发热

包括表证发热，里热发热，局部发热三种。表证发热，常伴随有恶寒，有肤热、身热、翕翕发热等名；里证发热常但热不寒，有壮热、灼热、蒸蒸发热等名；

局部发热，常有额热、尺肤热等名。

2. 反复有规律发热——潮热

发作有定时，以黄昏、夜间最多见，如潮汐一般有规律，故称之为潮热。但凡朝热暮凉、夜热早凉、五心烦热、骨蒸烘热等均属潮热范围。

3. 反复间歇性寒热——往来寒热

恶寒与发热交替出现的一种热型，其寒时恶寒而不觉热，热时发热而不觉寒，且伴有汗出，寒热过后有一定的间歇期。最典型的往来寒热见于疟疾，发作有定时，有 1 天发作 1 次的，有 2 天发作一次的，也有 3 天发作 1 次的。若见于伤寒、温病、瘟疫等，多发无定时，一日二三度或十余度发，但必有一定的间歇期。

4. 疾病危重阶段的发热——厥热胜复

厥热胜复是疾病发展到重急或危重阶段，正气虚衰、邪正剧争时，邪正进退、阴阳消长而表现出厥和热交替发作，即手足厥冷与全身发热交替出现，厥热持续时间较长，一般皆在 1 天以上。其厥是阴寒盛，热是阳复，一般热多为顺，厥多为逆。有厥热相等、热多厥少、厥多热少、厥回热不止 4 种情况。一般而言，厥热相等为病势趋愈，为阳复适度，厥与热的日数相当，示阴阳趋于平衡，故断为病势趋愈；热多厥少为病渐退，阳复阴寒消退，若不再复厥，则表示病退；厥多热少为病渐进，为阳复不足，阴寒进一步转盛，病情进一步加重；厥后发热持续不减，阳复太过，热气有余，变生邪热，或发热汗出，或喉痹，或下利便脓血，或痈脓；厥终不回则死，阳气不复为脏厥。

5. 患者时刻感受折磨的发热——烦热

是患者自觉发热，伴有心烦，春夏尤为常见，临床以五心烦热多见，也有身热而烦者。一般的发热，或有体温升高，患者虽难受，但自身对热的感觉不明显。而有一些发热，如手足心热，体温虽不升高，患者却时刻感受得到，让人心烦不安，时欲触冷，夜卧则手足总想伸出被外。

6. 假热

此为真寒假热。常表现为两种形式。

（1）外寒内热：身虽有热而里为真寒，格阳于外，或虚阳不敛，故面赤身热而反欲加衣，或发热自汗而不任风寒。正所谓热在皮肤，寒在脏腑。

（2）上热下寒：患者在同一时期内，上部表现为热性症状，而下部却表现为寒性症状。如伤寒少阴盛格阳证，上部表现为面赤、口干、咽痛，下部却表现为下利清谷、手足厥冷等。

（三）四种热势

对于发热的程度，西医常按照体温的高低，分为四度，低热（37.4～38℃）、中等度热（38.1～39℃）、高热（39.1～41℃）、超高热（41℃以上）。而中医虽不按体温分度，但也按热势分为4种。

1. 微热：又称小热，即指轻微发热；

2. 身热：即全身发热，代表中等热势；

3. 高热：亦称大热、壮热，遍体如烙，常持续不退；

4. 温温发热：其状身热不扬，但不似微热之隐微不显，是湿温病之类的一种特殊热象。

（四）发热的诊断与辨证

时至今日，中医学对外感热病的认识和治疗的历史积累十分丰富，可以说是蔚为大观，那么临床上应该有很好的疗效。然而，事实却并非如此。当今一些中医大夫在临床上治疗外感热病，仍然未能充分发挥中医独有的治疗效果。衷伤寒者，执《伤寒论》之法以治温病；衷温病者，执温病之法以治伤寒，总认为自己所学为高明通吃之法。邹老则不拘成见，将伤寒、温病、瘟疫、内伤四大发热病证经过简明地梳理，熔于一炉，提出临床上诊察发热，应详加辨析，分辨到底属于这四大发热中的哪一种类型，然后施治，可求万全。

1. 首辨外感、内伤

外感发热，多由六淫或戾气引起，造成了邪正相争，阳气亢奋，因阳盛而生外热。所以起病急速，寒热并作，邪不去则热无休止，用手扪之，轻举皮毛之分而热重，久按重按而热轻，手背热甚于手心，背部热甚于胸腹，其发热非汗下不退。

内伤发热，多由虚损，或内有郁滞，导致阴阳失调，五脏不和所致。虚者可因气、血、阴、阳之虚，导致阳气升降失调，虚气虚阳郁遏而生热，或阴血不足，阳气相对偏盛而生内热；实者多由痰湿、瘀血、饮食、气郁，阻碍了营卫气血的正常运行，郁遏而生热。内伤发热起病缓慢，多寒热间作，以手扪之，重按肌肉筋骨之分而热重，轻举皮毛之分而热轻，手心热甚于手背，其发热脱衣便可减轻。

2. 外感辨寒温、别瘟疫

伤寒乃感受寒邪，主要从皮毛而入，侵犯人体太阳一经，故疾病初起多见恶寒、项强、头痛、身痛等症，疾病发展呈六经传变的规律，易伤阳气，而见亡阳、浮肿、厥逆等症。温病则是感受温邪，主要从口鼻而入，侵犯人体肺卫，故疾病初起多见发热、咽痛、口渴等症，疾病发展呈卫气营血规律，易耗伤津液，而见亡阴、动血、窍闭、痉厥等。二者是两类性质完全不同的疾病，二者为并列关系，临床上表现上有明显的差别，所采用的治疗方药也截然不同，因此必须严加区分。

（1）伤寒发热

伤寒六经发热各不相同，叙述如下：

①太阳病——发热与恶寒同时并见，但恶寒较甚，兼见头痛、项强、脉浮等症。中风则恶风汗出，而脉浮缓；伤寒则恶寒无汗，而脉浮紧。

②阳明病——但恶热，不恶寒，蒸蒸发热，濈濈汗出。经证兼见大汗、大烦、大渴、脉洪大；腑证兼痞、满、燥、实、坚等症。

③少阳病——寒热往来，兼见口苦、咽干、目眩，胸胁苦满，心烦，喜呕，不欲饮食，脉弦等症。

④太阴病——手足自温，兼见腹满而吐，食不下，自利益甚，时腹自痛等。

⑤少阴病——身大热而反欲加衣，兼见脉微细，但欲寐。寒化者无热恶寒，四肢厥冷，下利清谷，呕不能食，或食入即吐；热化者心烦不得卧，口燥咽干，脉细数。

⑥厥阴病——发热与四肢厥冷交替出现，胜复之状有4种不同（见前述）。兼消渴，气上冲心，心中疼热，饥而不欲食，食则吐蛔。

（2）温病发热

温病则按卫气营血或三焦来辨其发热特点。

①卫分——发热较甚，微恶风寒，兼见口渴或咳，头痛自汗，苔薄白，脉浮

数等。

②气分——在阳明则见壮热，在太阴则见温温发热，在少阳三焦则见寒热往来，当视兼证而定。

③营分——高热不退，夜间增高，但外热反而不扬，多见神昏谵语，口反不渴，舌红绛，脉细数。

④血分——初期实证多尺肤热甚，手足心热，或厥热胜复，兼见斑疹、出血、狂乱、痉厥；日久阴虚，多见夜热转甚，朝热暮凉，兼见口燥咽干，舌质深绛，脉多细数。

⑤三焦发热——上焦手太阴肺发热多见卫分病变；手厥阴心包络发热多见营分病变。中焦发热，相当于气分病变。下焦发热，主要为营分、血分的病变。

（3）瘟疫发热

发病急，有相互传染的特点。发则寒热齐作，寒则战栗鼓颔，热则身烙如火，兼见头痛如劈，身痛如被杖，腹痛搅肠，呕泄鼻衄，斑疹白瘄，昏迷战汗。

3. 内伤辨虚实

（1）实证发热

气滞——多见骨蒸潮热，或寒热往来。伴有精神抑郁，胁肋胀满，烦躁易怒，热势常随情绪波动而起伏。

血瘀——实证多见于热入血室、疮疡瘀热等，常表现为高热不退。热入血室者，妇女经期或产后感受外邪，发热恶寒，少腹急结，面青舌紫，但欲漱水不欲咽，重者夜晚神志异常，胡言乱语，白天神志清醒，脉象沉涩。因疮疡者，则见寒战高热，痛偏一处，饮食如常。此外尚有虚实夹杂的干血痨，则见骨蒸潮热，肌肤甲错，两目黯黑等。

食积——手足心热而额部反冷，或蒸蒸发热而薄暮转甚。伴见嗳腐吞酸，胸脘满闷，矢气如败卵，恶闻食臭。头痛恶寒而身无痛楚，口渴溺赤，舌苔满布，脉象沉滞。

痰饮——潮热夜作，天明渐止，兼见胸膈不快，肢体倦怠，痰多苔腻，脉滑有力。

（2）虚证发热

阴虚——主要出现潮热，兼见盗汗、咳嗽，舌干少苔，脉细数无力。伴有精血亏损诸证。

阳虚——多见微热或假热，兼见心脾肾命阳衰之证。

除邹老所叙述的阴虚、阳虚发热外，临床还可见到气虚发热、血虚发热。气虚发热常在劳累后发作或加剧，兼见倦怠乏力，气短懒言，自汗，脉细弱等。血虚发热多为低热，伴头晕眼花，心悸，面白，唇甲色淡，舌淡，脉细弱等。

（五）退热十二法

邹老参照《谦斋医学讲稿》，提出了十二种退热法。

1. 疏表法

通过疏表，使表之郁热，随汗而泄。凡一切外邪引起的表证，多采用发汗的方法来达到退热的目的。如表寒证用麻黄汤等辛温发汗；表热证用银翘散等辛凉发汗。如果外邪袭表，影响了肺的宣发肃降，出现了咳喘、痰多等症，则治疗时应兼以宣畅肺气，则可协助疏表发汗的作用，代表方如杏苏散。凡外邪客于肌腠之间，妨碍了营卫之气的正常运行，造成了营弱卫强的局面，就必须运用解肌的方法，祛邪并调和营卫，这种特殊的疏表方法称为解肌，辛温解肌如桂枝汤，辛凉解肌如柴葛解肌汤。

2. 通便法

主要通过泻下通便来达到退热的目的，这是一种"釜底抽薪"的方法。肠中糟粕与热邪相结而便秘，便秘则会导致热势加重。故采用苦寒、咸寒之剂泻下热结，代表方如承气汤。但发热而阴液大虚者必增水行舟，可合用增液汤；神昏谵语者当清心开窍，可合用牛黄丸。挟湿者加皂角子、芦荟；血热者加牡丹皮、赤芍。

3. 清气法

主要通过清解气分之热来达到退热目的，方法有如下两方面。凡病在肺胃，热盛津伤的发热，伴有烦渴大汗，脉洪大等症者，多用甘寒之品清热保津，代表方如人参白虎汤。该方用人参、知母保持津液不受伤害，用生石膏等重清肺胃里热，热退津回，则表气自舒，故白虎汤虽不是发汗剂，但服后自然地使汗液通畅，热随汗解。凡热邪传里，三焦俱盛，毒邪较重，发热不止，则需苦寒之品，清热解毒，代表方如黄连解毒汤。

4. 清营法

主要通过清营凉血来达到退热目的。温邪初入营分之发热，可通过透营转气之法来治疗，代表方如清宫汤。温邪深入营血耗血动血之发热，则需通过凉血散血之法来治疗，代表方如犀角地黄汤。若是疫毒传入营血之发热，则需通过清营解毒之法来治疗，代表方如清瘟败毒饮。

5. 清化法

若是湿热之邪蕴于气分不解，患者发热倦怠，胸闷腹胀，肢酸咽痛，身目发黄，颐肿口渴，小便短赤，泄泻淋浊，舌苔白或厚腻或干黄，脉濡数或滑数者，则需清热化湿以退热，代表方如甘露消毒丹。

6. 消导法

主要通过消导肠胃积滞来达到退热目的，如饮食停滞于肠胃引起发热，同时又伴有胃脘满闷，呕恶泄泻者，可用保和丸之类消导肠胃积滞，佐以退热之品，则发热自退。

7. 祛瘀法

瘀血实证，多出现高热发狂，胸腹胀满，身发斑疹，舌有瘀点，宜用抵当汤、桃核承气汤、犀角地黄汤之类。瘀血虚证，多出现潮热不退，肌肤甲错，两目黯黑，脉沉而涩，内有干血、死血，经络阻塞不通所致，宜用青蒿鳖甲散、大黄䗪虫丸之类。

8. 和解退热法

和解是指和其里而解其表，和其里不使邪内犯，解其表仍使邪从外出，这是一种攘内以安外的治疗手段，但目的在于祛邪。如用小柴胡汤和解少阳以治寒热往来；用藿香正气散和解表里，以治内有饮食、湿热积滞，又外感风寒之发热；用丹栀逍遥散和解肝脾，以治肝郁不舒，脾胃受伤之发热；用达原饮透达膜原，以治疫邪留恋少阳三焦或疟疾引起之发热。

9. 滋阴退热法

主要通过滋阴补血来达到退热目的，用于潮热而伴有盗汗、舌质红、脉细数之证，代表方如秦艽鳖甲散之类。

10. 益气退热法

主要通过益气扶阳来达到退热目的。凡因阳虚而上午或下半夜发热，伴有怯冷畏风，倦怠懒言，食少脉虚者，劳倦后发热反甚，脾虚、阳虚感冒后发高热者，宜用本法"甘温除大热"，代表方如补中益气汤、人参再造散之类。

11. 双解退热法

把解表与清里结合起来以达退热之目的，方法有以下三种：

解表与清里同用，如三黄石膏汤，既用麻黄、淡豆豉解表热，又用石膏、黄芩、黄连、栀子、黄柏等清里热，适用于表热未解，里热又炽的证候，通过表里兼治，双管齐下达到迅速退热的目的。

发汗和泻下同用，如凉膈散，既用薄荷、连翘、竹叶等辛凉透表；又用芒硝、大黄等攻下里之热结。

两经同治，如葛根芩连汤治太阳阳明合病；大柴胡汤治少阳阳明合病；麻黄细辛附子汤治太阳少阴合病。

12. 开窍退热法

用于热陷心包所致之神昏谵语，高热不退之症，代表方如安宫牛黄丸、紫雪丹、神犀丹等。本法采用清营、凉血、解毒、化浊诸品，配合开窍之药，达到退热醒神的目的。

四、脉诊习成之路

诊脉是一门技术，必须在临床上练习和操作，才能熟悉和掌握，否则是学不会的。南齐褚澄在《褚氏遗书·辩书》中说："博涉知病，多诊识脉，屡用达药。"意思是说，广泛阅读可以了解更多的疾病，多次从切诊中锻炼诊脉的技巧，就能辨别清楚复杂的脉象，常用某类药物治病，就能全面通晓这类药物的性能。这说明了一个道理，实践出真知，苦练出智慧。

为什么初学脉诊的人，尽管脉诀背得娴熟，但在下指诊脉的时候，就感到模糊了。故前贤对诊脉有"胸中了了，指下难明"的感叹，这究竟是什么原因呢？这就是缺乏经验，所以做事不能得心应手。古代曾有一句谚语"熟能生巧"，只要你多去练习几次，慢慢就会了。又如在处方用药当中，为什么有些医家又喜欢用某一类药物或某一方剂，这是因为他熟悉这些药物或方剂；而另一些医家又喜欢用另一类药物或某一方剂，这又是因为他掌握了这些药物和方剂的性能的缘故。这就说明，只要你掌握了某些药物和方剂的性味功能，随证加减变化，就可以达到得心应手的目的。

要切实掌握脉诊技术，首先要做到"胸中了了"，一方面要掌握正常人脉的特征，熟知正常，才能敏感地判断异常；其次要对病理脉象烂熟于心，才能够在短时间内迅速地根据异常脉象的特征对病脉做出诊断。其次要多加练习以识别脉象，邹老提出了要注意的四个方面。

（一）平人脉象三要点

为了以常测变，了解平人脉象是脉诊的基础，而且候脉不能少于五十至。平人脉象有胃、神、根三个特点。

1. 胃

若脉在皮下肉上，律匀和缓，为有胃气；乍快乍慢，为无胃气。

2. 神

若脉在指下光圆润滑，为有神气；硬挺搏指，为无神气。

3. 根

若脉久按根底不绝，为脉有根；久按根底松散，为脉无根。

（二）病理脉象纲要

现将病脉分为脉跳皮毛间、脉跳筋骨间、脉数跳快、脉数跳慢、脉率歇止、脉形长迢、脉形短凸、脉形粗大、十怪脉共十大类，简述如下：

1. 脉跳皮毛间——浮脉、革脉

（1）浮脉

脉象：轻取即得，跳在肌肉之上，皮毛之间，按至筋骨仍有。

主病：主表证。有时亦见于里证。有力为实，无力为虚。

原理：邪正之气交争于表，故脉亦随之鼓搏于外故浮。里热炽盛或血虚阴虚脉亦浮大，必须脉证合参。

（2）革脉

脉象：跳在皮毛之间，粗大强直，硬挺搏指，如按鼓皮，中空外坚之状。

主病：乃元气不固，外感得此脉象为虚寒证；内伤得此脉象，男子亡血、失精，女子半产、漏下。

原理：肾中精血亏损，外强中空，阳气浮越，将发生变革之象。

2. 脉跳筋骨间——沉脉、伏脉、牢脉

（1）沉脉

脉象：跳在筋骨之间，重按乃得。

主病：主里证。沉迟为寒，沉数为热，沉滑宿食，沉弦腹痛。有时亦见于表证。

原理：病变在里，故脉气亦随之而沉。有时外感初起，如风寒外束，阳气阻遏，亦见沉脉。

（2）伏脉

脉象：跳在筋骨之下，推筋着骨，脉始应指。

主病：主邪闭或虚脱。新病为寒疝疼痛，为痰饮宿食，为忿怒气郁，为火邪所闭；久病多为虚脱之兆。

原理：伏乃正气为邪气所阻遏不出，但也可因正气将脱而脉伏至绝者，所以皆隐藏不见。

（3）牢脉

脉象：跳在筋骨之间，粗大强直，硬挺搏指。

主病：主阴寒积聚。病在气分，多为疝瘕痞块作痛；病在血分，则成血癥积块为患。

原理：不论在气分或血分，若阴寒滞留，坚积内着，皆有如牢守其位而不变之状。

3. 脉数跳慢——迟脉、缓脉

（1）迟脉

脉象：一息三至。

主病：主寒主虚。有力为寒，无力为虚。

原理：寒则气血凝泣而行迟；虚则气血不足亦行迟。

（2）缓脉

脉象：一息虽然四至，但来去之势迟缓。

主病：主湿痰。兼濡为湿滞，兼滑为痰凝。

原理：乃痰湿困脾所致。

4. 脉数跳快——数脉、滑脉、疾脉

（1）数脉

脉象：一息六至。

主病：主实热，亦主虚证。数而圆实有力，为实热；数而细小无力，为阴虚。

原理：阳热盛或阴液虚均可出现脉细跳快。

（2）滑脉

脉象：往来流利。

主病：主痰食。兼喘咳痞闷为痰；兼嗳腐吞酸为食。

原理：由于邪实气盛则导致脉流滑疾。

（3）疾脉

脉象：一息七至八至。

主病：主热极或亡阳。圆实有力为热极；虚松无力为亡阳。

原理：脉致达于极限，故现速疾之象。

5. 脉率歇止——涩脉、结脉、促脉、代脉

（1）涩脉

脉象：往来涩滞，三五不调，如钝刀刮竹。

主病：主有瘀积或精血虚。按之有力，为瘀血，为癥瘕积聚。按之无力，为亡血失精，为麻木不仁，为大便秘结。

原理：有阻滞或精血虚皆可导致血脉往来的不流利。

（2）结脉

脉象：缓时一止，止无定数。

主病：主虚证，亦主滞塞。结而无力为阳虚；结而有力为痰滞、气郁、虫积。

原理：气血渐衰或有阻滞，皆可出现结脉。

（3）促脉

脉象：数时一止，止无定数。

主病：主阳盛或虚脱。有力多为外感入里化热或痰湿化热。小而无力多为虚脱。

原理：为阳盛阴虚或阳气离决所致。

（4）代脉

脉象：脉有歇止，止有定数。

主病：主经脉阻滞或脏气将绝。新病脉来有力，多为惊恐、仆损、剧痛引起经脉阻滞所致。久病无力，为脏气将绝；十动一止为心气绝；二十动一止为脾气绝；三十动一止为肝气绝；四十动一止为肾气绝；五十动一止为肺气绝；五十动以上一止为平人。总之，久病见代脉，内脏多有损伤，不完全为绝证。

原理：实证多由内脏气机阻滞所致；虚证为一脏气绝，他脏之气起而代之，在相互代替之际，故出现定期停顿。

6. 脉形长迢——长脉、弦脉

（1）长脉

脉象：如循长竿直上直下，非如他脉参差不齐；长过本位，上至鱼际，下至尺泽。

主病：主邪气盛或肝阳亢。长而浮大有力为邪气盛；长而硬满有力为肝阳亢。

原理：长而有余之象，邪气盛或肝阳亢皆为有余之象。

（2）弦脉

脉象：如弦端直，举按皆然，但不超过本位。

主病：主肝胆病或积聚。弦而有力为肝阳上亢或胆经有热。气郁也见弦脉，但多沉滞；疟脉自弦，其脉多浮。

原理：弦为肝气不调达之象，太过和不及皆可出现弦脉。

7. 脉形短凸——短脉、动脉

（1）短脉

脉象：中间凸起，两头俯下。

主病：主气虚、气郁或血滞。松软无力为气虚；滞涩有力为血滞。

原理：短为气不足，虚和滞皆可造成不足。

（2）动脉

脉象：中间凸起，两边绝无，如豆滚指下，厥厥动摇。

主病：主实热亦虚证。圆实有力为热邪；动而乍大乍小主惊恐。按之无力，在寸部为阳虚疼痛；在尺部为阴虚发热。

原理：乃阴阳二气互相鼓荡，不得上下，形成偏盛偏衰之象。

8. 脉形粗大——虚、实、洪、芤、紧、散六脉

（1）虚脉

脉象：脉形粗大，但短松虚软，跳在皮毛之间，按至筋骨仍有。

主病：主诸虚。浮大气虚，兼涩血虚，兼迟阳虚，兼数阴虚。

原理：系内之气血阴阳皆不足所致。

（2）实脉

脉象：脉形粗大，举按皆强迫指下。

主病：主诸实。兼浮表实，兼沉里实，兼数里热，兼弦寒痛。

原理：邪正俱盛，阻遏交争故显实象。

（3）洪脉

脉象：粗大而数，来盛去衰。

主病：主热证，亦主阴虚阳浮。浮而有力为表热盛；沉而有力为里热盛；虚松无力为阴虚阳浮。

原理：阳气有余，阴气不足，则出现来盛去衰之洪脉。

（4）芤脉

脉象：浮大中空，如按葱管。浮位与沉位均见粗大之形，中位空虚感。

主病：主寒和痛。若兼浮为表寒，沉为里寒，弦为疼痛。

原理：为阴阳盛而阳气不伸张所致。

（5）散脉

脉象：脉形粗大，散漫绵软，来去不明，略按即无，状如风吹羽毛。

主病：主虚脱。

原理：乃阴阳之气虚脱所致。

9. 脉形细小——濡脉、弱脉、细脉、微脉

（1）濡脉

脉象：细小虚软，跳在皮毛之间，状如棉浮水面。

主病：主湿滞或虚损。濡而有力多为湿滞；濡而无力多为虚损。

原理：濡为阳衰阴盛之象。

（2）弱脉

脉象：细小松软，跳在筋骨之间。

主病：主阳虚或气血不足。兼迟缓无力多阳虚；兼细数无力多气血不足。

原理：弱为正气不足之象。

（3）细脉

脉象：细如蛛丝，但在指下光圆清楚，毫不模糊。

主病：主血虚阴亏或阳气衰微。兼细数多为血虚阴亏；兼沉缓则为阴气衰微。

原理：主为阴血不足所致，亦有阴损及阳而兼见细象者。

（4）微脉

脉象：细小微薄，指下模糊不清。

主病：主虚衰。兼浮为阳气虚衰；兼沉则阴液精血伤残。

原理：乃阴阳气血均衰之象。

10. 十怪脉

（1）釜沸：跳在皮肉之间，有出无入，如水煮沸之状。主阳亢阴竭，多朝见夕死。

（2）鱼翔：跳在皮毛之间，如鱼摆尾，头定尾摇。主亡阳之兆。

（3）弹石：跳在肌肉之上，辟辟弹指。为肾经真脏脉见，不治。

（4）解索：跳在肌肉之上，如解乱索，散乱无序。主肾命之气绝，不治。

（5）虾游：跳在皮毛之间，如虾游水面，杳然即逝，须臾又来。必死。

（6）屋漏：跳在筋骨之间，如残檐滴水、良久一滴，溅起无力。主胃气绝，必死。

（7）雀啄：跳在筋骨之间，连连凑指，忽然又停，如雀啄食，来三去一。脾绝，必死。

（8）偃刀：举之如循刀刃，无进无退。主营血干枯而卫气独居，必死。

（9）轧豆：如轧豆辗转，并无息数。主正气空虚，行尸走骨，必死。

（10）麻促：细微至甚，如芝麻子之小而纷乱，主营卫气竭，必死。

（三）如何克服"胸中了了，指下难明"

初学的人，尽管把脉诀背得娴熟，但在下指诊脉的时候，就感到模糊了。这是什么原因呢？这就是缺乏实际的诊脉功夫。如游泳，一个从来没有游过泳的人，不管别人怎样告诉你游泳的方法，但一下水没有不沉没的。又如学自行车，尽管有人教你骑车要如何如何，还把车和你扶住，但你骑的时候，总是歪歪斜斜，把握不住车把。当你学会游泳或学会骑自行车后，又觉得方法确是这样。开始诊脉，总不能得心应手，"胸中了了，指下难明"，这一点不奇怪。但如何克服这一矛盾，前人总结了很多方法，现列如下：

1. 要掌握标准来分辨脉象

《黄帝内经》指出，阴阳不仅要一分为二，还要一分为三。因为在变动情况下，要分阴分阳，必须要掌握这一分判的标准，否则就不能明辨。例如要分浮沉，那就必须掌握部位上的标准——浮、中、沉三部，脉跳皮毛之分为浮，脉跳筋骨之分为沉，中部肌肉之分就是浮沉的分界线。迟数二脉较易诊断，因迟数二脉标准十分明确、固定，一息以四至为正常，不及四至为迟，超过四至为数。大小二脉难诊断，因大小二脉标准很不固定，往往要因人而异。由此可见，临床上掌握相对两脉的标准，为诊断的第一要义。

2. 要掌握脉象的演绎和归纳方法

演绎归纳的方法，就是推断脉象的方法，有比类法、对举法、归类法、脉象求独等。

（1）比类法：如以时令比类，则春应肝而脉弦，夏应心而应脉洪，长夏应脾而脉缓，秋应肺而脉浮，冬应肾而脉沉。以六淫比类，则浮为风，紧为寒，洪为暑，濡为湿，涩为燥，数为火。以七情比类，则喜脉缓，怒脉弦，思脉短，忧脉涩，恐脉沉，惊脉动，悲脉促。

（2）对举法：张仲景以浮大动滑数为阳，迟涩弱弦微为阴。高阳生分七表（浮芤滑实弦紧洪）、八里（沉微涩缓迟伏濡弱）、九道（长短虚促结代牢动细）。现从气机变化将各脉对举列表如下：

二十八脉对待表：

浮－升，沉－降；迟－慢，数－急；虚－柔，实－刚；

长－盈，短－缩；滑－通，涩－滞；缓－弛，疾－张；

动－出，伏－处；结－阴，促－阳；洪－盛，微－衰；

革－空，牢－实；弦－气，芤－血；濡－软，紧－硬；

代－久，散－暂；大－强，小－弱。

此外，对举推断的方法还有以下 6 种：

①正看法：如阳脉为阳病，阴脉为阴病。

②对看法：如有浮必有沉，阳盛阴必虚。

③互看法：如阳病见阴脉为亡阳，阴病见阳脉为亡阴。

④反看法：如先见阳脉，后见阴脉，阳消阴长为病进；先见阴脉，后见阳脉，阴消阳长为病退。

⑤平看法：如本为阳脉复兼阳脉为纯阳，阳盛阴必虚；本为阴脉复兼阴脉为纯阴，阴盛阳必虚。

⑥全看法：脉象未变，身体由强转弱，为病进；脉象未变，身体由弱变强，为欲愈。

（3）归类法：归类法诸家不同，张景岳以浮、沉、迟、数、细、大、长、短八脉为纲，分统其他二十种脉象。滑伯仁以浮、沉、迟、数、滑、涩六脉为纲，分统其他二十二脉。李士材以浮、沉、迟、数四脉为纲，分统其他二十四脉。本节分脉跳皮毛间、脉跳筋骨间、脉数跳慢、脉数跳快、脉形长迢、脉形短凸、脉形粗大、脉形细小九类，分统二十八脉。分别归类，即有利于辨识脉象，又能抓住纲领，而且也体现了二十八脉的整体性。如就脉之部位而言，则有跳于皮毛间和跳于筋骨之分；就脉之至数言，则有跳快、跳慢、歇止之别；就脉之形态言，则有长短大小之分。再从每一类脉来看，如诊得脉形粗大，则应想到脉形粗大者有虚、实、洪、芤、紧、散六种脉象，然后再察其是大而无力的虚脉，是三部有力的实脉，来盛去衰的洪脉，浮大中空的芤脉，大而抟指的紧脉。如诊得脉形细小，则应想到脉形细小者有濡弱细微四脉，然后再察其是浮而细软的濡脉，沉小软的弱脉，细而分明的细脉，细小模糊的微脉。如此推求脉象，则容易掌握它的要领了。

（4）脉象求独：脉象求独，就是要抓住脉象的独特表现来分析了解病情。从脉象之独特来看，则有独大、独小、独迟、独疾之别；从脏气与时令来看，如心宜洪、肝宜弦、肺宜浮、肾宜沉，反之则病。一脏之脉独见乖戾者为病；与时令不符者为病。若从分部求独来看，如各部皆和，只一部出现独特之脉，某部即为病变所在。《景岳全书》："独者，谓诸部无恙，惟此稍乖，乖处藏奸，此其独也。"

3. 要熟练诊脉的指法

诊脉要熟练指法，也如弹钢琴、拉二胡一样，要熟练指法。如果诊脉的指法不熟，怎样把脉诀背熟，下指诊脉时就会"胸中了了，指下难明"。弹钢琴、拉二胡如果指法不熟、不管怎样熟悉琴谱和乐谱，也无济于事。练指法第一是要指目与脉脊相对，指目就是三个指头罗纹中央，指目感觉最为灵敏；脉脊就是脉最明显处，二者相对，更易辨识脉象。第二就是要多诊识脉，从临床中接触各种脉象，进行综合分析，总结归纳，至于用力之久，识会豁然贯通的。我们要反对两种说法：一种是夸大脉象的作用，反对四诊合参，好像脉诊就可诊断一切病证了。一种是否定诊脉，说诊脉是自欺欺人，武断地说诊脉只能作循环系统的粗略诊断。

4. 要脉证合参

脉和证的关系是很密切的，但脉有真假，证亦有真假，凡见脉和证有不相合者，必有一真一假。所以我们不仅要识认脉象，指下分明，还要善于判断脉象是真是假。判断出真假，才能"舍脉从证，舍证从脉"。若证实脉虚，必是假实证，如外虽烦热而脉见微弱者，必是火虚；腹虽胀满而见微弱者，必为胃虚。虚火虚胀，当时假虚实证，这就应当从脉之虚而不从证之实。证虚脉实，必是假虚证。如寒邪宿食引起心腹疼痛，而脉反见沉伏结促，虽邪闭经络似虚，心腹疼痛为实，则应从证之实而不从脉之虚。《景岳全书》："若有是实脉而无是实证，即假实脉也；有是实证而无是实脉，即假实证也。知真知假，即知所以舍矣。"又提出"轻病从证，重病从脉"。因轻病没有其他危象，则可随证治标，这是从证；为重之病，则当详辨脉象的虚实寒热，才能做出正确的判断，切不可随证敷衍，贻误病情。《景岳全书》："又有从脉从证之法，乃以病有轻重为言也……轻症从证，十唯一二，重症从脉，十当八九，此脉之关系非浅也。"还要以证求脉，以脉断病。所以在诊脉前先进行望、闻、问等诊断，初步确定是何病证，可能出现何种脉象，然后进行推求。如患者发热恶寒，便可估计会出现浮脉。而又口渴心烦，面红目赤，便可估计会出现数脉。若失血较多，便可估计会出现芤脉。气郁疼痛，便可估计会出现弦脉等。还要掌握脉象求独，分部推求，结合症候来进行判断，这样就可排除干扰，抓住主要矛盾。

根据以上四点，便可逐步克服"胸中了了，指下难明"的矛盾。第一，掌握了诊脉标准，便可以区分阴阳。标准是十分重要的，《素问》有五常政大论，"常政"就是指通常的标准。《韩非子·五蠹》说："罚莫如重而必，使民畏之；法莫如一而固，使民知之。"作为法家的代表人物韩非子，他提的"一而固"，也是强调要分辨一切事物，必须要有一个统一而固定的标准。没有标准，什么也不能确定，诊脉没有掌握好各类脉象的标准，就不能分辨脉象。第二，就是要善于运用演绎或归纳的方法去推求脉象，才能对复杂而众多的脉象进行清楚地辨识。第三，就是要锻炼指法，多诊识脉，从实践中来提高。第四，还要脉证合参，以证求脉，以脉断证，或舍证从脉，舍脉从证。熟能生巧，久而久之，指下自然就会分明了。

五、痰的实质及痰证辨治

凡人体各部因津液发生病变，形成痰涎所引起的病证，称为痰证。《仁斋直指方》说："夫痰者，津液之异名。"痰可由六淫外感、七情内伤以及饮食、劳倦、虚损所形成，与肺、脾、肾三脏关系密切。痰的临床表现颇为复杂，大致有三类：一是痰涎，指咳嗽时从气道排出的液体物质；二是痰核，指凝聚于机体局部的结节状物，或称痰块；三是痰征，流注于脏腑或经络之间，无痰之形，有痰之征，如梅核气、癫狂、健忘、嘈杂、中风、痫证等，随气升降，无处不到，变证百出。

（一）痰的实质探讨

痰是中医学的特有概念，如果从西医病理学的角度看，痰的本质是什么？探讨这个问题有助于大家深入理解痰的概念，对临床上多种相关疾病的预防和治疗，产生难以预测的促进作用。对提示人体多种疾病的发生机制，提高健康水平和生命质量，也具有重要意义。邹学熹教授在《中医五脏病学》中对痰的实质进行了一些探讨，颇有价值，介绍于下。

1. 痰可能是大脑皮层的异常兴奋灶

中医认为癫狂的主要病机是"痰迷心窍"，常用涌吐之法而收效。但涌吐之方不外用瓜蒂、黎芦之类的药物组成，中医用这些药的本意是使迷于心窍之痰全部吐出而得治。这个方法不仅古代医家用之，目前也有一些老中医在运用，确实收效甚大。而且过去四川省有的医院也专以涌吐治癫狂，治愈病例甚多。但瓜蒂、黎芦之类的涌吐药从临床观察，正常人服用也同样要呕吐大量痰涎，按照常理，正常人"心窍"不应该有痰涎。因此，呕吐应该是药物中毒的一种反应。为什么涌吐能治癫狂？据邹老的理解，病与不病的人服涌吐药后，都会发生相同的呕吐痰涎的毒性反应，而癫狂患者在大量涌吐后而能收到治疗效果，应该与大脑皮层的神经诱导作用有关。

痰迷心窍之说，可能是倒果为因的，可以通过涌吐痰涎这一线索探讨治疗癫狂的病机。这就是利用药物在人的大脑皮层呕吐中枢制造一个比其他都强烈的兴奋灶，相应地使原来癫狂所导致的那个兴奋灶处于次要地位，在药物强烈催吐的刺激下抑制了，因而得到治疗。也就是说，癫狂本来是难以解决的矛盾，如果人为地给它制造一个比它更强烈的矛盾，由于有机体本能地要维持自己生命，所以相应地使原有矛盾缓解了。

这一问题，还可从张子和治癫狂的病案得到启发。张子和将一狂证患者缚于车轴上旋转，使患者因眩晕而引起剧烈呕吐，狂证患者在大量呕吐后清醒了。由此可见，不管用药物或旋转的方法，只要达到催吐，就可以治疗癫狂之证。邹老提出这个假说后，希望大家在生理病理方面通过实验加以研究。

2. 痰可能是疾病过程中的炎性分泌物

中风、痛证、死前哮鸣之痰，多为深度昏迷所导致的呼吸中枢抑制，因而引起气管、支气管中大量分泌物不能排除所致。邪热壅肺之痰鸣气急，喉风之痰涎涌盛，又可能是肺及气管、喉头的急性炎症导致炎性分泌物太多之故。至于温热病高热不退，神昏谵语，痰热蒙蔽心包之证，又可能是神经症状伴发炎性分泌物，当然不能排除炎性分泌物在特殊部位可以导致神经症状。从这些现象来看痰，又可能是病理变化的产物。

3. 痰可能是结核杆菌导致的炎性病变

瘰疬，西医属淋巴结核；乳痨，西医属乳腺结核；流痰，属骨与关节结核。这三种病中医认为它的病因主要是痰，而西医认为都是结核杆菌在不同部位引起的病变。这些痰又似乎指结核杆菌所引起的细胞浸润、组织破坏以及干酪样坏死等病理改变。

4. 痰可能是异常增生的肿瘤细胞

对于肿瘤而具有痰证征象时，往往用消痰化痰的方药而收获疗效，中医用审证求因的方法认定肿瘤也与"痰"有关。由于肿瘤是机体在各种致瘤因素作用下，局部组织的细胞异常增生而形成的新生物，常表现为局部肿块。因此这种痰可能就是具有异型性的肿瘤细胞。

（二）痰的病理

痰可由六淫外感、七情内伤以及饮食、劳倦、虚损等因素导致肺、脾、肾三脏功能失调，津液的吸收、输布、排泄失司，留滞于经络、肌肉、脏腑等部位，随气升降，影响气血流通，导致多种病变。痰源于肾，动于脾，客于肺，故肺为贮痰之器，脾为生痰之源，肾为生痰之本。

痰又可以随气升降，流动转移，无处不到，病态多样。痰在肺则壅于肺中，使气机上逆而为咳为喘。痰气郁结于咽喉，上不得上，下不得下，咯之不出，咽之不入，形成梅核气。痰与热相合，化火成毒，热胜肉腐，则成肺痈。痰与火相结，伤阴损肺，可致肺痿。痰迷心窍，玄府闭塞，神机不用，则成癫狂。痰火扰心，心不主神明，则神昏谵语。痰滞留滞不去，则心悸、健忘。痰在脾，则可引起吞酸、嘈杂、吐涎、心下冷，甚则形成呃逆、噎膈等病证。痰在肝，则可引起中风、痫证、痰厥等。痰在肾，则可引起腰脊冷重、精冷、宫寒等。

（三）辨痰四证

痰证的基本特点：咯痰，痰鸣，苔白滑或白如积粉，脉滑而大小不匀；或下眼睑灰黑，服补肾药反而加重；或有积块。或心下、背脊局灶性冰冷感；或出现各种怪症而百药不效等。其次要注意鉴别痰涎和水饮，痰涎质地稠浊，水饮质地清稀。

邹老把痰证分为四大证进行论治。

1. 寒痰证

（1）辨证要点：多见于肺卫外感风寒，或寒痰壅滞脾肺。都可见到痰涎清稀而多，或吐冷涎，或心下如停冰雪，舌苔白薄，脉反沉涩。此外，外感风寒者，还可见到咳嗽痰多，发热恶寒，苔白薄，脉浮缓。寒痰壅滞者，还可见到哮喘多痰，肢体寒冷痹痛，脊中一点如冰冷痛，舌苔白腻，脉象濡缓。

（2）证候分析：外感风寒者，因肺卫之气为寒邪外束，故见发热恶寒，苔白脉浮等表证；肺气不利，气滞则津停成痰，痰涎内贮肺中，气机不利，故咳嗽痰多。脾胃因寒，运化水液失职，导致津液不能正常输布反凝为痰，故痰涎清稀而多，或吐冷涎；寒痰滞于胃脘，故见心下一点冰冷；苔薄白，脉沉涩，为寒痰滞于里之象；寒痰上犯于肺，每见哮喘多痰；外阻阳气布达，则见肢体寒冷痹痛；留滞于脊中某部，失于阳气温煦，故脊中一点如冰冷痛；舌苔白腻，脉象濡缓，为寒湿之象。

（3）治法：燥湿化痰为主，用二陈汤。外感风寒者，宜宣肺化痰，用杏苏散。寒痰壅滞者，宜温化寒痰，肃降肺气，用二陈汤合三子养亲汤。

（4）随症加减：痰多者，加胆南星、白术；恶寒喘咳者，加麻黄、细辛；吐冷涎者，加吴茱萸、白豆蔻；脊中一点冷痛者，加肉桂、鹿角片。

（5）方药分析：二陈汤，方中以陈皮、半夏燥湿化痰；茯苓、甘草和中渗利，故为治寒痰、湿痰常用的主要方剂。杏苏散，主治寒痰挟外感，故方仍用二陈加枳壳、前胡燥湿化痰；苏叶、桔梗宣肺解表；杏仁肃降肺气。寒痰壅滞者，故以二陈汤燥湿化痰，三子养亲汤降气平喘，以治寒痰壅滞之痰证。胆南星、白术健脾化痰，故痰多者加之；麻黄、细辛散寒痰而平喘逆，故恶寒喘咳者用之；肉桂、鹿角片温督脉之阳，故脊中冷痛因寒痰者用之。

2. 热痰证

（1）辨证要点：多见于风热、火热、燥热之邪，裹挟痰邪为患。都可见到吐痰黄稠胶黏，或为重浊白沫，或痰中带血，或烦躁而热，舌苔黄腻，脉滑而数。不同的是，风热挟痰者，则见发热重，恶寒轻，喘咳多痰，舌红苔白，脉浮而数。火热挟痰者，身热汗出，烦躁，痰黄稠，或为重浊白沫，或咯血痰血，苔黄腻，脉滑数。肺燥挟痰者，更见咳痰黏，甚则郁成黏块，凝滞喉间，吐咯难出，舌苔黄腻，脉象滑数。

（2）证候分析：风热挟痰者，因肺卫之气为风热所遏，故发热重，恶寒轻；痰湿内壅，风热外加脾肺之气不利，故喘咳多痰；舌红苔白，脉浮而数，为风热在表之象。火热挟痰者，或因外感邪气化热，或因感受暑燥火热，灼伤肺中津液，故凝为黄稠浊痰、重浊白沫；若痰热损及肺络，故痰中带血；痰热内扰，故烦躁而热；苔黄腻，脉滑数，为痰热之象。肺燥挟痰者，由于肺气不清，津液浊逆，痰随火上，凝滞肺中，故咳痰黏滞，郁结而成黏块，凝滞喉间，咯吐难出；苔黄腻，脉滑数，为痰湿化燥之象。

（3）治法：风热挟痰者，治宜宣散风热，清化热痰，用桑菊饮加炙枇杷叶、冬瓜仁、竹茹。火热挟痰者，清肺化痰，用清气化痰丸。肺燥挟痰者，治宜清肺、润燥、化痰，用桑杏汤合二母丸。

（4）随症加减：肺热盛而痰多者，加桑皮、竹茹；胃热痰多，或兼嘈杂、吞酸者，加黄连、乌贼骨、陈皮、川贝粉；有烟气上冲，头面烘热，头目眩晕者，加生龙骨、生牡蛎、海浮石、礞石、天竺黄、黄芩、龙胆草、白芍、菊花之类。

（5）方药分析：桑菊饮为治外感风热又兼咳嗽之方，加枇杷叶、冬瓜仁、竹茹更能增强清化热痰，肃肺降气之功。清气化痰丸，方中以黄芩、瓜蒌仁清热化痰为主；热痰之动皆因于气，故又以枳实行气降痰；痰之来多因于脾胃运化失职，故又以茯苓健脾渗湿；痰之贮存多滞于肺，故以杏仁宣肺下气；胆南星、半夏加强化痰之力，共奏清化热痰之功。桑杏汤合二母丸，方中以豆豉宣肺气；桑皮、杏仁降肺气，使肺气之宣降正常；沙参、梨皮滋养肺中气液；知母、贝母清肺化痰；栀子清泄上焦肺热。

桑皮、竹茹能泻肺火而降热痰，故肺热盛而痰多者用之；黄连、乌贼骨、陈皮、川贝粉能清胃热而除痰浊，故胃热而痰多、嘈杂、吞酸者用之；生龙骨、生牡蛎、海浮石、礞石、天竺黄、黄芩、龙胆草、白芍、菊花能平肝潜阳，清化热痰，故肝阳上亢，热痰随气上逆者随症选用之。

3. 虚痰证

（1）辨证要点：常因脾肾虚损所致。都可见到嗽痰不已，吐之又生，吐之不尽。脾气虚者还可见到食减体倦，少气懒言，时时胸脘痞满，舌胖苔白，脉大无力。脾胃虚寒者，还可见到心下一点冰冷，呕恶多痰，凝结胶固，饮食喜热恶冷，脉象沉迟无力。水沸为痰者，乃肾阴虚，虚火灼津为痰，则见时吐重浊白沫或痰中带血，并见潮热盗汗，喉痛口糜，舌红少苔，脉象细数无力。水泛为痰者，乃肾阳虚水液不化，泛逆为痰，则见痰如清水，或冷痰上溢，脊中一点冰冷，畏寒厥逆，夜间发喘，舌淡苔白，脉沉无力。

（2）证候分析：脾气虚损者，运化水液失职，痰客中焦，闭塞清道，故嗽痰不已；运化水谷失职，故食减体倦，少气懒言；痰浊停滞，阻碍胸脘气机，故时时胸脘痞满；舌胖苔白，脉大无力，皆脾虚痰湿阻滞之象。脾胃虚寒者，由于脾阳虚而挟寒痰停聚胃中，故见心下一点冰冷，呕恶多痰；由于寒邪凝敛，亦见凝结胶固，但不黏稠；由于胃中虚寒，故饮食喜热恶冷；脉象沉迟无力，主里虚有寒之象。肾阴虚水沸为痰者，因虚火灼痰，故时吐重浊白沫；热伤肺络，故痰中带血，阴虚生内热，故潮热盗汗；虚火上炎，故喉痛口糜；舌红少苔，脉象细数无力，乃阴虚火旺之征。肾阳虚而水泛为痰者因阳虚火衰，水泛为痰，故痰如清水，或冷痰上溢；痰滞脊中，肾阳不能达于督脉，故见脊中一点冰冷；肾阳大虚，不能卫外，故畏寒厥逆；肾中元阳不足不能摄纳，故夜间发喘；舌淡苔白，脉沉无力，乃虚寒之象。

（3）治法：健脾化痰为主，用六君子汤。脾胃虚寒者，治宜健脾温中、燥湿化痰，用理中汤加南星、半夏。肾阴虚而水沸为痰者治宜壮水制火，佐以清化痰涩之品，用六味地黄丸合二母丸。肾阳虚而水泛为痰者，治宜阴阳双补，佐以摄纳之品，用金匮肾气丸加益智仁、补骨脂。

（4）随症加减：肝旺脾弱，风痰壅盛者，加白芍、枳壳、胆星、天竺黄；喉痛痰黏者，加玄参、麦冬、瓜蒌仁；冷痰上溢，夜间发喘，肾虚不能摄纳者，冲服黑锡丹。

（5）方药分析：六君子汤，方中有二陈汤燥湿化痰；人参、白术健运脾胃，以奏健脾化痰，而治脾虚痰滞之功。理中汤，方中以人参、白术、甘草补益脾胃；干姜温中散寒；加南星、半夏燥湿化痰。六味地黄丸壮水制火，合二母丸清化痰涩，以治肾阴虚水沸为痰之证。金匮肾气丸，以六味地黄丸益肾阴；肉桂、附子片助肾阳，益火消阴；加益智仁、补骨脂补肾摄纳，以治肾阳虚水泛为痰之证。白芍、枳壳平肝降气；胆星、天竺黄化除风痰；玄参、麦冬养肾阴而滋水之上源；瓜蒌仁润肺化痰，故肝旺痰壅或喉痛痰黏者用之。黑锡丹温补镇摄，纳肺气以归肾，故冷痰上溢，夜间发喘者用之。

4. 实痰证

（1）辨证要点：实痰之证，表现为喘咳痰多，胸膈满闷，舌苔厚腻，脉滑有力。痰滞膈上者，则见痰涩壅盛，呼吸不利，胸膈满闷，欲吐不能，脉见两寸独大。痰滞膈下者，则见时时嗽痰，腹满腹痛，痞塞不通，大便秘结，脉见滑数有力。

（2）证候分析：肺为贮痰之器，邪气滞留，痰涩内聚，故喘咳痰多；痰浊阻塞，气机不利，故胸膈满闷；舌苔厚腻，脉滑有力，为实痰内壅之象。痰滞膈上者，因痰壅气逆故呼吸不利；滞而胶结阻遏，故胸膈满闷，欲吐不能；上焦有痰浊阻膈，故两寸独大。痰滞膈下者，因脾胃运化失常，饮食津液化为痰涎，故时时嗽痰；痰阻气塞，腑气不通，故满痛痞塞，大便秘结；脉来滑数有力，为痰湿生热之象。

（3）治法：化除痰涎，用平胃散加半夏、莱菔子。痰在膈上者，宜涌吐痰涎，食痰用盐汤探吐；热痰者，用瓜蒂散；风痰者，用三圣散。痰在膈下者，治宜荡涤痰涎，在胁肋之间者，用控涎丹；在肠胃者，用滚痰丸。

（4）方药分析：平胃散加半夏、莱菔子，方中以陈皮、半夏燥湿化痰；厚朴、莱菔子降气消痰；苍术、甘草运脾和中，故适用于实痰证。淡盐汤，以盐之咸寒涌吐，不伤胃气，涌吐食停上脘，收效甚捷。瓜蒂散，以瓜蒂之苦，合赤小豆之酸，二药相伍，助其发越，能酸苦涌泄热痰。三圣散，以瓜蒂、藜芦之酸苦，助以防风之升散，祛风痰之力甚著，故可用于中风、癫狂之痰涎壅盛膈上者。控涎丹，以大戟、甘遂搜逐痰涎；白芥子去皮里膜外之痰，故适用于痰滞胁肋之间的证候。滚痰丸，因有大黄通腑导滞，故适用于痰在肠胃之间者。

（四）治痰三法

治痰之法，前人论述繁多，邹老认为《谦斋医学讲稿》分为化痰、消痰、涤痰三类，简明而切中肯綮，易于掌握，实得治痰之要。选用的要点是：一般用化痰法，较重的用消痰法，留而不去的用涤痰法。

1. 化痰法

化痰是使痰涎逐渐自消的方法。有宣肺化痰法、清热化痰法、燥湿化痰法、补虚化痰法等。

宣肺化痰法，用于寒邪郁闭之感冒、喘咳而痰多者，采取温化痰涎与宣肺散邪相结合，代表方如杏苏散、小青龙汤。

清热化痰法，用于感冒风热，肺热肺燥而痰多者，采取清热化痰与宣肺润燥相结合，代表方如桑菊饮、桑杏汤。

燥湿化痰法，用于脾失健运，湿浊停滞所生之痰，采取顺气化痰法与燥湿和中法相结合，代表方如二陈汤。

补虚化痰法，用于脾虚或肾虚之痰证。脾虚生痰者，采取健脾化痰的方法，代表方如六君子汤；肾阴不足，水沸为痰者，采取壮水之主合化痰之药，代表方如六味丸合二母丸；命火不足，水泛为痰者，采取益火之源合化痰之品，代表方如金匮肾气丸加陈皮、白术。

2. 消痰法

消痰是强迫消除难化之痰的方法，有消痰降气法、消痰平胃法和消痰软坚法。

消痰降气法，用于喘咳痰多或痰涎壅盛者，采取消痰与降气相结合，代表方如三子养亲汤、猴枣散（猴枣、羚羊粉、煅青石、沉香、硼砂、天竺黄、川贝母、麝香）。

消痰平胃法，用于湿浊酒食所生之痰，采用消痰与平胃相结合，代表方如平胃散。因湿浊者，加陈皮、法半夏；因酒积者，加枳椇子、葛花；因食滞者，加山楂、神曲、麦芽、莱菔子。消痰软坚法，用于痰核、痞块、疟母之类，采取消痰与软坚散结相结合，代表方如消瘰丸、消痞阿魏丸。

3. 涤痰法

涤痰是搜逐涤除锢结难消之痰的方法，有涌吐痰涎法、荡涤痰涎法和搜逐风痰法。

涌吐痰涎法，用于痰涎壅塞于膈以上者，如癫狂发作用二圣散催吐；食痰用盐汤探吐；喉风用稀涎散取痰。

荡涤痰涎法，用于攻逐胸胁、肠胃中之痰。如痰在胸胁用控涎丹涤除之；痰在肠胃间用滚痰丸荡逐。

搜逐风痰法，用于痰滞经络之证。如痹证痰阻经络，予小活络丹；中风寒痰滞于络中，用三生饮搜逐风痰。

（五）治痰用药经验

治痰诸药，前人论述颇多，邹老感到《景岳全书》对痰证用药的总结比较系统，掌握后对临床大有裨益。

1. 根据部位选药

痰在四肢，非竹沥不能达；痰在胁下，非白芥子不能除；痰在皮里膜外，非姜汁、竹沥不能达。

痰结核在咽喉，咯唾不出，化痰药中加咸药以软其坚，瓜蒌仁、杏仁、海浮石、朴硝、海藻，佐以姜汁。

竹沥、荆沥佐以姜汁，治经络之痰最效。竹沥导痰，非姜汁不能行经络；荆沥治痰速效，能食者用之。

2. 根据病因选药

热痰火痰宜青黛、黄芩、天花粉、连翘、石膏……老痰宜海浮石、瓜蒌、贝母，兼火盛胶固者，节斋化痰丸；实痰、火痰滚痰丸最效，但不宜多用；风痰用南星、白附子；湿痰用苍术、白术、半夏、茯苓、泽泻；食积痰用神曲、山楂、麦芽；酒痰用天花粉、黄连、白术、神曲，或五苓散、四苓散分利之。中气不足之痰须用人参、白术，内伤挟痰必用人参、黄芪、白术之属，多用姜汁传送，或加半夏、茯苓。

3. 治痰药物特点

痰中带血者宜加韭汁；海粉能清热痰、能燥湿痰、能软坚痰、能消顽痰，可入丸药，亦可入煎药；南星、半夏治风痰湿痰；石膏坠痰火极效，黄芩治热痰假其下行也；枳实治痰有冲墙倒壁之功；五倍子能治老痰，佐以他药大治顽痰，人鲜知也；天花粉治热痰、酒痰最效，又云大治膈上热痰；玄明粉治热痰、老痰速效，能降火软坚故也；硝石、礞石大能消痰结，降痰火，研细末和白糖……服甚效；苍术治痰饮成窠囊，行痰极效，又治痰挟瘀血成窠囊者，即神术丸之类。

六、按史书体例，为医圣补传

邹老认为，在汉末三国时代，有两位承先启后的医家，内科张仲景、外科华佗。张仲景著有《伤寒论》和《金匮要略》，这两部书临床价值很大，在学术思想上对后世影响非常之深。但华佗在史书上有传，张仲景则无传，这是一件令人遗憾的事。只《世补斋医书》中，附有《补后汉张机略传》，但嫌其史实太简，而又冗长繁杂，且笔法不合史书体例。

仲景平生事迹，虽散见于各家之记载，但皆历历可考，应该为他在史书立一专门传略以表述之。读其书应知其人，不埋没先代之功，以激励后学之志，这就是史传的作用。邹老于是利用闲暇的时间，搜集史料，详加考订，仿史书体例写成《张仲景略传》。

当然，在两千年后来为张仲景作传，邹老认为，错讹之处，是在所难免的。尤其是仲景是否任过长沙太守一事，曾引起过很大争议，既不能完全肯定，也无足够史料可以否定。像这样的事件，是否写入传记，令人难以取舍。邹老认为，作为写传记的立场来说，应该原原本本把它保留下来，以留待今后发现历史证据后做最后订正。

由于邹老发表于《成都中医学院学报》（1981 年第 3 期）的《张机仲景略传》是古今以来中医界最为完整的张仲景传，现附录于下，供读者收藏。对杂志中明显的字误做了修改，少数注释出处不够详细的做了增添，以求完备。

张机仲景略传

张机，字仲景，南阳人，张堪之后。堪于公孙述时，为蜀郡太守[1]。汉初，留侯张良，隐紫柏山[2]，裔居南阳，为著姓，世以艺术显，张衡其一也[3]。仲景学医于同郡族人张伯祖[4]，尽得其传。汉灵帝时举孝廉，建宁间，党锢争起，遂隐居不仕。常与同郡何颙[5]客游洛阳。颙深知其学，谓人曰："仲景之术，精于伯祖，起病之验，虽鬼神莫能知之，真一世之神医也。"在京师为名医，于当时称上手。献帝初平元年，孙坚杀南阳太守张咨，三年坚附袁术。袁术为南阳太守，初术在南阳，户口尚数十百万，而不修法度，以抄掠为资，奢咨无厌，百姓患之[6]，仲景移家荆州，依刘表。四年，见侍中王粲，曰："君有病，四十当眉落，眉落半年而死。"令服五石汤可免。粲嫌其言忤，受汤勿服，后二十年，眉果落，后一百八十七日而死，终如其言，虽扁鹊、仓公无以加也[7]。建安三年，长沙太守张羡，南阳人，率零陵、桂阳三郡叛表，表攻之。羡甚得民心，故连年不能下，会羡死，子怿立，表遂围攻并之[8]。仲景南阳人，故于建安七年任长沙太守，以便安抚羡众。时大兵之后，天旱岁荒，士民冻馁，江淮间相食殆尽，疫疠大作。悯其宗族素多，向余二百，建安纪年以来，犹未十稔，死者已三分之二，而伤寒十居其七。感往昔之沦丧，伤横夭之莫救，乃勤求古训，博采众方，参以心得，成《伤寒杂病论》一十六卷[9]。故云："欲疗诸病，当先以汤荡涤五脏六腑、血脉，理导阴阳，破散邪气，润泽枯槁，悦人皮肤，益人气血，水能净万物，故用为汤也。若四肢病久，风冷发动，次当用散，散能逐邪风湿痹，表里移走，居无常处者，散当平之。次当用丸，丸能逐风冷、破积聚，消诸坚癥，进饮食，调营卫，能参合而行之，可谓上工。故曰：医者意也。"又云："不须汗而强与之汗者，夺其津液，令人枯竭而死；须汗而不与之汗者，使诸毛孔闭塞，令人闷绝而死。不须下而强与之下者，令人开肠洞泄，便溺不禁而死；须下不与之下者，令人心内懊憹，胀满烦乱，浮肿而死。不须灸而强与之灸者，令人火邪入腹，干错五脏，重加其烦而死；须灸而不与之灸者，令人冷结重凝，久而弥固，气上冲心，无地消散，病笃而死。珍贵之药，非贫家野居，所能立辨，由是怨嗟，以为药石无验者，此弗之思也。"又云："人体平和，须好将养，勿妄服药，药势偏，有所助，令人脏气不平，易受外患。夫含灵之类，未有不知食以存生，而不知资食之有成败，百姓日用而不知，水火至近而难识，余慨其如此，聊用笔墨之暇，撰五味损益食治篇，以启童稚，庶勤而行之，有如影响耳。"[10]建安十三年，刘表死，荆州大乱，遂移汉中，依张鲁。曹操攻鲁，鲁封其府库，退入蜀。后蜀降刘备，备逼鲁，鲁返汉中，命张飞征之，汉中失，因以医游蜀[11]，转徙流离，仍返南阳终焉[12]。

其弟子有杜度、卫汎[13]。度事仲景多获禁方，遂为名医。汎撰有《三部厥经》及《妇人胎脏经》《小儿颅囟方》行世。亦云："人之所依者形也，乱于和气者病也，理于烦毒者药也，济世扶危者医也。安身之本，必资于食；救疾之速，必凭于药；不知食宜者，不足以存生也；不明药忌者，不能以除病也。是故，食能排邪而安脏腑，悦神爽志，以资血气。若能用食平苛，释情遣疾者，可谓良工。长年饵者之奇法，极养生之谓也。夫为医者，当须先洞晓病源，知其所犯，以食治之。食疗不愈，然后命药。药性刚烈，若御兵，兵之猛暴，岂容妄发，发用乖宜，损伤处众，药之投疾，殃滥亦然。"皆能传其术，有名于时。曹丕立，其裔与魏有隙，遂移居江南，故江南犹有仲景传方，迄今未衰焉[14]。

【原注】

[1] 张堪，见《汉书·张堪传》。张堪，南阳人，公孙述时，为蜀郡太守，衡其后也。世居南阳，为著姓。又《河南通志》，张机涅阳人，涅阳在汉时为南阳郡之属县。

[2] 紫柏山，在今留坝，有留侯庙，即汉子房辟谷处。

[3] 张衡，见《后汉书·张衡传》。张衡，南阳西鄂人，少好文字，善艺技，汉阳嘉元年，造候风地动仪。求和四年卒，卒年六十二岁。按仲景在汉灵帝时始

举孝廉,其时衡死已三十年矣,机为衡宗族。

[4] 张伯祖,见《名医别录》及《医统》。

[5] 见《太平御览·人事部卷八十五·知人下》引"何颙别传"。何颙字伯求,南阳襄乡人也,为仲景同乡,在灵帝建宁年间,仲景方总角时,访何颙求鉴。何颙曰:"君用思精而韵不高,将为良医。"这番讲话,后人引为证实仲景未做过长沙太守的依据。

[6] 袁术,见《三国志·袁术传》。

[7] 王粲,见《太平御览·疾病部卷二·总叙疾病下》(总卷七三九)引"何颙别传"。三国时,魏高平人,避乱,依刘表于荆州。

[8] 刘表,见《三国志·刘表传》。史称建安三年,长沙太守张羡,率零陵、桂阳三郡叛表,表围之数年不下。会羡死,子怿立,表遂围攻并之。

[9] 见《伤寒论自序》。

[10] 见《备急千金要方》卷二十六及《太平御览》卷七二二。

[11]《方氏条辨》自序有张松北见曹操,以川中医有仲景为夸。《世补斋医书》谓:"仲景入蜀事无可据,明是稗官家言。"两说均非定论,仍以保留史实待考。

[12] 南阳有仲景陵墓及祠庙,在市区东关。考仲景生平,始于汉灵帝建宁初年举孝廉,其年龄必在三十岁以上。自建宁至中平六年,约二十二年;又自献帝初平元年至建安六七年,约十三四年,合计三十五六年,则其著书时年龄必在六十岁以上无疑。仲景在饱经十余年世乱后,到建安末年(公元二一九年)乃卒,则其高龄当在八旬以上。至于正史未给仲景作传者,或以其无重大史迹可载,遂亡而略之也。

[13] 见《古今医统》。

[14] 见《备急千金要方·卷第九伤寒上·发汗吐下后第九》:"江南诸师,秘仲景要方不传。"

川派中医药名家系列丛书

学术传承

邹学熹

（一）佘贤武

佘贤武（1951—   ），男，四川金堂人。成都中医药大学教授，"中医养生康复学研究方向"硕士研究生导师，全国首批名老中医邹学熹教授学术继承人（1991年），《中医药成人教育》杂志主编。兼任四川省中医养生康复学分会副会长等职。

长期从事中医理论教学和临床工作，基础理论扎实，临床经验丰富；擅长疑难病和慢性病的诊治，尤其善于运用中医辨证施治的思维方法，对白血病和癌症采用扶正祛邪的治疗法则进行调治；并在养生保健方面积累了颇为丰富的经验。先后发表学术论文30余篇，出版学术专著10余部。

（二）邹成永

邹成永（1969—   ），男，四川成都人。自幼随父邹学熹教授习医学文，写字临帖。与其父合著《中国医易学》《易学精华丛书》《中国五脏病诊疗学》等多部专著。并先后得到著名书法家王砥如、丁季鹤、许成章等先生亲授笔法。书法作品"香港回归七律"（大草）获1997年四川省中青年书展第一名。2006年11月在诗婢家美术馆举办个人书法展。现为四川省书协会员，成都市书协会员，成都市检察官文联顾问，四川省检察官文联理事，四川省诗书画院特聘书画家。

（三）邹剑

邹剑（1989—   ），男，四川成都人，中医师。于2010年至2015年，师承于邹学熹教授，学习易学、医学和医易学相关知识。现在简阳市中医医院工作。

川派中医药名家系列丛书

论著提要

邹学熹

（一）论文

1. 邹学熹. 三焦的原始记载及其演变［J］. 中医杂志，1958（3）：204-205.

《中医杂志》在 1957 年 2 月和 10 月份发表了钟益生、马云翔两先生关于三焦的文章后，引起中医界对三焦的争鸣。邹老从《素问·灵兰秘典论》的记载开始，梳理历代对三焦的记载和认识。认为《素问·灵兰秘典论》是在没有进行真正解剖前，对露尸观察和推测的一种记录。其后，医经家基本上是沿袭着《素问》的道路，是以实体为出发点来阐述三焦的功能和病变的。

2. 邹学熹. 右胁下血癥治愈案［J］. 成都中医学院学报，1981（1）：30-31.

该文详细记录了邹老治疗一例肝硬化患者的经过。患者右胁下有癥块 8 年余，且病情逐渐加重。来诊时见腹中胀满，肢面浮肿，手心热喜置于冰冷之上，右耳后及背部出现血丝，口苦口臭，多梦头胀，小便短赤，大便燥结，面色青黯，舌胖、质紫、多津，舌边干，右手斜飞脉，左脉沉涩。邹老认为其病为"右胁下血癥"。邹老经过细致分析，认为病机为肝络瘀阻，气滞血瘀，化热阴伤，湿热内生。故治疗以逐瘀软坚为主，佐以清化养血之品，汤、散剂并用。患者前后服药 6 年，血癥减小，血丝渐退，浮肿消失，舌脉正常，于西医院检查肝脏变软，肝功能完全恢复正常。邹老从中医"瘀血学说"的理论出发，斟酌病情，或攻或补，达祛邪不伤正，扶正不碍邪。同时采用"扶脾"以"保肝"。脾土健旺，不仅增强了正气，并助逐淤通络之品，更能发挥药用，反过来也证实了邹老一直倡导的中医"五脏相关"理论的临床价值。

3. 邹学熹. 试论发热［J］. 成都中医学院学报，1981（2）：1-5.

邹老对"发热"的诊断、病因病机、治疗及个人对"发热"的体会进行了系统地回顾。诊断强调对热型和热势的把握。病因病机分为外感内伤两部分，外感中包括伤寒发热、温病发热、瘟疫发热，内伤包括阴虚、阳虚、血瘀、气滞、痰饮、食积发热。并结合秦伯未《谦斋医学讲稿》中退热法论述了发热的治疗方法，提出包括疏表退热法、通便退热法、清气退热法等十二种治疗方法，为临床发热证治提供了思路。

4. 邹学熹. 张机仲景略传［J］. 成都中医学院学报，1981（3）：78-79.

在汉末三国时代，有两位承先启后的医家，内科张仲景、外科华佗。张仲景著有《伤寒论》和《金匮要略》，这两部书临床价值很大，在学术思想上对后世影响非常之深。但华佗在史书上有传，张仲景则无传，这是一件令人遗憾的事。只在《世补斋医书》中，附有《补后汉张机略传》，但嫌其史实太简，而又冗长繁杂，且笔法不合史书体例。于是邹老搜集史料，详加考订，仿史书体例，采用文言形式，从仲景在朝为官到在世为医，叙述了张仲景生平。描述了其为医历程、用药思想以及对后世带来的重大影响。文章生动地再现了仲景的一生，凸显了邹老扎实的国学功底及其身为中医学者对仲景的敬慕之情。

5. 邹学熹.《内经》对"神"的论述［J］. 成都中医学院学报，1981（4）：17-18.

邹老提出人的思维活动和精神活动皆为神的范畴，并为读者梳理了神、魂、魄、意、志之间的关系，以及此五者对人体的支配和调节作用，总结出神是精神、意志和生命的总和。这是邹老对中医基础理论的论述，为中医学者提供了更加明确的理论思路。

6. 邹学熹.《易经》真的阻碍了中医发展吗——与杨振宁先生商榷［N］. 中国中医药报，2005-01-27.

该文是在杨振宁先生对《易经》发表了偏激的观点后，邹老对此提出商榷。杨振宁先生认为"《易经》阻碍了中国科技的发展"，"事物之间不存在共通规律"，"《易经》和中医学 提倡'天人合一'是错误的，会阻碍科技发展"。邹老对这三个观点提出反驳，并进行了详细的论述。认为《易经》讲方法论，是宇宙的代数式，是一种科学的分析方法，不仅不会阻碍中医的发展，还会为医学的发展提供源源不断的动力。

［附］其他论文

1. 邹学熹. 对唐志成来信解答［J］. 成都中医学院学报，1981（1）：82.

2. 邹学熹. 外科治疗十法概说［J］. 四川中医函授，1984（4）：10.

3. 邹学熹. 易学通学讲座［J］. 吉林学刊，1986（1）：64.

4. 邹学熹. 中天八卦图与卫元嵩 [J]. 成都中医学院学报, 1986 (10): 3.

5. 邹学熹. 医易相通的中医各家学派 [N]. 健康报, 1994-04-27 (1).

6. 邹学熹. 易学与医学讲座 (1-8 讲) [N]. 香港安康月刊, 1994 (4-11 连载).

（二）著作

1.《中医五脏病学》（1983 年，四川科学技术出版社）

此书为邹老代表著作之一。邹老认为，在中医临床辨证中，杂病一直以来尚未完全形成以五脏辨证为中心的完整体系。杂病发病病位明确、病变规范、有脏腑经络可寻，故欲以五脏辨证体系统率杂病。该书特点鲜明、逻辑清晰：首先以总论的形式论述了五脏学说的核心理念和客观规律，并且将邹老对"医易相通"的观点融入五脏杂病学说之中，明确了五脏与"气"的关系，确立了"五脏通治大法"。在这样宏观的铺垫下，邹老在分论中详细论述了各脏所涉及的疾病及具体的理、法、方、药。将五脏杂病理论一线贯之，横纵联系，在使学者一目了然的同时，也彰显了邹老在中医理论及临床上的融会贯通、高瞻远瞩。此外，邹老在五脏杂病辨证系统后，附以方剂索引及药物专篇，治法统方药，一法之中，十法备焉，十法之中，方药备焉，改变了长久以来治法与方药脱离的现象，此不失为邹老中医整体思维的具体表现。

2.《易学十讲》（1986 年四川科学技术出版社简体本，1988 年台湾千华出版社繁体本）

邹老在临床、教学和科研的过程中，常把易学的道理运用进去，无不左右逢源。在 20 多年的时间里，逐渐积累成册，形成本书。其中不仅讲述易学与医学的关系，同时也谈了易学的基本规律及其在各门学科中的应用。全书共分 10 讲，第 1～2 讲阐述了医易相通，易学发展简史及其基本规律，第 3～5 讲主题为"八卦"，第 6～7 讲主题为"太极"，第 8～9 讲主题为"河洛"，第 10 讲阐述三者与化学元素周期的关系。

3.《中医谚语一百条》（1987 年，四川科学技术出版社）

此书由邹老与王志平合著。将中医学中朗朗上口、临床受益的谚语摘选一百条，对其考证出处、论述要旨，简分为天人合一、脏腑经络、病因病机、诊断、治则六大类，历经五年成书，以便学者记诵、查阅、引证、临床。此种颇有趣味的方式不仅为学者学习带来了乐趣，更体现了邹老严谨活泼的学术态度。

4.《中国五脏病学》（1988 年，四川科学技术出版社）

《中医五脏病学》于 1983 年出版后，深受国内外读者欢迎和好评，1985 年再版。美国东地出版社的中医专家班康德先生发现本书后，远渡重洋来到中国，找到邹老要求将本书译成英文版在美国出版发行，并希望充实原书内容。邹老在原书 25 个病证的基础上，又增加了 39 个病证，内容更加丰富，于出版时重新订名为《中国五脏病学》。

5.《中国医易学》（1988 年，四川科学技术出版社）

本书由邹老与其子邹成永合著。该书是邹老"医易相通"理论观点的详细阐述，是其对廖德明先生和蔡福裔先生学术思想的传承及创新，将古今易学精髓汇聚一炉，强调医学和易学的"至亲关系"，讨论医易相通的原理。故邹老将此书分为三大部分介绍：上篇介绍易学基本知识；中篇讲述医易相通之理及其内容和依据；下篇串讲《周易》六十四卦原文。除此之外，邹老还创新性地阐述了太极含三为一，绘制了中天八卦图，并从中天八卦图证明了阴阳相反相成，相对平衡的关系，以便学者研究和稽考。

6.《中医急证手册》（1988 年，四川科学技术出版社）

本书由邹老与陶龙、刘宁、戚建明合著。其内容不仅总结了历代医家治疗急症的经验，而且还博采了现代中医中药治疗急症的方法。该书从临床出发，总结了中医传统治疗急症的经验，包括内、外、妇、儿、外、伤科、五官各科诸症，每症分概述、病因、辨证要点、临床处理 4 个部分。书以手册形式，简明扼要，方便医务人员在仓促之际，对症查阅，即时找出救治方法。内容丰富实用，是临床各科工作中的必备工具书。

7.《易学精华丛书》（1992 ~ 1995，四川科学技术出版社）

该丛书包括《医易汇通》《易学精要》《易学图解》《易学解难》《易学与兵法》《易学与象数》6 种。为传承医易精华，邹老从不同层面对"易经"进行了剖析，邹老在《医易汇通》中主要运用易学知识阐述中医学理论，包括内经、伤寒、温病、金匮杂病、针灸、治法方药的理论层面。《易家精要》则分为上下两篇，上篇邹老详细回答了"什么是'易'"这个问题，下篇主要介绍《元包经》这部易学奇书。除开纯粹理论化的东西外，邹老还将易学的深刻理论转化为简单易懂的图画，著成《易家图解》，书中运用图画形式，解释出颇多深奥晦涩的理论，不失为研究易学的好帮手。《易学解难》是邹老对易学中疑难问题的解释，包括易学各家学说中的问题，易学流派、太极、河洛、卦爻等在平日虽耳熟能详，深究起来却模棱两可的问题，并对周易系辞及周易中成语运用进行了串讲。《易学与兵学》和《易学与象数》二书则是将兵学和象数有机地与易学相联系，说明了易学的确是解开宇宙万事万物的一把钥匙。从以上六书中，我们可以看到，邹老严谨的治学态度，触类旁通的学术能力，活泼丰富的思维方式，无一不是令人钦佩的。

8.《易学易经教材 6 种》(2006 年，中国古籍出版社)

该书为邹老主编的易学教材，分为六部分，分别为易学史和各家学说、易学基础学、易学应用学、易学与医学、易学大传学、易学本经学。古今易著不下万种，而编写为教材者，却寥若晨星。这套教材为易学普及架起了便捷之桥。

川派中医药名家系列丛书

学术年谱

邹学熹

1931 年 4 月 6 日　出生于四川省成都市盐市口东西顺城街。

1941 年，日机轰炸成都盐市口，家毁父亡，随母避难新都，开茶铺为生，兼做茶童。

1943 ～ 1945 年，跟随茶铺常客廖德明先生学习文学和医学。

1945 年　悬壶乡里，开业行医。

1955 年　任新都县三河乡联合诊所所长。

1956 年　考入成都中医学院医学系。大学期间，偶遇易学专家蔡福裔，拜蔡先生为师，研习易学。

1962 年　留成都中医药大学任教。

1964 年　到广州中医学院进修喉科、眼科，跟师辽宁中医学院黄香九学习喉蛾烙法。

1965 年　实习带教乐山红会医院。

1974 年　因过劳昏倒于课堂上，确诊为全身型重症肌无力，被四川省医院判为仅有三个月生命，遂回新都休养。

1975 ～ 1982 年　卧床 8 年，奋力与病魔斗争，自己处方治疗，逐渐康复。患病期间，著书《中医五脏病学》和《医易学》。

1981 年　任《成都中医学院学报》编辑，创办全国中医刊授大学。

1982 年　身体恢复，可自主行走，重返讲台执教。

1984 年　任成都中医学院函授部教研室主任，函授教育学科带头人。

1986 年　被聘为教授。

1991 年　被人事部、国家中医药管理局确定为全国名老中医药专家学术经验继承工作指导老师。

1992 ～ 2010 年　临床带教。

2010 ～ 2015 年　收邹剑为弟子，传授医学、易学及医易学。

2015 年 2 月 15 日　因病于成都去世。

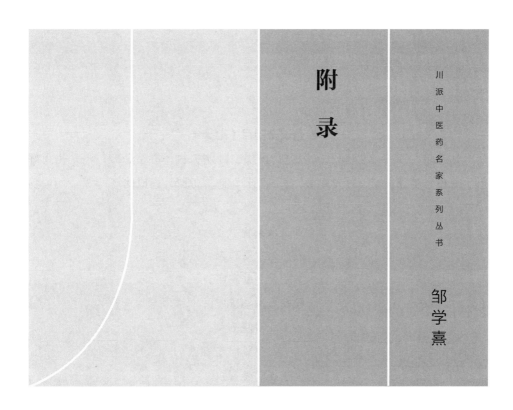

附 录

川派中医药名家系列丛书

邹学熹

（一）邹学熹诗词两首

梦登长城望月（七律）

1974年"文革"期间，突因重病瘫痪，卧病孤村，心情悲寂，冬月仍无好转，一夜忽梦登长城，月光如水，寒风刺骨，忽然惊醒，遂成此句：

> 天上众星皆拱北，
> 人间无水不朝东。
> 茫茫夜静垂澄宇，
> 皎皎更深挂碧空。
> 独步长城瞻玉兔，
> 孤飞归鹤望蟾宫。
> 今夜顿觉良宵短，
> 醒来犹惊冷骨风。

满江红　中药剂改

迤逦京都，接游履，寻芳未歇。春付与，无边光景，慰人心目。董氏杏林来虎守，苏家橘井又龙伏。广济世，为中药剂改，再陈策。

悲今古，剑门窄，凌空路，朝天阙。纪奔波往复，便民益国。细数余年能几许，欲将老鬓傲霜雪。尽吾生，拄杖尚堪行，宜预筹。

（二）邹学熹传

公字学熹，以字行。成都人也。自先世由鲁迁蜀，世居锦里。祖泽仁公。父永安公治革为业，子徒甚众。母事家务，兼通诗书。岁次己卯，日机袭蓉，乃徙新都。营茶肆为计。功课之余，兼做茶童。

岁时天寒，见一老父，衣褐独著。公遂脱己皮袍予之。不受，凡推让三，曰：孺子心慈，愿为医乎？曰：诺。遂拜为师，乃授《内》《难》《伤寒》《金匮》

之术，兼诸子百家之学。越数年，师倾囊尽授。公亦孜孜以求，朝夕揣摩，渐有所得。

壬辰，征召公入县巡回医疗队。初试望切。辄活人无数。甲午，由县政府保送入成都市锦官驿中医进修学校。砥砺奋发，夜以继日。乙未，任三河乡二台子联合诊所所长。日诊百人。屡起沉疴。用药精廉。轻重自若。遇贫则分毫莫取。施医施药。乡人誉之。

公诊疗之暇，尝思先师廖德明所嘱，中医临床辨证三大纲领：以六经论伤寒，以卫气营血三焦论温病，以五脏论杂病。然五脏论杂病一纲，至今未立。究其因，乃于五行理论阐释弗明。致人讥其陋。然其理早存《内》《易》二经，汝当深究，厥建此纲。乃遵师言，旋辞诊所所长。丙申，以初小毕业迳考入成都中医学院医学系。

是岁，尝于成都青羊宫百花潭畔拜易经硕德蔡福裔习易。得授易学三大规律：八卦为阴阳学说之源，河洛乃五行学说之基、数理之祖，太极乃阴阳五行之公式图。公豁然开朗。幽烛五行学说之渊薮，始撰五脏证治刍稿。

公博闻强记，有过目成诵之功。而阅典稽籍，焚膏继晷；左右采获，兀兀穷年。获"秀才"之称。壬寅毕业，留院任教。兼授外、喉、中医基础、内经诸课。登坛则旁征博引，化奥为易。亦庄亦谐。学子咸戴。

甲辰，公积劳成疾，晕倒讲堂。诸医院断为重症肌无力瘫痪，皆称无治，三月为大限。公乃毅然归乡，处方自疗，且曰：书不写成死不休。而贤内戴氏内外操持，悉心照料。稍能坐，即于床板奋笔疾书。凡八稔。书乃成。名《中医五脏病学》，理法方药，一以贯之；补遗缀缺，含三为一。

昔者西伯拘而演《周易》，仲尼厄而作《春秋》，左丘失明，厥有《国语》，孙子膑脚，《兵法》修列。公之行，亦可谓继圣贤发愤之所为作也。

辛酉，病稍康。公见聘任《成都中医学院学报》主编。创办刊授，学者逾万。癸亥，调任函授部教研室主任。树桃育李。迹遍巴蜀。丙寅，评为全国教育系统劳模，获"五一"劳动奖章。公自癸亥《中医五脏病学》付梓以来，笔耕不辍。先后著《易学十讲》《中医谚语一百条》《中国五脏病学》《中医急症手册》《易学精华丛书》五种，皇皇数百万言。

戊寅著《中国医易学》；参《元包经》，绘"中天八卦图"。弥三易《归藏》千年无卦图之阙如。羲文而外，即其人焉。公以古稀耄耋之年，犹著《易学易经教材》六种。观之可明天理。贯百事。运筹帷幄。决胜千里。《中医五脏诊疗学》，则卦涵五脏之变，悉窥百病之根；执之视疾，纲举目张，洞若观火。

甲午岁杪，公恬然殂化，踞庚午诞辰享年八十又五。

公以茶童，感遇异人，得授岐黄秘术。弱冠诊疾，驰誉乡县。五十而为教授，六十而膺荐全国名医，推享国务院津贴。濒死著书，寝馈医易。究天人之学，成一家之言，斯亦奇矣。汉武帝刘彻云。有非常之功。必待非常之人。信乎。

怀真

戊戌七月初七再稿

【注】

怀真：即邹学熹教授之子邹成永，字怀真。